U0369824

基于问题解决

提升课程领导力的行动

上海市教育委员会教学研究室◎主编

华东师范大学出版社

·上海·

图书在版编目(CIP)数据

基于问题解决:提升课程领导力的行动/上海市教育委员会教学研究室主编. —上海:华东师范大学出版社,2014.10
(上海市提升中小学(幼儿园)课程领导力行动研究项目成果丛书)
ISBN 978 - 7 - 5675 - 2662 - 4

Ⅰ.①基…　Ⅱ.①上…　Ⅲ.①课程—教学研究—中小学②课程—教学研究—学前教育　Ⅳ.①G632.3　②G612

中国版本图书馆 CIP 数据核字(2014)第 241480 号

上海市提升中小学(幼儿园)课程领导力行动研究项目成果丛书

基于问题解决:提升课程领导力的行动

主　　编　上海市教育委员会教学研究室
策划编辑　彭呈军
审读编辑　蓝先俊
责任校对　邱红穗
装帧设计　卢晓红

出版发行　华东师范大学出版社
社　　址　上海市中山北路 3663 号　邮编 200062
网　　址　www.ecnupress.com.cn
电　　话　021 - 60821666　行政传真 021 - 62572105
客服电话　021 - 62865537　门市(邮购)电话 021 - 62869887
地　　址　上海市中山北路 3663 号华东师范大学校内先锋路口
网　　店　http://hdsdcbs.tmall.com

印 刷 者　浙江临安曙光印务有限公司
开　　本　787 毫米×1092 毫米　1/16
印　　张　19.75
字　　数　365 千字
版　　次　2014 年 12 月第 1 版
印　　次　2024 年 6 月第 11 次
书　　号　ISBN 978 - 7 - 5675 - 2662 - 4/G·7691
定　　价　39.80 元

出 版 人　王　焰

(如发现本版图书有印订质量问题,请寄回本社客服中心调换或电话 021 - 62865537 联系)

上海市提升中小学(幼儿园)课程领导力行动研究项目成果丛书

编委会

顾 问
▼
朱慕菊　薛明扬　张民生

主 任
▼
尹后庆

副主任
▼
徐淀芳　倪闽景

编 委
(按拼音排序)
▼

陈玉琨	傅禄建	胡惠闵	胡兴宏	纪明泽	陆伯鸿
谭轶斌	王　洁	颜慧芬	杨国顺	叶伟良	于兰英
	张　慧	周增为	朱　蕾		

《基于问题解决：提升课程领导力的行动》编委会

韩艳梅　周洪飞　金京泽　陈飚

丛书总序

> 这是一次充满挑战和机遇的"教育旅程"，
> 这是一次基层学校大规模的实践与研究，
> 这是一次凝聚上海全市之力深化课改的攻坚战役，
> 梦想，探索，发现，革新。
> 在这之前，一切悄悄萌动；
> 在这之后，一切已慢慢蜕变。

2007年，上海基础教育在"推进课程改革，加强教学工作会议"上首次鲜明地提出"提升课程领导力"。

2009年，上海基础教育改革进入内涵发展阶段，提高学校课程领导力成为进一步深化课程教学改革最有力的抓手。

2010年，上海市教委颁布《上海市提升中小学（幼儿园）课程领导力三年行动计划（2010—2012年）》，宣告了全市各区县全面开启提升课程领导力的行动。

同年4月，"上海市提升中小学（幼儿园）课程领导力行动研究"项目正式启动，51个子项目学校和1个整体实验区步入课改深水区，开始了为期三年的提升课程领导力的实践探索。

2011年，提升课程领导力的项目研究进入关键阶段，50余位专家组成的中期评估团队深入每所子项目学校进行现场评估、指导，引导学校聚焦研究目标和核心内容继续深化研究。

2012年，10月金秋，正是"上海市提升中小学（幼儿园）课程领导力行动研究"项目的"收官期"：梳理、总结、提炼，这是一个课程与教学改革的丰收季节。

启航——扬起革新的风帆

1998年以来，上海市二期课改的成效有目共睹。但伴随课改进入深水区，许多难点和瓶颈问题逐步浮现。面对挑战，我们如何肩负时代赋予的责任？我们没有选择，要选择的只是突破口。

课程领导力进入"教育视野"，缘于问题解决的三个"需要"：深化课程改革的需要、学校

1

内涵发展的需要、提升课程建设者和实施者专业发展的需要。这是上海市提升中小学(幼儿园)课程领导力的初衷和"导火索"。

如果说,几年前中小学(幼儿园)校长(园长)、教师对"课程领导力"这个词还感到陌生而又新鲜,那么如今却是熟悉而又亲切了。

什么是课程领导力?简言之,就是规划和实施课程的能力。校长作为学校的"领跑人",是关键的课程领导者,校长要带领其团队因地制宜、与时俱进地规划学校课程"全景";在课程开发、决策、实施与评价等具体事务中,更多地赋权予教师,激励教师自觉地创造性地投入到课程实施的活动之中,这就是"课程领导力"在校长和教师身上得以彰显的过程。正是基于这种认识,上海提出每一所学校、每一个校长都要提升课程领导力。

提升课程领导力,意义重大,势在必行。因为,课程领导力增一分,破解课改难点的能力就能长一寸。

入轨——迎接机遇与挑战

触及难点,课程突破;破解瓶颈,合力求方。这是上海市提升课程领导力的策略和"引燃器"。

犹记得 2010 年 4 月 12 日在上海大同中学,"上海市提升中小学(幼儿园)课程领导力行动研究"项目启动暨培训大会,正式拉开了这场行动研究的序幕。17 个区县的教育局长、教(科)研室主任、项目指导专家、市教研员以及 179 所课改研究基地学校校长近 400 人参加了大会。

如何提升课程领导力?我们的实践证明:根植学校实际,以"项目"的方式开展课程与教学的行动研究是一条可行之路。

基于上海课改的实际状况,我们将提升课程领导力行动的重点放在探索学校课程计划、学科建设、课程评价和课程管理四个方面、9 类子项目上,共计在幼儿园、小学、初中、高中四个学段和 1 个整体实验区开展了 52 个子项目的行动研究。

9 类子项目是:

① 学校课程计划编制的研究;

② 学校课程计划评价与完善的研究;

③ 学科课程建设的研究;

④ 学科教学有效性的研究;

⑤ 教研团队建设的研究;

⑥ 课程资源开发与利用的研究;

⑦ 课堂教学评价的研究;

⑧ 作业设计与评价的研究;

⑨ 课程组织管理与制度建设的研究。

实践中,我们采取了行动研究的方法,通过"制定计划—行动实践—观察分析—反思评价—再行动—再改进"的循环上升的研究路径,"边学习、边研究、边实践","以研究引领实践,在实践中完善提升",并采取了"研究—开发—试点—推广"的工作思路,发挥这些项目学校的辐射示范作用,为面上学校提供鲜活案例和有效经验,带动了全市课改工作的扎实推进。

在研究、实践中,上海市教委还成立了"上海市提升中小学(幼儿园)学校课程领导力行动研究专家指导团",专家指导团定期走访学校,为项目研究提供了有效的理论和行动咨询指导。

攻坚——演绎课程精彩

课程领导力的提升是一项极具革新意义的工程。无论是总项目还是子项目,无论是顶层设计还是实施推进,都不是一次简单的行政与管理过程,而是充满了不确定性和复杂性。如何从行政领导走向专业领导?如何跨越理论与实践的鸿沟?需要一步一个脚印,扎扎实实地"摸着石头过河";需要在行动中持续地研究、思考解决问题的路径和策略;需要各方通力合作、共同应对。

把"项目"作为实践推进的抓手,把解决问题作为实践的目标与导向,这在客观上就要求"项目"本身要"务实求真",扎根于教育实践;在行动上要求我们在短时间内,集聚全市各方力量、各种资源,合力攻克课改难点和瓶颈问题,探索出实践问题的解决方案。除了学校课程计划的编制与完善是所有项目学校均需探索的必选项目之外,各项目学校还基于本校实际,确定一个自选项目开展研究。

10 所幼儿园承担了"课程实施方案编制与完善"、"幼儿园课程实施有效性"、"幼儿园课程质量自评机制"、"课程管理的组织与制度建设"、"课程资源开发、利用"和"幼儿园教师教研团队与教师专业发展"6 个子项目的研究。

14 所小学重点聚焦于"基础型课程校本化实施、教学核心环节优化、教师及教研团队建设"三个方面。在教研团队建设、学科课程建设、学科教学有效性、课程资源开发与利用、作业设计与评价等具体问题上展开了研究。

14 所初中学校的研究具有涉及面广、视野开阔、实用性强的特点,覆盖了微观、中观、宏观多个层面的研究,并能用新视角、新方法来研究常态的问题。尤其是在学校课程计划的编制、课堂教学实施、课程资源开发利用、教研团队建设等方面做了深入探索。

13 所高中学校在以校长为核心的团队带动下,以课程建设、实施、评价、管理等为载体,尤其在学校课程设置、课程实施等方面作出了多样化的深入探索。

收获——发展内生力量

同舟共济，我们一起走过了三年。

2012年，在51个子项目学校和黄浦整体实验区的共同努力下，"上海市提升中小学（幼儿园）课程领导力行动研究"项目取得令人欣喜的成果：

形成了学校课程计划编制、课程结构优化、课程资源开发和利用、教研团队建设等方面的校本化操作策略、途径和机制。

形成了一批凸显实践价值的物化研究成果，总项目出版了本套丛书：《基于问题解决：提升课程领导力的行动》、《我们的课程领导故事》、《学校课程计划编制实践指南》、《幼儿园课程图景：课程实施方案编制指南》、《小学快乐活动日方案的编制与实施》、《为了学校的可持续发展：普通高中提升课程领导力的探索》；子项目出版了30余本子项目学校成果。

形成了由基层学校主导、教育科研引领、行政力量支持的合作变革机制，一批锐意改革，具有课程意识和课程领导力的校长和教师，犹如一粒粒种子，扎根并引领区域乃至全市的课改实践。

三年来，从项目申报动员到结题展示；三年来，从茫然困惑的摸索到坚定自信的前行；一批勇于"吃螃蟹"的"敢死队员"，在课程实践中，大胆行动、小心求证、历经挫折、持续探索。虽是一路挑战，却恰恰助推了学校内生变革力量的不断发展、壮大。

在课程发生的所有地方，都有课程领导力的发生。在理论与实践的结合中，整体地规划与实施学校课程，学校教育才能以崭新的姿态更丰富、更深远地发展。

激励——绽放时代梦想

到2012年底，上海市提升中小学（幼儿园）课程领导力第一轮三年行动研究渐近尾声。然而，课程领导力的提升没有结束，也不可能结束。我们始终认为，课程领导力，与教育相伴，与课程、教学相随，是课程规划、实施、管理和评价中的过程性"事件"，只要学校教育存在一天，课程领导力就会随影相伴。

课程领导力的提升，不以项目研究的结束而中止，而是要把这种研究解决问题的策略、路径和方法带到日常工作中，使之成为一种"常态"，扎根于学校，根植于校长、教师，成长于课堂，使课程领导力真正成为学校的"软实力"、校长的"真功夫"、教师的"好本领"，最终让学生获得健康、快乐的成长。

迎着新一轮的改革要求和发展目标，将会有更多的学校和教育者汇集于此，共同完成这场全新的课改命题，这不仅仅是一个三年行动，而是一代人的事业。

这是所有教育工作者的激情与梦想，更是时代赋予的使命和责任。

凝聚正能量，众志成城。

这场教育旅程中的每一个片段，每一个场景，都点滴在目。虽然我们所做的努力不能在这里全然展现，但这并不妨碍改革续写传奇。教育发展，正是因为实践工作者的存在和付出，而享有进步和强大。

我们曾相持走过，现在将继续前行。

这是我们一生的事业，是我们的使命，更是我们的荣誉。

因为我们有着共同的理想和信念，为了每一个学生健康快乐地成长。

尹后庆

2013 年 5 月

目录

前　言

　　《基于问题解决：提升课程领导力的行动》是"上海市提升中小学（幼儿园）课程领导力行动研究丛书"的"领衔"之作，也是"收官"之作。

　　说其"领衔"，有两层意思。

　　其一，整套丛书共6本，本书是"总"，是"纲"，是对整个项目的总览，期望全面展现整个项目研究的"图景"和"历程"。通过对上海市提升课程领导力行动研究项目的设计、实施、总结等情况做整体的概述，窥一斑而见全豹。其他几本是"分"，是"局部"，即分别从学段角度——幼儿园、小学、初中、高中，展现那些鲜活的、生动的项目学校的实践历程。这几本书是：《幼儿园课程图景：课程实施方案编制指南》《小学快乐活动日方案的编制与实施》《学校课程计划编制实践指南》《为了学校可持续发展：普通高中提升课程领导力的探索》。《我们的课程领导故事》以教育叙事的方式呈现了相关学校具体实践过程中的"关键事件"。除了以上6项成果外，总项目组还出版了区域性成果4本书，子项目学校成果32本书。这种"总、分"的架构，能有"面"有"点"地尽可能全面呈现课程领导力项目的实践探索。

　　其二，集聚多方人员智慧，以"大兵团作战"方式，来推进提升"课程领导力"的行动实践，这在国内还是首次，为区域性推动一项重大教育改革提供了很好的范例，堪称"领衔"。本项目的研究规模大，内容领域广，参与人员多，51所项目学校和一个整体实验区、200余位校领导、4000余名教师、40000余名学生全程参与，50余位指导专家每月一次赴校现场指导。在项目的实践、推进中，建构了教育行政、教育研究人员和教育实践人员多方力量构筑的支持保障体系，探索出了行政部门自上而下的引领指导与一线学校自下而上的实践创新有机结合的运行机制。

　　说其"收官"，确是名副其实，有三层意思。

　　其一，这本书是整个项目结束后，总项目组用一年多的时间，对项目进行了全景式的回顾、梳理与提炼。这其中，既有对52个子项目的梳理，又有从学段角度对项目的提炼，在项目报告、学段报告的基础上，最后完成了项目的总报告、相关佐证材料、说明材料和视频的制作。

　　其二，这本书是整套丛书最后出版的一本，因其在整套丛书的"分量"，项目结束之后，总项目组历时一年多，反复讨论这本书的框架、每章的体例；撰写样张、各章节；最后反复打磨和修改，几易其稿。

其三，这本书在即将付印之际，我们得到了一个令人欣喜、振奋的消息，在首届基础教育国家级教学成果评选中，本项目在全国送报的千余项目中，荣获一等奖的殊荣。这既是对项目多年实践所取得的成效的肯定，也是对上海近几年来深化课改的肯定，同时为整个项目画上了圆满的句号。

课程领导力的提升，是教育改革实践中永恒的命题。出版这本书，在收获喜悦和感动之时，我们更期望能把整个研究的"精华"呈现给有志于探索基础教育课程与教学改革的同仁们。

上海市教育委员会教学研究室

2014 年 11 月

第一章

基于问题解决：
提升课程领导力的行动研究①

---

① 本报告由"上海市提升中小学(幼儿园)课程领导力行动研究项目组"撰写,主要执笔人:韩艳梅、金京泽。指导
与审校:徐淀芳、陆伯鸿、纪明泽。

问题导向 需求出发

2010年上海市启动了凝聚全市之力的课程改革攻坚战——"上海市提升中小学（幼儿园）课程领导力行动研究"项目。项目以课程实践的方式，重点探索学校课程计划、学科建设、课程评价和课程管理这四方面存在的难点和关键问题，旨在改善学校现行的课程状况，指导并促进学校课程改革的纵深发展，提升学校课程品质。课程领导力建设，是深化课程改革和课堂教学改革的关键。在三年的实施过程中，参与实验的各学校（幼儿园）积极探索，勇于创新，在提升学校课程领导力方面积累了不少成功的经验。

课程领导力的提升不以项目结题而结束，而是要成为学校教育的"常态"，要成为教育教学过程中的"链条"，要成为校长、教师的自觉意识和行为。只要学校教育存在一天，课程领导力就会始终与之相伴。

一、问题导向：课程领导力行动研究背景

2007年，上海首次鲜明地提出"课程领导力"的概念。2009年，上海基础教育改革进入到内涵发展阶段，提高学校课程领导力成为其最有力的抓手。在这样的大背景下，"上海市提升中小学（幼儿园）课程领导力行动研究"项目于2009年立项（上海市年度哲学社会科学规划教育学课题；上海市教育科学研究重点项目，项目编号：A0901），2013年结题。这是上海二期课改全面实施以后的一次基于问题解决、探寻深化课改有效路径和机制的大规模行动研究。以51个子项目学校和一个整体实验区为点，以全上海为面，开展的本轮大规模行动实践，是一次凝聚上海全市之力深化课改的攻坚战役。

项目的启动源于"问题导向、需求出发"。即在课改实施中如何将重心下移到学校，激发学校潜在活力，引导基层学校解决自身面临的难点问题。具体可以概括为三个"需要"。

深化课程改革的需要：经历了一期、二期课改的二十多年，上海课改已然步入深水区，许多难点问题和瓶颈问题逐步浮现出来。如学校课程整体规划不够科学，课程建设与实施不够深入，课程管理不够到位，课程评价不够规范等。如何从"课程"层面研究和解决这些问题，是深化课改的必然抉择。

学校内涵发展的需要：课程是学校内涵发展的核心，课程领导力的强弱决定着学校是否能够规范化、高质量、有特色地持续发展。学校需要具备怎样的课程领导力，如何进行课程领导？这是学校内涵发展过程中基于自身问题解决的必然要求。

实现课程建设者和实施者专业发展的需要：校长、教师是课程建设与实施的主体，其专业素养的高低直接决定了学校的教育质量。不断提高其专业能力和水平，是持续推进课程改革的重要保证。

因此，下移课改重心，激发学校创造活力，开展校本化课改实践，探索课程领导力提升的策略、方法、手段、机制成为我们解决困难、提高成效的基本选择。而抓住"课程"的要素，以"项目"的形式展开实践是一种可行的方式和策略。

二、凝聚共识：课程领导力行动研究历程

项目是对工作的研究，工作是对项目的推进。从工作角度，本项目经历了准备、启动、实践、总结四阶段；从研究角度，"行动研究"是贯穿本项目的最主要研究方法，主要经历以下四个步骤。

（一）系统思考，顶层设计

基于上述三个"需要"，总项目组通过对上海市中小学（幼儿园）校长（园长）、教师进行问卷调查、座谈、访谈等途径，了解和分析学校课程领导力现状及问题，研制了《项目指南》，

明确了课程领导力的研究背景,研究目标、内容、方法策略、团队,特别对研究内容进行分解说明,同时还对项目申报,项目管理等。各工作环节进行部署具体如图1-1:

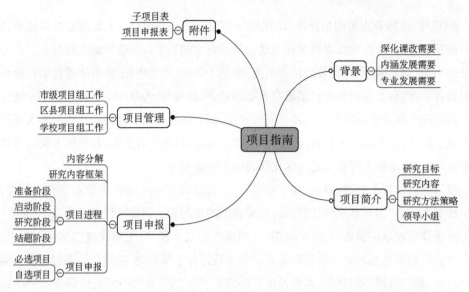

图1-1 《项目指南》框架图

1. 明确研究目标与内容

基于国内外的文献研究,对"课程领导力"初步界定为"以校(园)长为核心的课程团队为提升学校课程品质,在课程实践过程中所体现出来的规划、执行、建设和评价的能力。"

《项目指南》确定了如下研究目标与研究内容:

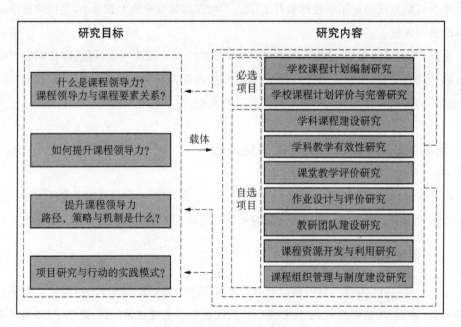

图1-2 研究目标与内容框架

（1）研究目标

① 探明课程领导力的核心要素及其与课程要素的关系；

② 探索提升课程领导力的内容载体；

③ 探索提升课程领导力的路径、策略、方法和运行机制；

④ 探索提升课程领导力的有效模式。

（2）研究内容

小、初、高三个学段以学校课程计划、学科建设、课程评价和课程管理四方面内容为突破口，形成了 9 个子项目（幼儿园整合为 6 个子项目）。

① 学校课程计划：学校课程计划的编制研究，学校课程计划的评价与完善研究；

② 学科课程建设：学科课程建设研究，学科教学有效性研究；

③ 课程评价：课堂教学评价研究，作业设计与评价研究；

④ 课程管理：教师团队建设研究，课程资源开发与利用研究，课程组织管理与制度建设研究。

其中，2 个必选项目——"学校课程计划的编制研究"，"学校课程计划的评价与完善研究"，是对课程"整体思考"的支点；7 个自选项目，是课程"点上突破"的支点。

通过必选、自选项目相结合的行动研究，使学校在对课程进行通盘考虑的基础上，根据学校现有基础和特点，针对问题进行课程的"点"上突破，加深对课程各要素及其与提升课程领导力关系的理解，从而促进学校内涵发展，促进学生发展，实现课程领导者从"应知"、"应为"到"愿为"、"能为"的转变。

2. 明确研究过程与方法

整个项目经历了准备、启动、实践、总结四阶段，综合运用行动研究、问卷调查、文献研究、实证研究、个案研究、比较研究等方法，开展螺旋式行动实践。

3. 确立行动研究方法与策略

在这场凝聚全市之力的攻坚战役中，大规模的"行动研究"是贯穿本项目的最主要研究方法，同时融合了问卷调查法、文献研究法、个案研究法、实证研究法、比较研究法等，力求科学有效地推进项目实践。

本着"实践导向、互动生成、模式多样、促进提升、关注特色"的指导思想，项目组顶层设计了"研究—开发—试点—推广"的工作模式，确定了"聚焦问题、理论指导、点面结合、纵贯横通、专家指导、强化过程"六条研究策略。

4. 学校自主选择研究的子项目

课改研究基地学校和部分区县依据《项目指南》，自主设计一个子项目开展行动研究；同时把"学校课程计划"作为规定子项目进行全市整体性研究。经对 300 多个申报项目的评审，确立 52 个研究项目，51 所学校（贯通幼儿园、小学、初中、高中四个学段），黄浦整体

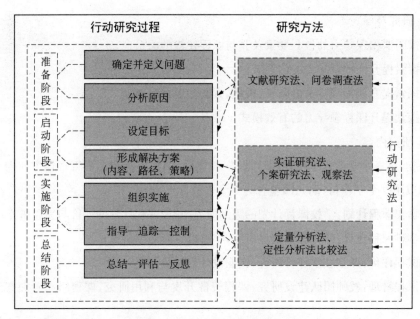

图 1-3　行动研究过程与方法

实验区全程参与本项目研究。总项目组与各区教育局、立项学校签订了三方协议,确保各方支持与参与。

(二) 团队协调,行动实践

1. 共同体形成研究共识

为有效推进本课题的行动研究,由高校专家、资深中小学校长、教科研人员及督导人员等 50 余人组成了项目专家指导团,给每个项目学校配备结对专家,持续为课题研究提供理论指导和行动咨询服务。

由行政人员、理论工作者和一线教师多方人员构成的"研究共同体",共同面对并解决在实施过程中会面临一系列的问题,如,是否有共同的目标或愿景,信息的上传下达是否畅通,是否形成合力,分工合作是否明确等。

为此,在子项目立项阶段,基于《项目指南》的学校项目申报、对指导专家和项目学校的培训,为整个项目团队能够围绕课程领导力持续开展研究奠定了基础。

2. 以可视化路径保障研究顺利开展

在课程领导力行动实践中,用"看得见,摸得着"的可视化路径是保障项目协同推进,达成目标的有效途径。

(1) 任务分解进程表引领关键节点

项目学校开题结束后,总项目组指导学校制定"各子项目任务分解进程表",使项目学校明确关键节点和时间进度,确保研究的有序有效。

项目名称	学校名称	项目任务	任务分解	项目实施	项目交付预期成果	预计完成时间	实际完成时间
《＊＊＊＊＊＊＊＊＊》	＊＊＊＊＊学校	1.	（1）	简要描述		格式：10/12/13	不填
			（2）				
			（3）				
		2.					
		3.					

图 1－4　任务分解进度表

（2）"研究路径图"让研究的每一步清晰有序

学校以"可视化"的方式勾画"研究路径图"，明确了项目"里程碑"和"具体任务"，让项目研究的每一个人心中有"地图"。

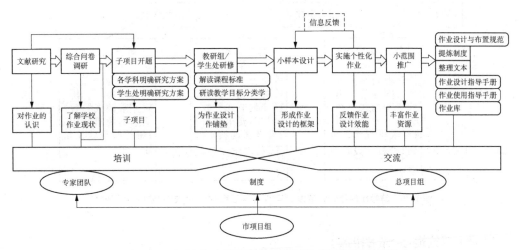

图 1－5　育才初级中学《个性化作业设计》项目的研究路径图

（三）交流反思，行动改进

课程领导力行动研究项目不是封闭的研究系统，在行动实践中，以子项目为纽带的纵向贯通和学段为纽带的横向联系为分享经验、相互借鉴，搭建了平台。通过校长与教师对话、专家与学校对话、学段交流、相同研究领域跨学段交流等，聚焦问题，明晰思路，形成共识，改进行动，实现边实践、边反思、边改进、边传播。

1. 建立机制，交流反思

为确保沟通和交流顺畅，构建了与"研究共同体"相配套的运行机制：①建立校际互动机制，开展了跨学段的项目学校之间的主题研讨或分享活动；②建立专家团队会诊机制，根据学校项目研究进展的需要，组织专家团队合作指导并解决学校项目开展中的疑难困惑与关键问题；③建立区县专业力量常规介入机制，发挥区县课程与教学研究的专业力量，开展对项目学校的常规指导工作；④建立专家结对定期指导机制，每月有一位或两位专家或独立或结对共同指导一所学校。

2. 建立了跟踪改进制度，行动改进

总项目制定并实施分散与集中调研制度、全程记录研究过程制度、专家每月一次定期指导制度等。总项目组尤其关注关键节点的引领，在子项目开题、中期评估和结题评估等环节上及时给出方向性的意见和建议。子项目以"制定计划→行动实践→观察分析→反思评价→行动改进"的程序开展行动研究。

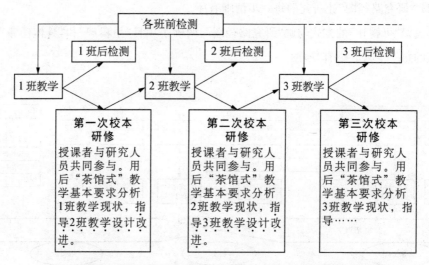

图1-6 静教院附校《后"茶馆式"教学案例研究》项目开展的"循环实证"研究

(四) 总结提炼，辐射传播

总结提炼是项目推进的至关重要的一环，其目的在于萃取学校校本化实施课程的有效途径和经验，更好地将成果向更大范围辐射与传播，以带动全市课改的深化推进。

1. 做好阶段总结和结题总结提炼

借助中期评估和结题评估，提出学校子项目、学段和总项目经验提炼的视角，并采用数字故事、自陈材料、亮点展示、提问答辩等形式，促进实验学校提炼经验。

在总结阶段，总项目研究团队全程回顾整个研究进程，思考原初架构的内容框架、研究策略、研究过程是否合理有效，问题是如何解决的，解决的结果怎么样，解决的过程中是如何提升课程领导力的。整个项目自下而上，形成了"子项目总结—学段总结—总项目总结"的模式。

（1）做好子项目总结。子项目的总结，形成了52个学校的研究报告、体现过程性研究的数字故事视频。总结主要从两个视角展开：一是对项目本身的总结，主要是围绕研究目标，经历了怎样的研究过程？形成了哪些成果？二是对提升课程领导力经验的总结，即，项目成果与提升课程领导力有何关系，学校是如何通过实践行动研究来提升学校课程领导力的。

（2）做好学段总结。学段的总结，形成了4个学段研究报告和9个子项目研究报告。学段总结主要围绕四个视角进行：一是各学段形成了哪些成果及经验；二是这些成果及经验与提升课程领导力有何关系；三是如何开展行动研究的，采取了怎样的实践模型；四是本项目研究的反思与对后一轮行动的思考。如，学科课程建设子项目，形成了学科课程建设的六种模式（目标导向模式、课程标准校本化模式、课程统整模式、课程群建设模式、评价改进模式和借鉴重构模式）和课程建设的基本技术路线。

（3）做好总项目总结。总项目总结，回归到研究总目标，从四个视角进行：一是课程领导力的上海认识；二是课程领导力的提升与所研究的内容的关系；三是提升课程领导力的有效路径、策略、方法和运行机制；四是课程领导力项目过程中的有效的实践范式。

2. 及时做好经验辐射

课程领导力项目采用了边研究、边展示、边辐射的策略，通过展示活动提高了研究的含金量，也促进了点上经验辐射到全市。课程领导力项目，是个孵化器：一方面，它把比较成熟的研究成果辐射到本校其他工作，本区县其他学校以及本市其他学校；另一方面，项目学校把可复制的模板提供给大家，加大了项目的影响力。

三、实践反思：课程领导变革文化的构筑

历经四年的课程领导力行动实践，探明了课程领导力的内涵，构建了课程领导力提升的实践框架，明晰了"可视化"行动路径，建立了共同体运行机制，形成了"大兵团"行动研究范式，提炼出一批凸显实践价值的学校校本化实施课程提升学校课程领导力的物化研究成果。

（一）研究成果

1. 对什么是"课程领导力"形成了上海独特的认识

"课程领导力"，即以校长为核心、教师为基础的课程领导共同体；以学校课程文化建

设、课程的设计与开发、组织与实施、管理与评价等为载体；以提升学校的课程教学质量，促进学生、教师、校长、课程、学校文化的发展为目标，在学校的课程改革探索与实践行动中体现出来的教育思想、教育哲学以及课程理解、规划、执行、管理、评价以及创造等方面的能力。研究实践中，不仅探明了每个子项目与课程领导力的关系，更有价值的是深入分析了每个子项目在课改推进中遇到的普遍性的难点问题，并探索出可推广辐射的经验和具有操作性的范式。这种认识丰富了国家课程校本化实施的内涵和外延，深化了课程教学理论。

2. 提炼了学校校本化实施课程提升学校课程领导力的有效途径

一是形成了"背景分析＋需求调研→顶层规划＋模型设计→分段推进＋专家指导＋展示交流→提炼总结"的行动研究路径；二是开发与大规模行动研究相配套的"可视化"的工具和流程，如可视化的研究目标与内容框架图、研究过程与方法图、行动研究与路径图、任务分解与进度表等，以便更有效地指导学校的实践与研究；三是在实践中注重"如何做"的问题引导，注重引导学校结合子项目实践，从机制形成、团队影响、专业提升、环境变化、行为改进等方面，回答学校是如何基于自身实际提升学校课程领导力的。

由上述三方面相结合构成的"有效途径"，在 50 多所实验学校的行动研究中得到检验并获认同。

3. 形成了"大兵团"、"共同体"协同攻关的行动范式

规模大、人员多、历时长、多个子项目同步展开的大型研究项目，务必方向明确、程序清晰、方法得当、过程合理。如此"大兵团作战"，需要有一套可行的操作方式来引导整个项目的有序开展，使之始终在正确的轨道里向前推进。

"大兵团"攻关需要"可视化"的工具指引，以形成工作合力，提高工作效率；"共同体"建设需要机制、目标、任务的支撑。本项目一是形成了行政人员、理论工作者和一线教师分工合作的"大兵团"协同攻关范例，使各个研究群体都能发挥各自优势，相互取长补短；二是探索了行政部门自上而下的引领指导与一线学校自下而上的实践创新有机结合的运行机制，整合了教育行政、教育研究人员和教育实践人员多方力量构筑的支持保障系统，为集多方人员智慧共同实践与推动一项重大改革提供了很好的范例；三是提炼了目标、任务、时间与"可视化"工具相结合的项目管理范式，既为问题解决提供了保障，也为其他大型项目研究的开展和管理提供了借鉴，也是本项目的一项创新成果。

4. 形成了一批凸显实践价值的物化研究成果

基于行动研究完成的项目物化成果包括总项目丛书系列《基于问题解决——提升课程领导力的行动》6 本，区域成果 4 本，子项目学校成果 32 本书。共发表了 2487 篇文章，其中约 50％在市级以上期刊上发表。成果内容聚焦当前上海课改最亟待解决的四大方面问题，即学校课程计划、学科建设、课程评价和课程管理，全面而有重点地呈现了整个项目"基于问题解决"的探索历程，积累了提升学校课程领导力的诸多有价值的实践经验和丰富案例。

（二）实践效果

本项目是凝聚上海全市之力、深化课改的攻坚战；是具有工作推进性质的研究、具有研究要求的工作；是以课程实践的方式、发动基层学校开展的创造性实践；是以解决实践问题为导向而开展的行动研究。

1. 项目学校课程领导力得到了显著提升

培养了一批锐意改革，具有课程意识和课程领导能力的校长和教师，他们如一粒粒种子，扎根并引领着市、区、校课改实践。

（1）以校长为核心的学校课程领导力得到了显著提升。项目学校的89.6％的校级领导、81.6％的中层干部、49.5％的教师自觉投入到课程领导力项目中，不仅校长们的课程领导意识和课程领导能力有明显的提升，而且教师对课程的认识也从以往简单执行变为现在的主动实践，如，《后"茶馆式"教学案例研究》，以"循环实证"的研究方法，积累后"茶馆式"教学证据，提炼出后"茶馆式"教学的八条教学策略，使课堂教学面貌发生了巨变，实践效果明显。一大批中青年教师在各级各类课堂教学比赛中脱颖而出。

据项目前后调研，学校校长和教师的课程理念指标（最高为5）从原来的3.6提升到4.6；学校课程规划与校本化指标从3.5提升到4.6；课程与资源开发、教师发展等课程实施指标从3.4提升到4.5；课程评价指标从3.7提升到4.6；对学生、家长、其他学校的影响指标从3.3提升到4.4。2013年，上海市评选出的59名特级校长中，11名为项目学校校长，比例显著高于（约8倍）其他学校。

（2）学生的课程满意率得到了提升。调研表明，项目学校的课程计划明显好于同类其他学校，学生在课程的丰富性、选择性、课堂教学有效性、提升学生自信心等方面的课程满意率高于同类其他学校，且还在提升之中。如，黄浦区《特色课程建设的实践与研究》，实践效果显著，形成了《特色课程开发的7项技术》、《特色课程的机制与方略》等丰硕的成果，区域构建的课程平台为学生提供了丰富的、可自主选择的课程，满足了学生个性发展的需求，实现了区域的发展目标——"办让学生满意的学校"的愿景。

据2011年至2012年的上海市"绿色指标"数据显示，学生对师生关系评价"较高"的比例提升14％；对教师教学方式评价"较高"的比例提升6％；对课程领导力的评价"较高"的比例提升6％。

2. 项目成果与经验辐射到全上海乃至全国

"边学习、边研究、边实践"，"以研究引领实践，在实践中完善提升"的行动研究策略和"研究—开发—试点—推广"的工作模式，将项目学校具有典型意义的探索实践，及时向全市推广辐射，最大限度地发挥经验的"孵化"功能。据统计，项目学校的研究成果在上海市级教学成果奖(基础教育)中喜获丰收,占特等奖总数的 21.1％,占一等奖的 16.3％。

(1) 项目经验及时在全市推广。及时的经验辐射,凸显了本项目对当下课改瓶颈问题率先探索的实践意义。通过项目学校在某些"点"上的改变,给整个上海市的课程与教学系统中的相关问题带来启示。课程领导力项目组共召开了 134 次市、区级现场展示研讨会,其特点在于研究路径、经历和经验更侧重凸显实践的可行性、操作性和指导性。在本项目的带动下,研究从项目学校推广到全上海,浦东、金山、青浦等区相继开展了区域性课程领导力行动研究。

如"学校课程计划的编制"由项目组研究提炼后,形成了由"背景分析—课程目标—课程结果—课程实施—管理与评价"等核心要素构成的学校课程计划基本框架,并配有大量丰富的学校案例,形成了《学校课程计划编制实践指南》一书,引领了全市每一所学校基于校情编制学校课程计划,其中,部分区域和学校将学校课程计划上网,供家长、社会了解。

(2) 项目经验从上海辐射到全国。《文汇报》、《基础教育课程》、《上海教育》等报刊连续数期专题介绍了课程领导力项目的成果与经验。2010 年在南京召开的全国课程改革推进会上,上海做专题发言,介绍提升学校课程领导力经验。2013 年教育部课程教材发展中心专程到上海进行深入调研论证,在此基础上,启动了教育部 6 个实验区的提升课程领导力的实践探索,涉及上千所学校、惠及上百万学生。这是对本项目研究必要性及其实践成效的最好的佐证。

(三) 反思

作为引领上海深化课改的一项大兵团作战,虽然初战告捷但是还有许多值得反思和完善之处,这些将在第二轮行动研究中深入探索并完善。

1. 关于项目的研究内容

本轮研究侧重从"课程"要素角度架构,四大方面九个子项目都是以此来设计的,但对"学段"的特点,尤其是对转型发展中各学段所关注的重点和难点问题缺少深入的思考和关注。在有"点"、有"面"的基础上,将进一步加强对"线"的关注,以丰富项目整体成效及经验的提炼、传播。

2. 关于项目的研究目标

本轮课程领导力项目研究具有原创性,因国内尚无可借鉴的经验,研究目标的定位也是基于课改实际,以基础性研究为起点,包括什么是课程领导力,如何提升课程领导力。随着课改的持续推进,提升课程领导力的研究实践并不会就此止步。第二轮研究中,在目标定位上会更关注课程领导力提升的关键行为表现、关注课程领导力的指标及可测评的工具、关注课程领导力提升的 N 种基本策略、方法和途径的顶层设计和实践探索。

3. 关于项目的管理

开展大兵团作战的行动研究,需要在实践中不断积累和完善项目的管理经验,如,管理工具的开发,质量的跟踪和监控。我们将在第二轮研究中更加关注项目管理的实证化、精致化,关注项目管理的工具开发,关注项目质量的过程性监控。

上海市提升课程领导力行动研究项目,将不以项目研究的结束而中止,而是要把这种研究解决问题的策略、路径和方法带到日常工作中,使之成为一种常态,扎根于学校,根植于校长、教师,成长于课堂,使课程领导力真正成为学校的软实力,校长的真功夫,教师的好本领,从而让每一个孩子健康快乐地成长。

国内外课程领导力研究现状述评[①]

课程领导(Curriculum Leadership)的研究兴起于 20 世纪 70 年代的美国,近些年来逐渐在我国受到关注。特别是在当前进行的基础教育课程改革背景中,课程领导的重要性日益凸现,有关课程领导的研究也日益活跃。已有的研究对课程领导的主体、课程领导涉及的领域、课程领导能力范畴、课程领导逻辑归属、课程领导功能价值、课程领导内涵外延等方面都进行了较多的研究,其中校长课程领导力是众多研究关注的重点。

国内外有关课程领导的研究,主要有两种范式:一种是以领导者为中心的研究范式,在这一范式中,课程领导研究关注的是领导者;另一种范式是以领导者和被领导者或被领导者为中心,课程领导研究关注领导者与被领导者的关系或被领导者的课程影响。由于后一种研究范式兴起不久,这里主要综述前一种范式中的研究情况,即将课程领导主要看作是校长的课程领导问题。因此,所谓学校课程领导力,主要指校长课程领导力。这一取向与我国教育的基本国情和本课题研究关注的问题高度相关。

关于校长的课程领导力,国内外许多学者都有过相应的研究。关于校长课程领导力的研究,主要集中在以下几个方面:

(一) 校长为什么要具备课程领导力

关于校长要具有课程领导力的原因,国内学者们认为:一是课程领导能力是校长专业发展的重要向度,这是因为教学即课程实施是学校的中心工作,课程是育人的重要载体和媒介,课程的决策、统整、选择、实施、评价是中小学工作的主旋律,中小学校长的专业领导应该更多地体现在课程领导上;二是校长的课程领导能力是推进新课程改革的重要保障。作为学校课程改革的"领头羊",校长应该具有相关课程知识和课程领导能力,这是决定课程改革成效的重要因素;三是校长的课程领导能力是促进学校自主发展和校长以及师生全面发展的一个重要途径。

国外学者对课程领导的关注最先起始于对教学领导(Instructional leadership)的关注,20 世纪 70 年代,美国学者在对有效学校(Effective school)的研究中发现,校长强有力的教学领导,对于提高学校效能和促进学校发展具有至关重要的作用。在 20 世纪 80 年代的学校改革运动中,校长教学领导成为学校领导研究中的热点问题。

实际上在我国,三级课程管理体制的确立,就要求校长要从课程管理走向课程领导,也

[①] 摘自《上海市提升中小学(幼儿园)课程领导力行动研究》课题设计论证。

即校长要从行政权威走向专业权威,更加关注学校课程的开发、指导与实施,更加关注学校教师专业的成长,更加关注学校课程文化的建构,而这些正是校长课程领导力所关注的核心。

(二) 校长课程领导力的内涵研究

国内外学者从不同角度对校长课程领导力的内涵进行了阐释。如有学者从课程领导者具有的特质出发,把校长课程领导力定义为,校长作为课程领导者在课程实践中吸引和影响教师及其利益相关者实现改善学生学习品质、促进教师专业发展、提升课程质量的领导品质。

有学者从校长课程领导的任务和目标出发,认为校长课程领导力就是依据国家的课程方案在学校创造性地组织实施课程的本领;校长课程领导力是新时期校长的核心领导力,是校长专业发展的根本任务,是教育及学校发展规律与特点所决定的,是区别于其他行业领导者的根本所在。杨连明也从这一角度出发,认为校长的课程领导力是指校长领导学校全体教师创造性实施新课程,全面提升教育质量的能力。也有学者认为,校长的课程领导力主要是指校长领导教师团队创造性实施新课程,全面提升教育质量的能力,是一个校级团队决策、引领、组织学校的课程实践的控制能力。

在国外,对校长课程领导力有如下的认识:2004 年 10 月由英国教育和技能部(DFES)颁布的校长国家标准指出校长的工作应包括三项主要原则:"以学习为中心,聚焦领导功效,及展示尽可能高的专业水准。"标准认为,"校长的核心目的是为学校提供专业领导与管理"。此外,校长必须有效管理教学,强调以个性化的学习(personalized learning)来释放学生的潜能才能打造高质量的教育。校长必须建构一种文化来提升学生的期望值,才能追求卓越和质量。校长还要建构一个有创造力的学习型环境。另外一些关键词诸如愿景、问责、多元合力等在此标准中也再次被强调。从整个标准来看,校长领导力主要聚焦在六大关键领域:规划未来,引领学习和教学,自我发展和与他人合作,组织管理,追究问责,加强与社区的联系。在这六个领域中均有对校长的知识要求,专业素质和行动。在第二个领域中此标准强调校长要引领学习和教学,校长在提高教学和学习的质量以及学生的成绩方面负有主要责任。

学者安德鲁(Andrew,R. L.)和斯密斯(Smith,W. F.)认为,校长要在校内建立和发展一种个性化的学习文化;校长所具备的专业素质应该是促进所有学校社区成员的继续学习,保障所有学生接受高质量教学。所采取的行动是注重提高学生的成绩,运用数据和标准来监督每个学生的进步。确保一种充满调整和支持的学校文化,使学生能获得成功及自主学习;监控、评估课堂教学实践,提高改进策略等。

由此看来,校长应关注的是教师的教学和学生的学习。校长是学校教师和学生这两大主体的指导者和责任人。而要担任好这个角色,作为教学领导者,要处理好与教师的关系才能实施教学领导。领导者要建立一种合作的团队精神,建立一种决策网络,让教师参与决策,权利和责任与教师分享和分担。Glatthorn 指出,领导要使学校每个人包括教师、学生均能达到目标,要让学生发展多元智能,尊重差异,照顾差异,并为大部分学生提供能挖掘其潜能和智力的课程体系。

从国际教育情况来看,无论是在执行国家课程体系为主的国家如英国等,或在以校本课程为主的国家如澳大利亚、美国等,均强调校长的课程领导力,其核心内涵就是关注校长编制课程,开发校本教材,聚焦教学,改进课堂,注重教学方法,提升学生的学业成绩等。当然,与此同时,为了实施课程领导,校长需要和学校董事一起,确保并维持有效教学,监控和评估教学质量和学生成绩的标准。校长需要关注学生的纪律,行为、阅读、写作、计算和信息技术的技能,以及重视与社区、商业、工业、家长的联系等。也就是说,就校长的课程和教学领导力而言,校长所关注的不仅仅是课程和教学,更重要的是教学质量、学业质量。同时校长作为学校的核心领导,他不仅要关注学生的学习、教师的专业发展,还要与家长、董事会群策群力改进、提升学校。

(三) 校长课程领导力的构成研究

对校长课程领导力应该包括哪些方面,国内外的学者们也有不同的看法。有的人认为校长课程领导力应该包括七个方面,即课程理念的建构力,课程设置的执行力,课程内容的管理力,课程实施的组织力,课程资源的开发力,课程评价的实施力,校本教研的引领力。其中,课程实施的组织力是校长课程领导力的核心,因为新课程理论是否树立,课程标准是否落实,校本教研是否有效等等都集中地反映在课程教学上。

有的人认为校长的课程领导力表现在对课程的准确理解力、课程资源的开发力、课程实施的规划力和课程文化的建构力。其中,对课程的准确理解首先表现在对国家课程的正确理解,表现在国家课程的校本实施上,表现在对校本课程的准确理解。

还有学者指出,校长的课程领导力表现在课程动作机制的创设力、课程事务的决策力、课程实施的监控力、课程评鉴的实施力、课程文化的建构力。其中课程动作机制包括课程人力资源开发机制、课程决策机制、课程开发机制、课程激励机制、课程评价机制、课程补救机制等。

台湾学者提出了校长作为教学领导者十大能力指标:1. 理解课程纲要及其配套文件;2. 理解学生成长与发展的现代理论;3. 理解学习理论的应用;4. 理解动机理论的运用;5. 理解课程设计、实施、评价与修订;6. 理解有效教学原理;7. 理解科技在促进学生学习中的角色;8. 理解教育的哲学与历史;9. 理解资讯来源、资料收集与分析;10. 理解仪式、例行事务和庆祝活动的重要性。

麦克尤恩(McEwan, E. IC)强调校长要具有带领教师实现最高的教学目标的勇气和愿景,并提出了有效的教学领导的 7 个步骤(或称 7 项关键技术):1. 建立、实施和达成学术标准;2. 成为教师的教学资源;3. 创造一种学习导向的学校氛围和文化;4. 与教师、学生沟通学校的愿景和任务；5. 对自身和教师提出高期望；6. 发展教师领导者；7. 发展并维持与学生、教师、家长的积极关系。

(四) 关于校长课程领导力影响因素的研究

梳理已有研究成果，学者们把影响校长课程领导力的因素划分为以下三个层面：

1. 教育制度层面的因素

(1) 集权管理体制的影响：长期以来，我国实行高度集中的教育管理体制，不仅使校长缺乏课程领导意识，还使得校长缺乏一定的课程领导能力。

(2) 科层化管理体制的影响：受科层化管理体制的影响，校长受到来自上级教育主管部门的支配与控制，缺乏课程领导的自主权。同时，校长又支配着学校教职员工，使学校内部形成强力的控制，教师难以真正参与到课程领导中来。

(3) 学校评价机制的影响：受"应试评价"的影响，各个学校之间是一种竞争关系，缺少必要的沟通与交流，校长缺乏课程领导的同行者。

2. 思想文化层面的因素

(1) "大教学论"思想的影响：受"大教学论"思想的影响，校长们多是熟悉教学领导的概念而不清楚课程领导是什么，更不用说有效实施课程领导了。

(2) 传统学校文化的影响：学校保守文化使学校和教师习惯于维护现状，拒绝合作，排斥变革。学校权威文化的表现是注重不同角色的权力。下级不敢对上级的决策质疑，也导致校长在课程领导的过程中无法知悉教师的真实情感。

3. 校长自身层面的因素

(1) 校长自身心理因素的影响：在当前的基础教育课程改革中，校长们的心理极其复杂，既有对未来的憧憬，又存在着对现实的焦虑与不安，这些都成为制约校长课程领导有效达成的因素。

(2) 专业素养的影响：从目前校长的总体队伍来看，其专业素养并不尽如人意。一些校长的课程观存在着偏颇，课程意识狭隘，旧有的课程管理思想根深蒂固。有些校长知识面狭窄，无法超越传统课程的局限去思考和行动，缺乏整合的专业知识以及系统的课程论知识体系。还有一些校长课程能力不足，面对复杂的、难以确定的未知领域，往往是力不从心、束手无策。

4. 支撑环境层面的因素

校长课程领导不是孤军奋战的行为，其有效实施还需要一定的支撑条件。

(1) 教职员工参与度的影响：教职员工的参与意愿不足，以或显性或隐性的方式抗拒课程改革者不在少数，影响校长课程力的发挥。

(2) 行政部门政策的影响：虽然三级课程管理的政策早已开始实施，但来自上级主管部门的规定、命令、规范对学校的控制依旧过多过死，学校课程管理的自主权难以落实，校长们依然难以有效开展课程领导工作,现实中课程实务开展不力的现象普遍存在。

（3）学生家长配合度的影响:学生家长之所以成为阻碍校长课程领导力提升的因素,其中一个原因便是教育观念落后,学生家长不了解新课程的精神。

（五）我国中小学校长课程领导力现状研究

从实践来看,当前许多中小学的校长出身于教学第一线,有着较强的教育领导力,但也有相当一部分校长把主要精力放在了社会公关、筹集经费、校园安全或者解决教职员工后顾之忧等方面,远离了学校的教育教学,失去了对学校教育教学的领导。有学者对我国中学校长领导力研究发现,一些学校对课程缺乏领导。一份关于上海市校长课程领导力的调查表明,上海市中小学校长在学校课程领导中还存在诸多的困惑和挑战,举例如下:1.校长课程领导的意识淡薄;课程行政的角色大于课程领导的角色;对课程领导(包括课程开发与设计)的内涵不甚清楚。2.校长课程理论的知识能力不足。近75％以上的校长不能准确理解课程与教学的关系;许多校长的教学意识大于课程意识;对课程文化不甚理解、不够重视。3.以"控制"为核心的课程文化渗透在课程目标和课程管理的方方面面;课程资源开发的意识不够。4.校长的课程领导权力存在越位、缺位和不到位的现象;外界诸多因素的影响和干预致使校长对课程实施的领导缺乏应有的力度和效果。5.在课程评价的领导方面,校长的专业知识储备还存在一定欠缺。

尽管校长在实施课程领导时遇到了诸多的麻烦、困惑和挑战,但是,进一步提升校长的课程领导力却是各界需要共同努力关注的课题。增强校长对学校课程的领导是教育改革的应然诉求,只有如此,教育改革的计划才能通过学校课程的落实得以实现,教育成效的提高、学生的全面发展才有可靠保障。

（六）提升校长课程领导力的途径或策略研究

关于提升校长课程领导力的途径或策略,学者们主要从以下几个方面展开:

1. 更新校长课程领导理念,增强其课程领导意识,改变课程领导作风

课程领导理念和领导意识的更新、增强主要体现在:校长要更新思想观念,增强课程领导意识。提高校长课程领导力,关键在于唤醒校长职业自觉,增强校长职业意识,从"课程一统不须管、分数至上不去管、专业缺乏不会管"的思维定势中走出来,由过去单纯的行政领导转变为课程领导,不断促进校长的专业发展。校长要转变领导方式,建立学校课程与教学工作管理运行机制。

此外,校长要与课程理论专家合作,要与学校其他领导、教师、学生、家长、社区人士互助合作,要加强与其他学校的联系,拓展自己的课程领导视野。

2. 丰富、提高校长课程领导知识与技能

校长要认真学习和掌握先进的课程与教学理论,丰富课程领导知识,具体包括实施课程行动研究、开展校长自传研究、建立民主的教育论坛、发展新形式的学习。校长要落实赋

权增能,提高课程领导能力,具体包括实行课程领导分权、把教师培养成领导、提高课程执行能力。课程领导知识与技能的获得既可以通过专项培训,也可以通过自主学习。

3. 校长要参与课程领导实践

校长要积累实践智慧,改善课程领导作为,具体包括校长要建构课程愿景与目标、革新课程规划与设计、监控课程实施的过程、变革课程评价的方法。同时,校长要回归课堂,校长不能只是坐在办公室里领导课程,真正深入课堂进行观察思考对其提高课程领导能力是十分必要的。在听课和分析课的同时,我们还建议校长无论多忙也要上一定数量的课,去真正体验和实施课程,这不仅是提高课程领导能力的需要,也是许多优秀校长的成功经验。

4. 建立校长课程领导力的考核与评价机制

要进一步落实和完善校长实绩考评制度,推动校长的专业发展。在校长评价标准的制定过程中,应将课程领导能力纳入其中并占据重要位置,为考核提供依据,也为校长提出提高课程领导能力的目标。在校长选拔、任用、提升、考核过程中,应将课程领导能力作为重要依据之一。

主要参考文献

钟启泉. 从"行政权威"走向"专业权威"——"课程领导"的困惑与课题[J]. 教育发展研究,2006(4).

钟启泉. 从"课程管理"到"课程领导"[J]. 全球教育展望,2002(12).

张志豪. 国中自然与生活科技学习领域召集人角色与职责之研究. 台湾师范大学工业科技教育研究所(未出版),2004.

杨连明. 回归课堂:提升校长课程领导力的有效途径[J]. 上海教育科研,2008(3).

夏禄祥. 论校长课程领导力的提升. 河南大学硕士论文,2008.

吴岩. 亨德森课程领导理论的教育含义[J]. 北京科技大学学报》(社会科学版),2007(3).

王利. 学校课程领导研究. 西北师范大学博士学位论文,2007.

王传金,谢利民. 价值、场域与愿景——论中小学校长的课程领导能力[J]. 天津师范大学学报(基础教育版),2006(12).

师晓星. 提高校长课程领导力的思考[J]. 辽宁教育研究,2008(4).

景梅石. 试论校长课程领导力的内涵与建设[J]. 辽宁教育,2008(11).

靳玉乐,董小平. 论学校课程领导的范式转型[J]. 教育理论与实践,2007(4).

金玉梅. 学校课程领导主体系统探析[J]. 西南大学学报(社会科学版)2008(6).

黄崴. 教学领导研究的新进展:理念与技能[J]. 外国教育研究,2008(6).

何玉凤. 中小学校长课程领导研究综述[J]. 外国教育科研,2008(6).

陈明宏. 校长课程领导的研究. 华东师范大学博士论文,2007.

曹科岩,龙君伟. 论校长课程领导的内涵、角色和任务[J]. 当代教育论坛,2007(5).

蔡政明. 国民小学校长课程领导. 教师效能之研究,http://www.cyut.edu.tw/rtchang.leadcurr.doc

McEwan, E. IC. (2003) *Seven Steps to Effective Instructional Leadership*. Thousand Oaks, Calif: Crown Press. pp186－278.

Department for Edecation and Skills & National College for School Leadership (2004b) *National*

Standards for Head teachers.

Glattorn, A. A. (2000) *The Principal as Curriculum Leader: A Comprehensive Guide for the Curriculum and Decision Maker.* Emporia, KS: the Curriculum Leadership Institute.

Andrew, R. L, & Smith, W. F. (1989) *Instrcutional Leadership: How Principals Make a Difference.* Alexandria, VA: Association for Supervision and Curriculum Development,

课程领导力行动研究：大兵团实践模型[①]

"上海市提升中小学（幼儿园）课程领导力行动研究"项目（以下简称"课程领导力项目"）是一项规模大、历时长、参与人员多、研究内容丰富，堪称大兵团作战的研究项目。项目基于课改难点问题的解决，着重探索提升课程领导力的途径和机制，其意义远不止项目自身所取得的丰硕的物化成果，更深远的意义在于项目从方法、技术层面探索出的具有实用价值、可推广的一系列解决问题的策略、工具和模型。这对全国课改的深入推进将发挥积极的示范和辐射作用。

一、大型项目的推进为什么要有实践模型

什么是实践模型？为什么在大型项目的推进中要使用实践模型？实践模型能解决哪些问题？这些问题也许很多教育研究与实践人员并不熟悉。

被称为"经营之神"的日本企业家松下幸之助曾说过："当我的员工有 100 名时，我要站在员工最前面指挥部属；当员工增加到 1000 人时，我必须站在员工的中间，恳求员工鼎力相助；当员工达万人时，我只要站在员工后面，心存感激即可。"领导方式与企业的发展状况是需要匹配的。同理，在项目实践与推进的过程中，一般的课题和大型的项目因其研究的规模和范围迥然不同，与之匹配的推进方式也有所不同。

我们知道，一般课题在研究过程中较容易发现问题并及时纠偏，其时间支配更加自由机动，研究内容和过程更加自主灵活，而大型项目的推进则不同，尤其是像本项目这样的大兵团作战，更是需要方向明确，程序清晰，研究方法和过程合理可行，这就需要有一套稳定的操作方式来引导整个项目的有序开展，使之始终在正确的轨道里向前推进。因此，大型项目在推进中有必要建立实践模型，使研究更加规范和科学。

二、课程领导力项目三种实践模型的构建与应用

模型是从诸多事物、现象中抽象出来的规律，是用来描述系统的。从模型建立的过程可以看出，它主要是抽取出那些"关键的、具有影响效果好坏的"要素和关键环节来组成系统。系统的思维是变革成功的前提，系统的方法是变革成功的关键。

在课程领导力项目规划与实施推进的过程中，我们通过对项目顶层设计、具体实施等

[①] 韩艳梅.上海市教委教研室推进大型项目研究的三种实践模型——以上海市提升课程领导力行动研究项目为例[J].基础教育课程，2013(7—8).

方面进行系统思考,初步归纳出几种实践模型。这些实践模型借鉴了相关理论,同时又结合项目学校的实践需求而开发,目的是给项目学校以行动"支架",确保整个项目能聚焦研究目标、任务,形成合力,有序推进。

(一) 问题解决实践模型

建立模型,尤其是复杂事物或过程的模型,需要从研究问题的目的和需要出发,这样才知道该舍弃哪些非本质的因素和特征。因此,构建问题解决实践模型是一个大型项目在顶层设计层面就要思考的。问题解决模型是推进课程领导力项目中最主要的实践模型之一,这一模型有助于从整体上架构研究的系统和程序。

问题解决实践模型是系统地反映问题解决的过程,是从确认问题,形成和执行解决方案,一直到问题得到解决的过程。问题解决实践模型包括六大步骤(阶段),见图1-7。具体到课程领导力项目,这六个阶段我们所思考及具体推进的工作如下。

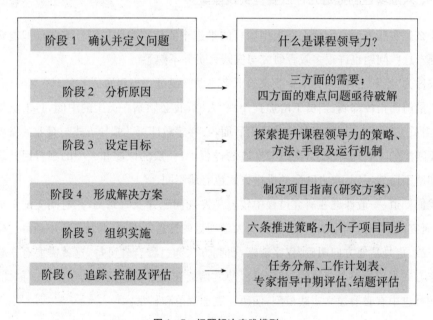

图1-7 问题解决实践模型

阶段1:确认并定义问题。在这一阶段要回答:(1)问题是什么? (2)这些问题会造成哪些影响? (3)目前状况为何? (4)远景是什么?

上海市实施课程领导力项目的基本出发点是探索在课改实施中如何将重心下移到学校,激发学校活力,引导基层学校解决自身面临的难点问题。简言之,可以概括为"三个需要":深化课程改革的需要;学校内涵发展的需要;实现课程建设者和实施者专业发展的需要。在项目研究中,我们发现,学校在课程建设和课程领导方面存在着四个方面的主要问题:学校课程整体规划不够科学,课程建设与实施不够深入,课程管理不够到位,课程评价不够规范。通过课程领导力项目，我们就是要解决这些问题，提升学校校长和教师的课程领导力。

阶段2：分析原因。这一阶段要回答问题产生的最重要原因是什么。

就上述四个问题而言，其产生的原因可能是多方面的，但最主要的原因是校长和教师在课程的规划、实施、管理和评价上的专业能力的缺失。以往，学校更多关注的是课堂教学，关注一节节课怎么教，缺少从课程层面俯视整个系统，更不用说具备较强的课程意识和课程能力了。因此，从课程层面入手，抓住几个关键问题作为项目的实践载体，是解决问题的较好抓手。

阶段3：设定目标。这一阶段要设定问题解决后我们想达到的目标。

目标导向是一个项目从规划到实施、完成这一过程中始终要对照和聚焦的。课程领导力项目最终要达成的目标是：(1)探索出提升课程领导力的策略、方法、手段及运行机制。策略和机制都是长效的，将对今后课改持续推进具有长远的作用。(2)提升校长和教师的课程领导意识和能力，实现从"应知"、"应为"到"愿为"、"能为"的转变。也就是说要培养出一支"种子"队伍，进而带动学校，发挥这些"种子"的辐射和示范作用。

阶段4：形成解决方案。这一阶段是顶层设计的关键阶段，需要形成一个达成目标的整体方案。

当存在的问题和目标都清晰以后，形成问题解决方案或者实践方案，是顶层设计中需要解决的关键问题。课程领导力项目通过研制"项目指南"，将项目的背景、目标、内容、研究方案、组织机构、研究内容框架、进程要求、项目管理等内容进行了详细的规划与说明。通过有关项目指南的培训，使项目学校和指导专家对研究形成共识，为后续项目的推进打下了良好的基础。

阶段5：组织实施。这一阶段是执行计划与方案，开展创造性实践探索的阶段。

项目的实施是规划和达成结果之间的桥梁。课程领导力项目在实施过程中，主要采取了六大策略：(1)聚焦问题。总项目组自上而下设计了9个子项目，48项研究内容，供学校选择；项目学校自下而上，在规定的研究领域里，结合学校实际选择或自己决定要研究的问题。(2)理论指导。通过文献分析、现状调研，子项目学校摸清了拟研究问题的发展现状、影响问题的关键因素，并寻找理论基础及研究方法论支持。(3)点面结合。以项目学校为点深入开展实践探索，以上海市学校为面，点上取得的成效和经验及时向面上辐射推广。(4)纵贯横通。研究过程中，分成幼小初高四个学段来管理，同时加强同类别项目实验学校的经常性的互动交流，即研究过程中加强学段之间的纵向互动和子项目之间的横向联系。(5)专家指导。整个项目的专家指导团由高校教育专家、本市资深中小学校长、教科研人员及督导人员等组成。每所项目学校均有一位固定的指导专家每月一次到学校为项目实验提供理论指导和行动咨询服务。(6)强化过程。规范项目管理，注重研究过程的质量，通过互动强化研究成果的总结和分享。

阶段 6：追踪、控制及评估。这一阶段是管理和监控实施活动的阶段。在过程中，我们需要明确以下问题：如何确认实践是在按计划稳妥推进？过程中是否发生了问题？如何纠偏？过程中的阶段性成效如何？最终是否达成目标，并使问题获得解决或改善？

这一阶段是保证项目实施顺利前行的关键阶段，考验的是对项目的管理能力。课程领导力项目在项目管理上重视对项目进程、质量的及时追踪，以及及时解决各种过程中意外出现的问题。主要做法是各校制定任务分解书和工作计划表，使学校实验与总项目实验都有"法"可依；专家定期的指导除了具有指导功能外，其实还发挥了督促监督的功能；中期评估，采取现场评估的形式，专家小组到学校亲身考察项目进展，指出研究中的不足和偏差，给出具体建议，使项目学校进一步明确了研究方向；结题评估是对项目的全面验收，通过项目数字故事、学校汇报、项目亮点展示等环节，尽可能全面地呈现项目研究的过程、结果和成效。这些措施有效地保障了对项目学校实践情况的及时跟踪、反馈和指导。

从上面这六个阶段构成的流程中，我们能看到，大型项目的实施，如何审时度势、统领全局，如何筹措资源、协调各方力量对项目成败都有至关重要的影响。其中，发现问题，就是界定项目研究的边界和内容；了解问题起因，就是分析；设立目标，就是确定最终愿景；形成解决方案，就是寻找到问题解决的改进之路；监控与管理，保证过程优化，就是控制。领导力项目以这一问题解决模型为指导，通过不断的实践、持续的改进，依靠团队力量来解决实践中的一个又一个难题。

（二）行动研究实践模型

一个大型项目有自身需要达成的目标和任务，而各子项目也有各自的研究任务与内容。子项目学校的研究只有聚焦到总项目的目标，而不只是关注自己干了什么，才能最终汇聚、提炼子项目的研究成果，达成总项目的研究目标。

上海市课程领导力项目，是以行动研究作为主要研究方法的。在实践中，我们发现，学校对这种研究方法的应用还不是十分清晰，学校最期待的是告诉他们怎么做。因此，引导学校展开具体的行动研究过程非常重要，而明确采用怎样的研究技术路线是其中最为关键的。因为研究的技术路线能引领研究的步骤和走向，能较好地规避那种"想到哪里做到哪里"的随意性现象。为此，在项目的整体推进实施中，我们借鉴了理论界在行动研究上的成果，开发了行动研究实践模型(见图1-8)，并引导学校结合学校实际进行校本化的改造。

行动研究实践模型表明：一项行动研究要依次经过制定计划——行动实践——观察分

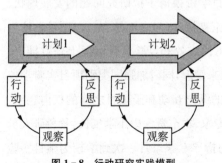

图1-8　行动研究实践模型

析——反思评价等环节,在此基础上找出不足,制定新的计划,由此开始新一轮的改进行动,并且不断螺旋推进,直到研究逼近预期要取得的成果或成效。

在这一基本模型下,我们鼓励项目学校结合自身研究内容与实际情况,对基本模型加以改造与具体化,但尽量不要复杂化,而是简练地呈现行动研究的过程。图1-9是项目学校探索出行动研究实践模型的变式图,它更清晰地呈现了实践过程中螺旋式递进的多次行动与改进过程。

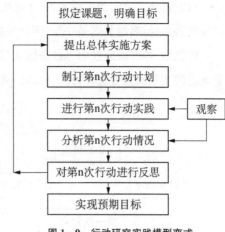

图1-9 行动研究实践模型变式

从项目学校的实践来看,许多学校都根据上述基本模型及其变式,结合各自的研究内容和任务,建构了具有校本化特色的行动研究模型。以初中学段的洛川学校为例,他们开展的研究是《一对一数字化学习环境中课堂互动策略的实践研究》,建构了如图1-10的行动实践模型。

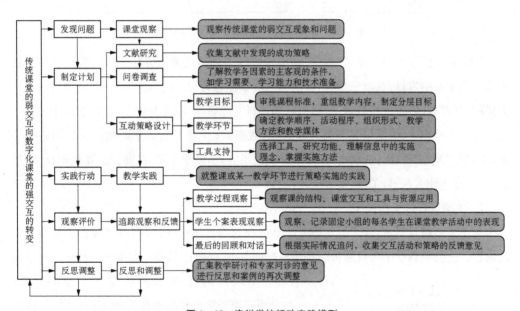

图1-10 洛川学校行动实践模型

这一研究模型进一步细化了发现问题、制定计划、实践行动、观察评价、反思调整五个环节的具体内容。如,"发现问题"环节,主要聚焦于课堂观察,落脚点在观察传统课堂中的交互现象;"制定计划"环节,通过文献研究、问卷调查,了解以往研究中成功的可借鉴的策略以及教学中影响互动的主客观条件,最后从教学目标、教学环节和工具支持三个方面设计了互动策略。其他环节也都是这样细化,不再赘述。如此,一张行动研究模型图,清晰地呈现出整个研究各环节之间的逻辑关系、实施的具体步骤及需要解决的关键性问题,浓缩了整个研究技术路径,名副其实是一张"研究导航地图",为项目研究的开展奠定了坚实的基础。

再比如,静教院附校的《后"茶馆式"教学案例研究》项目,把循环实证作为促进课堂教学改进的主要研究方法,构建了校本研修的"循环实证"行动实践模型(见图1-11)。

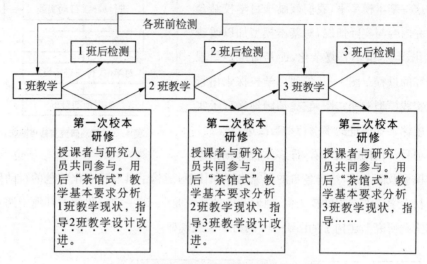

图1-11 静教院附校"循环实证"行动实践模型

"循环实证"是"后'茶馆式'教学"在推进过程中创造出来的方法。它一般在同一年级的几个教学班中进行:选取三个班,每次课后对学生进行课堂内容学习检测(后测),根据检测情况,任课教师、备课组教师、教研组教师进行专题研修,在此基础上,对教学设计进行改进。在具体操作中,根据研究的具体情况,对教学、研修等的次数作增减。一学期进行多次,就这样"循环"研究。一次次"循环",一次次研究,不断聚焦研究的问题,要证明什么,展示什么,改进什么,一目了然,十分清晰。

(三) 项目管理实践模型

对于大型项目而言,除了关注研究的整体规划与具体实施外,项目管理也是非常重要的内容。这关系到整个项目是否能按照时间的节点,保质保量地完成预期的目标。对于课程领导力项目的管理,我们思考的主要问题有:(1)总项目组采取怎样的工作管理方式?(2)如何对子项目进行监控?(3)如何获取子项目进展的真实信息?(4)如何及时推广项目经验,扩大项目影响力?……为此,我们建构了项目管理实践模型(如图1-12),找到项目管理的关键所在,包括质量管理、进度管理和成本管理三方面。我们称之为项目管理

图1-12 项目管理实践模型

的三大基石。只有这三块基石稳定、平衡才能保证并促进项目顺利开展。

1. 基石之一：质量管理

对项目的评估最终主要落脚到对项目质量的考量。项目实施的质量好坏，直接关系到这一项目的应用价值及效益。因此，课程领导力项目在质量管理上，主要在项目质量的规划、实施过程中的保证及控制上进行重点控制，并主要通过以下四种工具来进行质量管理。

(1) 用RACI①(团队协作)矩阵明确团队职责。项目谁来负责，组织哪些人参与实施，各自的职责分工，项目实施中谁来协调沟通传达信息等，都有具体明确的分工，这样每个人各司其职，职责分明，避免相互推诿。

(2) 用研究路径图做好项目导航。研究路径图主要回答三个问题：我们计划到哪里去，即目标是什么？我们现在在哪里，即目前状况如何？我们怎样达到那里，即途径是什么？为此，我们引导项目学校通过可视化的路径图，让每个研究者清晰了解当下位置，并知道下一步该做什么。如，育才初级中学制定了《基于标准的学生个性化作业设计研究》的项目研究路径图(见图1-5)。

(3) 建立质量跟踪制度。课程领导力项目采取的方式主要有三种。一是定期交流，目的是获取真实信息；传播好的研究经验与方法；探讨、解决难点问题。交流可以是学校层面、学段层面、子项目层面、专家层面的。二是分散与集中调研，对项目学校定期或不定期进行集中和分散相结合的实地调研。既能及时了解项目进展，又能现场把脉，解决问题。三是全程记录研究过程。要求项目学校对研究过程加强档案积累，全程记录研究过程，包括文字记录、视频录像，加强对信息的收集、归档与发布。

2. 基石之二：进度管理

项目的进度管理不仅仅包括研究设计阶段、实施阶段，还包括研究的准备阶段、总结阶段；不仅包括进度计划，还包括跟踪调整。进度管理涵盖了对项目全过程的控制。课程领导力项目在进度管理上主要采用三种工具。

(1) 用WBS(Work Breakdown Structure)分解多项任务。通过WBS工具建立工作分解结构(根据项目目标及预期成果)，把众多的项目任务分解成"英寸大小的小圆石"，也就是多项小任务，让研究实践者实实在在看到前进道路上的"里程碑"，每完成一项任务，就跨越了一个"里程碑"，获得了研究的成就感，对后面的实践研究更充满信心。

(2) 用工作计划表抓住项目"七寸"。进程管理要抓住的"七寸"就是用工作计划表来规范、落实研究的具体任务和时间节点，这样进程一目了然，增强了每个人的责任意识。

(3) 建立进度协调工作制度。课程领导力这个大型项目因涉及的人员、部门众多，定

---

① RACI是一种相对直观的模型，用以明确组织变革过程中的各个角色及其相关责任。R即Responsible，谁负责；A即Accountable，谁批准；C即Consulted，咨询谁；I即Informed，通知谁。

期召开各层面的工作例会如总项目组工作例会、专家例会、学校工作例会等，来协调工作内容，了解进展情况是非常有必要的。

3. 基石之三：成本管理

项目成本管理意味着要确保在批准的预算范围内完成项目所需要完成的各个任务。成本管理过程一般包括：成本的预算与控制、资源的配置等。一旦项目启动，要对项目的各项支出进行专门管理，避免出现成本使用的糊涂账。

课程领导力项目在成本管理上主要抓经费的投入与有效使用。项目启动之初通过签订市区校三方协议规定了三方各自的义务和责任，确保市、区、校的研究经费的配套投入，明确经费的使用要求。研究中经费的投入主要采取分期分批方式拨付，如启动初中期评估后、结题评估后分别拨付研究与奖励经费，既规范了经费管理，又激发了项目学校研究的积极性。

以上对项目的管理看起来似乎有些复杂，但其核心是加强工作任务的"可控性"、"规范性"，重在通过对项目的精细化、规范化、专业化、实证化、过程化的管理，做好项目的"细节"（如图1-12所示）。

精细化	规范化	专业化	实证化	过程化
项目指南 开题报告模版 开题论证纪要	文献综述 基础调研 技术标准 评审指南	学科背景 学术视野 理性判断 自身研究	用数据来说话 动态全程记录 信息手机归档 及发布	跟踪项目 质量控制 贯穿全过程

图1-12 项目管理的"五化"

三、结语

对大型项目实践模型的探索目前在国内还很少。课程领导力项目组对这一问题一直在摸索、实践，由模糊到逐步清晰，产生了一项项具体的做法，在逐步系统化提炼后形成了这些模型。当然，对大型项目而言，可应用的模型还有很多，我们将随着第二轮课程领导力项目的启动持续探索。

第二章

学段研究：
聚焦课程领导的现实问题

回眸四年行动研究历程

本书第一章已经详细阐述了课程领导力行动研究项目的背景及意义、系统思考与顶层设计、研究过程与实践探索、研究结论与成效反思等。

回眸项目从"立项启动、实施研究、中期评估、完善深化、总结评估"的历程，我们从幼儿园、小学、初中、高中四个学段实际发展需求出发，以解决实际问题为导向，执着于探索学校课程领导力的内涵及其提升的策略与路径，进而创建新模式。这期间，形成了一批凸显实践价值，引领学校课程改革的物化研究成果，更重要的是，课程领导力项目，作为学校课程内涵发展的一面"旗帜"，不仅对经历其中的学校产生了深远的影响，一批锐意改革、具有课程意识和课程领导能力的校长和教师在项目研究中获得了成长，同时，项目的实施过程是学校课程领导力核心内涵不断深化的过程，对这一问题的反思与规律的总结提炼，将成为指引学校课程领导力未来发展方向的航标，对促进上海基础教育课程改革的深入持续发展发挥积极的作用。

幼儿园、小学、初中、高中四个学段的研究实践历程是项目成果的有机组成部分，本章侧重学段视角，思考并聚焦项目学校"为什么做"、"做了什么"、"做的效果如何"，充分反映不同学段研究的共性之处，又体现出各自学段特点，从而汇聚本成果的纵向研究历程。

一、高中学段：研制课程领导的内涵要素与实践载体[①]

（一）课程领导的时机、主体和方略

1. 为什么这一时期提出课程领导力的话题

（1）从国际趋势来看，课程领导力的提升与课程改革密切相关

课程领导的兴起、发展与课程改革有着密切的关系。古德莱德（John I. Goodlad）认为"课程"应该划分为五个层次，即五种不同的课程形态："理想的课程"（ideological curriculum）、"正式的课程"（formal curriculum）、"领悟或理解的课程"（perceived curriculum）、"运作的课程"（operational curriculum）、"经验的课程"（experiential curriculum）。从课程改革的趋势来看，美国、英国、澳大利亚、日本等国家都在追求个性化，而从各个国家课程改革的现状而言，从理想的课程到学生经验的课程之间有较大的落差。

从课程改革、课程自主权、校本课程开发等视角，对美国、日本、中国台湾地区、中国香港特区和中国大陆课程领导的兴起与发展进行比较，可以发现：第一，课程领导需要条件支持、课程权利的下放；第二，课程领导的内涵，随着时代发生变化；第三，课程领导的主体是多元的。如，香港和台湾地区的教育改革有明显的共同性——给予学校更大权力参与课程规划，并要求学校有效推行校本课程发展，各级教学人员要积极参与校本课程发展。以行政主导的学校领导和课程管理似乎未能有效领导学校和各级教学人员面对教育改革和课程改革的新要求和挑战。因此，一种以课程事务为核心的课程领导概念慢慢在学者和一线教育人员之间形成。

专业的课程领导的价值在于能够有效缩小理想课程与经验课程之间的落差，深化推进课程改革。各个国家在课程领导方面的研究起点有所不同，但是随着课程改革的深化，总体来说越来越重视课程领导。

（2）上海二期课改的实施需要提升学校课程领导力

任何一个事物的存在都有其必要性，课程领导的缘起和发展也一样。长期以来，中国教育管理属于"垂直管理"，采用"一纲一本"的政策。因此，多数人都认为课程不存在"领导"与"不领导"的问题。对学校来说重要的是课程管理、课程执行。

然而，1998年启动的上海市二期课改提出了市、区县、学校层面的三级课程管理制度，给学校提供了课程自主权。从课程设置角度而言，高中课程由基础型、拓展型、研究型三类课程组成，其中拓展型、研究型二类课程的建设和实施，主要靠学校自主设计、开发、实施来

---

① 本报告执笔人：金京泽，上海市教委教研室。

完成。

从课程管理角度而言,很多学校的课程改革,还处于行政性课程管理层面,还没有达到专业的课程领导。校长头脑中的课程愿景和教师头脑中的课程愿景之间有很大的差异。教师参与学校课程建设的意识比较薄弱,参与的程度就更低。尽管上海市普通中小学课程方案中提出"提高教师的课程开发与实施能力以及校长的课程领导能力",但是校长实际的课程领导能力还不能胜任课改要求。

有关上海市中小学校长课程领导力的研究发现,上海市中小学校长在学校课程领导中还存在诸多困惑和挑战:校长课程领导的意识淡薄;校长课程理论的知能不足;校长的课程领导权力存在越位、缺位和不到位的现象;在课程评价的领导方面,校长的专业知识储备还存在一定欠缺。

二期课改的力度大,课程方案给高中阶段留下了较大的个性化发展空间,这既是机遇又是挑战。二期课改所提出的三类课程和三级课程管理,要求学校创造性地落实课程方案。研究型课程,是培养学生创新精神和学会学习的重要载体和抓手,高中阶段已经积累了一定的实践经验,但要普及到所有学校且达到方案要求的达成度还需要继续研究和推广;拓展型课程的开发和实施不仅能促进学生个性与社会化的和谐发展,也是培养教师课程意识和能力的重要抓手,同时也是促进学校特色形成的重要载体,需要广大一线学校和教师不断探索;基础型课程的试验,一方面要为课程教材的修订提供实践数据,同时在课改重点的落实方面要有探索和突破,如,三维课程目标的有效落实、信息技术与课程的整合、"教"与"学"方式的转变等。

2. 为什么提出学校课程领导力而不是校长课程领导力

领导是领导者为实现组织的目标而运用权力向其下属施加影响力的一种行为或行为过程。领导工作包括五个必不可少的要素,领导者、被领导者、作用对象(即客观环境)、职权和领导行为。那么,如何确定领导者和被领导者? 校长课程领导力与学校课程领导力有什么关系呢?

不可否认的是,学校课程领导中校长的课程领导确实很重要,同时课程领导是校长不可推卸的责任。Bradley 认为,课程领导是校长有效领导的重要方面,校长的课程领导与校长所承担的责任是密不可分的;Olive 认为,不管校长作为积极的课程领导者还是消极地把课程领导的责任下放给下属,课程开发的成败仍然取决于校长的支持;英国教育和技能部颁布的校长国家标准强调,校长要引领学习和教学,校长在提高教学和学习的质量以及学生的成绩方面负有主要责任;Berlink & Jensen 在大规模的问卷调查中得出的最重要的一条结论是,校长不能因为日常行政性事务影响其课程领导力。

无论如何,我们不能否认校长在课程领导中的重要作用。但是,我们也应该正视与课程领导发展密切相关的两个条件:第一,教育行政对学校课程自主权的赋予;第二,课程相关的人员积极参与课程改革。

从这个角度来说,在学校层面的课程领导中,校长有课程领导力,教师有课程领导力,学生也有课程领导力,甚至家长、社区也有课程领导力,不同主体侧重于课程领导中的某些要素。学校,既是课程领导的客体,又是课程领导的主体。学校课程领导力可以分为两个层面:一个是组织的领导力,另一个是个体的领导力。组织的领导力,即组织作为一个整体,对其他组织和个人的影响力,这个层面的领导力涉及组织的文化、战略及执行力等。从组织层面考虑,用学校课程领导力来代表学校层面的课程领导能力更为妥当。

3. 为什么课程领导力行动研究项目采用大兵团作战模式

大兵团作战价值和意义在哪里?为什么我们要大兵团作战?大兵团作战的利弊又是什么?随着社会的发展、科学的发展,个体很难在短时间内有巨大成就和突破。教育社会中的问题是个复杂的系统,相互影响、相互作用。

目前,上海课改进入深水区,剩下的问题都是硬骨头。课改需要攻坚战,需要集聚各方力量来攻坚突破。既然是大兵团作战,肯定是声势浩大,涉及面广,成效明显。同时,可能带来一系列的困难。比如,是否有共同的目标或愿景,是否经常沟通交流,是否信息的上传下达畅通,是否形成合力、分工合作?

那么,哪些项目需要大兵团作战?(大兵团作战必定是需要合作,更需要合力攻坚的项目。)基于以上认识,大兵团作战的项目需要具备以下要素:有一个共同合力解决的问题,比如,提升学校课程领导力就是这一类问题;有合作的必要性;问题是错综复杂的,问题之间是相互影响的。

高中段自选项目立项学校共有 10 个区的 13 所学校,获得立项的学校满足以下条件:经专家评审,自选 + 必选项目均通过(或修改通过);校长(副校长)为项目负责人,保证项目有效开展;学校积极性高,态度认真,科研基础较好;基于各段对学校的整体判断;子项目在各学段的整体覆盖情况。

为了项目的有效推进,为每个项目学校配置了结对专家。专家和学校结对工作,在充分考虑专家特长和学校研究内容的基础上,以双向选择的原则进行。专家深入结对学校开展研究指导工作,具体了解学校子项目研究的进展情况,帮助解决研究过程中遇到的问题,并提出具有建设性和操作性的意见。

(二)课程领导力指标与必选项目、自选项目

1. 进一步厘清学校课程领导力的内涵

为了进一步了解课程领导的内涵和外延,高中段还从领导的对象、领导的性质、领导的主体等角度,进一步研究课程领导与教学领导、课程领导与课程管理、校长课程领导与学校课程领导的关系。

经过文献研究和实践探索,高中段对"学校课程领导力"形成了如下基本共识:①学校课程领导力的主体是课程领导共同体:学校课程领导力不仅仅包括校长个人的课程领导力,也包括学校中其他成员的课程领导力,是一种团队能力。校长是学校课程领导力主体的核心,学校中层、教师都是学校课程领导力主体的组成部分。学校课程领导力主体之间互相作用、互相影响。②学校课程领导力的呈现载体是课程:学校课程领导力主要通过学校课程计划、学校课程实施、学校课程评价、学校课程组织管理及制度等载体呈现出来。③学校课程领导力的要素是能力:思想力,包括正确的教育思想、教育哲学等;设计力,包括把教育思想转化为课程计划等的能力;执行力,包括组织实施能力、协调能力、指导能力等;评价力,包括完善、改进与评价等能力。④学校课程领导力的价值取向是科学发展:促进学生的发展、教师的发展、课程的发展、学校文化的发展。

提升学校课程领导力的目的是实现学校可持续发展。为了便于广大学校更好地理解学校课程领导力,综合上述共识初步构建了学校课程领导力评价指标。学校课程领导力尤如飞机模型,思想力是飞机的方向盘,提供目标定位;设计力和执行力是飞机的两翼和发动机,提供飞机前进的动力;评价力是飞机尾部螺旋桨,提供方向微调来不断接近目标。学校课程领导力的具体表征为:

课程思想力:学校有正确的办学思想、理念、哲学,始终以学生发展为本,校长、教师、学生统一思想,形成共同的愿景,言论自由、民主决策,这些都是学校课程思想力的重要体现。

学校课程设计力:大致体现在以下几个方面,即规范办学能力,体现在善于把握党的教育方针,落实党的教育方针;校本化设计能力,体现在根据学校实际创造性地设计和落实,因校制宜,适合学校;课程逻辑性,体现在课程的理念、目标、设置、实施、评价等方面的一致性;具体化能力,体现在把思想、理论、计划等转化为可实践、可操作的内容。

学校课程执行力:具体体现在以下几方面。组织实施能力,比如制度管理、落实主体明确、团队建设等;协调能力,比如机制保障、人际关系协调、工作协调;专业指导能力,比如专业指导、引导、领导,提供专业(资源)支持,标准要求的把握和落实;课程资源供给力,比如开发利用学校、社区、社会资源,共建共享资源,资源合理调配。

学校课程评价能力:学校课程评价,是学校课程计划的最后一个环节,也是新的课程计划的第一环节。学校课程评价能力,具体体现在以下几个方面:开展发展性评价,即围绕课程目标,参与主体多元,采用的方式多样;具有测量分析能力,即开展评价指标、途径、工具开发,获取信息真实,分析有逻辑,结论客观;监控能力,即建立学校课程的预警系统,开展过程性监控与反馈(ISO9000);完善促进能力,即以评价结果为依据进行改进。

2. 以学校课程计划研制提升学校课程领导力

设计项目指南时,把学校课程计划的研制、评价、完善作为课改研究基地学校必选项目,是源于学校课程计划的研制、评价、完善能提升学校课程领导力的这一假设。因此,高中段试图回答学校课程计划与学校课程领导力之间的关系。

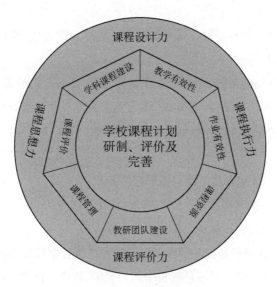

图 2 - 1　学校课程计划结构图

高中段的做法是：第一，与学校一起研究、制订、评价、完善学校课程计划；第二，引导学校对学校课程计划研制过程中的瓶颈问题进行深入研究，形成案例；第三，学校课程计划与学校课程领导力之间架起桥梁，形成学校课程计划研制提升学校课程领导力的案例。

《高中基于学校课程计划提升学校课程领导力案例》，由学校课程计划与课程领导力的关系、学校课程计划的完整案例、基于课程计划研制提升课程领导力的案例等三大部分组成，重点围绕高中学校课程计划中最突出的课程设置、课程建设等问题展开。

（1）学校课程计划与学校课程领导力的关系

学校课程计划中的课程思想力除了体现在办学理念、培养目标、教师发展目标、课程建设目标等以外，还体现在课程管理等方面。学校课程计划的研制过程，也很好地体现了学校课程思想力。

学校课程计划中的课程设计能力体现在课程设置上，如基础型、拓展型、研究型课程开设是否符合市教委要求，是否符合学校实际；校本化设计能力主要体现在学校的背景分析上，如学校硬件和软件、地理环境、教师资源、行政人员、学生状况、家长配合、社区参与、地方资源等方面的 SWOT 分析，以及学校往年课程计划、实施及其效果的分析。课程的逻辑性具体体现在学校课程计划的结构及其内容的一致性上，如背景分析、课程理念、课程目标、课程结构、课程设置与课时安排、课程实施、课程评价、课程管理和保障等八个部分的一致性。

课程执行力，体现在学校课程计划是否给教师提出明确的课程实施要求，如基础型课程实施、拓展型课程实施、研究型课程实施方面，不仅对基础型课程、拓展型课程、研究型课

35

程评价方式进行了规定,而且对三类课程中教师、实施过程、学生等评价对象,以及评价实施者进行了规定。

课程评价力,体现在学校课程计划中的课程计划本身的评价、课程实施程度的评价以及课程实施效果的评价等。

总之,学校课程计划的研制、实施和评价完善,确实能提升学校课程领导力,也能反映学校课程领导力。所有项目学校,都根据学校实践研制了学校课程计划。上海市大同中学提供了《为全体学生的全面而有个性地发展:课程计划(2011 学年度)》完整案例,就是其中一例。

(2) 高中学校课程计划研制与课程领导力的关系

基于课程计划研制提升课程领导力的案例,从课程思想力、课程设计力、课程执行力、课程评价力等四个方面提供了案例。具体内容如下:

① 基于学校课程计划研制提升学校课程思想力。所有学校都要明确以学生发展为本的办学思想。学校的共同愿景并不是校长个人的想法,教师有权利、有义务参与学校决策。民主和谐的氛围,是学校思想力的重要保障。

学校课程计划的研制,表面上看是个文本的制定,但实际上是非常复杂的系统工程。以落实为目标的学校课程计划,需要学校领导和教师之间形成共识,形成共同的愿景,还要根据学校实际进行设计,具有可操作性。高中学校围绕一些瓶颈问题,尤其是围绕课时问题等争论很激烈,但这种互动、交流、争论、解决问题的过程,恰恰是学校提升学校课程思想力、设计力、执行力、评价力的过程。

案例 1. 让学生拥有更多自主发展的空间——松江二中高三年级课时调整引发的思考

案例 2. 形成共同愿景——上海中学课程图谱的修订与完善

案例 3. 智慧运动,健康人生——上海体院附中定位调整所引发的思考

案例 4. 从"应为"到"可为"——育才中学学程设计与实践

② 基于学校课程计划研制提升学校课程设计能力。学校课程计划的研制是一个设计的过程,设计是把一种设想、规划、计划通过视觉的形式传达出来的活动过程。设计是在有限的条件下达到最优化的过程。学校课程计划的研制,一方面要根据党的教育方针政策,另一方面要基于学校实际。学校课程计划的研制过程就是提升学校课程设计力的过程。

案例 5. 执行与创新——大同中学课程计划编制的个案研究

案例 6. 课程构建的价值取向——大境中学"学习素养"课程的设计

案例 7. 三类课程统整——比乐中学课程结构的规划与设计

案例 8. 课程为你而设——松江二中"人文素养课程"

案例 9. 加减增个性——大境中学"组合"课程的探索

案例 10. 激发学生发展潜能——奉贤中学拓展、体验、探究三维一体社团课程

③ 基于学校课程计划研制提升学校课程执行力。什么样的计划是好的计划？首要是能够执行的计划是好的计划。如何保证课程计划的执行？首先，课程计划本身有可操作性，有执行的可能性。同时，有一些资源制度配套，保证计划的落实。

案例 11. 基础型课程校本化——比乐中学课程实施的探索

案例 12. 还给学生选择权——市西中学"限定性拓展课程"计划编制的实践与思考

案例 13. 激发教师课程领导力——上海中学一次课程图谱编制研讨会带来的思考

案例 14. 随时随地学习——晋元高级中学网上走班课程实施

④ 基于学校课程计划研制提升学校课程评价能力。课程评价是课程的要素之一，是课程不断完善的重要环节。布鲁姆（Bloom）认为，评价就是对一定的想法（ideas）、方法（methods）和材料（material）等做出的价值判断的过程。它是一个运用标准（criteria）对事物的准确性、实效性、经济性以及满意度等方面进行评估的过程。课程评价需要获取有效证据，并按照一定的研究方法进行科学的分析，判断并提出完善建议。课程评价是课程计划不断完善的重要保障。

案例 15. 多元发展性课程评价——上海中学课程评价体系

3. 以专题项目提升学校课程领导力

从研究内容载体角度而言，高中课程领导力项目可以分为三大领域：第一领域为学科课程建设，第二领域为课程实施的有效性，第三领域为课程实施的保障。

（1）以学科课程建设提升学校课程领导力

上海中学、大同中学、松江二中、育才中学，这些学校的研究都是围绕着学科课程建设展开，但其侧重点有所不同。上海中学侧重于国际课程的校本化，大同中学侧重于课程统整，松江二中课程建设凸显"四个三"特征，育才中学侧重于学程设计。各学校具体研究内容摘要如下：

上海中学：如何从国际课程的实施中找到一些有价值的、先进的课程改革元素，将它们迁移、改造、运用到我国学校的课程建设中，为我国高中生的创新素养提升与可持续成长创设更为良好的、先进的课程，成为现阶段高中需要思考解决的问题。上海中学经过多年的潜心研究，借鉴国际上比较通用的 IB 课程、AP 课程等，并结合上中国际部的实践经验，编制了学校课程图谱，并通过实践进行了完善，为今后适应上中学生需要而全面改革学校课程打下了坚实的基础。

大同中学：大同中学针对有限的学习时空和丰富的课程资源之间的矛盾、共同基础与学生个性发展诉求之间的矛盾等瓶颈问题开展了研究。学校结合高中生创新素养培育项目，形成了"基于 CIE 的课程统整与实施"思路。学校以统整为理念、策略，进行了三个层面的统整，即学科内统整、跨学科（领域）统整、超学科统整。学校通过探索，对学校既有课程体系进行了再梳理、再评估和再完善，形成了具有特色的"课程链"结构，满足了学生个性化发展需求。

松江二中：为破解学校在学科教学中如何全面落实育人目标的瓶颈问题，学校紧紧围绕"是什么"、"建设什么"、"怎么建设"、"谁来建设"等学科课程建设的基本问题组织研究。学校以编制《学科课程实施纲要》和《课堂教学改革》为主要内容，以"四个三"（即三维目标有机融合，三类课程有机整合，三个年级有序衔接，三个层次学生共同提高）为要求进行建设。

育才中学：本项目以"学程、模块、走班"为特征，秉承育才中学"三自"传统，按课改理念，对学科课程标准校本化实施进行了有效探索和实践。学校一方面根据学生培养目标构建学校的课程体系，通过创建模块化的"学程"以适应学生的全面发展和个性发展；另一方面通过学程模块的构建与重组，推动各学科对课程标准进行校本化的研读，以更好地把握课标的本质核心，实现课标的校本化实施。

（2）以课程实施有效性提升学校课程领导力

市西中学、朱家角中学、奉贤中学、大境中学，这些学校都是围绕着学校课程实施展开研究，包括课堂教学有效性、作业品质提升、思维评价等。各学校具体研究内容摘要如下：

市西中学：教学要出"生产力"，就必须在教学环节上实现效率的最大化、效益的最佳化。优化教学环节项目，看起来好做，但做出成果和形成特色就难。市西中学从教师改变教学方式入手，从学生优化学习出发，精益求精，探索出提升学校课程实施品质的有效做法：一是自习自研，探究中成为学习主人。二是师生互动，交流中增强合作意识。三是倡导质疑，碰撞中提升思维品质。四是少讲精练，留白中实现多元发展。

朱家角中学：本项目针对学校家常课"风景依旧"，大多是"以教为主"的传统课堂，课堂上教师普遍重视自己的教而很少关注学生的学的问题进行，旨在推动"以教为主"的课堂转向"以学定教"课堂的教学改进行动研究。学校将课堂改进的行动目标聚焦于以"以学定教，少教多学"为核心要求、"教什么"和"怎么教"为关键环节，努力形成引领课堂改进的基本理念和实施策略。

奉贤中学：学生课业负重的主要原因之一是作业，现实中随意、无效、低效的作业依然较多。奉贤中学不仅开展作业设计、控制、完成、评价方面的研究，还对三类课程之间、学科章节之间、年段之间进行了整合研究，特别是对习题从"内容、形式、难度、作业量、兴趣度"五个维度进行了"身份证认定"，起到了逐层递进、循环巩固、减负增效、提高学生学习积极性、改善学习方法的效果。

上海外国语大学附属大境中学：为了提高学生问题解决的思维能力，大境中学引进美国 IMMEX 系统，开展了基于 IMMEX 评价优化学生思维的教学研究。通过在信息技术的支持下，设计以评价为中心的教学环境，探索发现学生思维特征、关注学生思维过程、促进学生思维发展的教学新境界。学校创设以 IMMEX 评价为中心学习环境，以及基于

IMMEX-C 的思维过程评价方法和教学范式,促进学生改进、优化、稳定思维过程和思维策略,深入推进 IMMEX 校本化、学科化的实践研究。

(3)以课程保障提升学校课程领导力

晋元高中、杨浦高中、上海体育学院附属中学、市北中学、比乐中学等这些学校都是以课程建设和教研团队建设为切入口,为学校课程实施提供了保障。各学校具体研究内容摘要如下:

晋元高级中学:晋元高中的项目研究有以下几个特点,第一,是学校"探索有效整合,转变学习方式"等五轮课改攻坚战的延续;第二,为了满足"师生多元化、个性化学习需求"等新的问题展开研究;第三,以"人人建设资源,人人享有资源,人人善用资源"为原则,建环境、建队伍、建资源;第四,基于信息化平台的资源,为学校"网上走班"提供了可能性。该项目在主题、实研、结课的整个过程中充分体现了校长及其团队的创新意识、艰苦踏实的作风、科学的研究态度和方法。

杨浦高级中学:杨浦高级中学项目成果运用的直接效果至少有:一些具体事例表明,三类课程实施的到位度有了一定提高,学生自主发展空间变大,课程的丰富度在提高,学生的人文素养和科学素养也都在提升,还涌现出一些个性发展优异的学生。教师的课程资源开发与利用的意识与能力都有提高,尤其在校本课程开发方面更明显。近 2 年多来,已有 10 多位教师编写了 10 多本具有一定质量的校本教材。从课题组对研究过程的设计、组织实施以及最后形成的众多项具有特色的成果中体现出,学校在思想力、组织协调力、发现并解决新课程实施中遇到问题的能力等方面都有提升,这就是学校课程领导力的提升。

上海体育学院附属中学:体院附中通过近十年的体教结合特色办学的有效探索和实践,形成了自身的办学特色。为进一步发展学校的办学特色,学校通过加强与体院的合作,利用体院丰富的资源,从课程资源整合入手,形成支持学校办学的课程资源支持体制机制。项目的目标定位有很强的针对性和现实性。项目研究实践从两个层面展开,即学校根据学生培养目标,构建有体育特色学校的课程体系;另一方面通过开展整合课程资源的研究和实践,形成支持学校的特色办学资源框架系统。

市北中学:选题新颖合理且具挑战性。学校校长挂帅,全校参与,团队攻坚,围绕"铸师魂——提升思想境界;炼师能——培育教学文化;养师风——建设精神家园",通过"深入班级、体验班风"听课评课、课程教学改革、青年教师高级研修班、教师个人教育教学思想与经验研讨等常规工作切实推进教师专业团队建设,将项目研究与解决学校实际问题紧密结合,研究注重实证。研究团队逐渐加深了对"教师专业团队"与"运行机制"的思考和理解。

比乐中学:关注青年教师,就是关注学校今天与未来,关注学生的成长与发展。对青年教师而言,首先能站上讲坛,然后站稳讲坛、站好讲坛,并使讲坛成为职业生涯取得成就和幸福感的源泉。如何把青年教师队伍建设好,切实提高青年教师的专业素养和教学水平,促进青年教师教学基本功的达标？比乐中学确立"层次性设计，差异性实施"的研究策略，并设计了四步达标路径："明确要求——促进行为——快速达标——形成功力"。项目研究过程既提升了青年教师教学水平、学校课程领导力，推进了学校的发展，又产生了对各基地学校辐射的效果。

(三) 项目影响因素与项目改进

1. 提升学校课程领导力的内驱力与外驱力

我们的假设是通过项目能够提升学校课程领导力。那么，是不是提升了呢？一言难尽，还没有很好的办法来实证。从学校课程领导力的角度而言，项目学校在项目开始之初，显示出的能力是不一样的。有的学校比较强，有的学校比较弱。通过学校提供的自评报告、项目数据，以及专家组的意见可以判断，学校通过项目研究提升了课程领导力，但是提升的程度不尽相同。在研究过程中感觉到，学校课程领导力能反映学校可持续发展指数，代表着学校将来的发展动向。课程领导力较强的学校持续向上发展，课程领导力较弱的学校的发展迟滞不前或走下坡路。

影响高中阶段学校课程领导力项目有很多因素。根据高中学段特点，从中选取四个方面，共八项指标，对学校项目研究情况进行分析。学校对项目的态度，做项目的能力；校长对项目的投入，教师参与项目程度；项目内容与课改的吻合度，项目与学校重点工作的吻合度；专家指导能力，专家投入精力。对这些指标，根据日常的观察进行评价，并形成课程领导力项目评价小计（八项指标的合计值）进行相关度分析。

经过分析，这八项指标基本能反映学校通过项目提升学校课程领导力的情况。另外，影响高中学校项目研究效果的主要因素如下：对学校项目的效果（评价）有显著相关的因素依次为：学校对项目的态度，校长的投入，教师参与，学校项目能力。学校申报的项目是否与课改符合，是否是学校重点工作等与学校项目效果之间有一定的相关性。专家的能力和投入，与学校课程领导力项目之间没有显著的关系。

从以上分析（尽管是粗略判断）中可以看出，学校课程领导力项目中学校是内因，专家等因素是外因；项目研究的内容是载体，更重要的是学校对项目的态度、能力、投入等。这一结论在项目学校中可以佐证，不同的学校研究内容差不多，但研究成效差异很大；专家对不同学校的指导统一，但研究成效差异很大。

2. 下一轮课程领导力项目需要关注些什么

3年来，课程领导力行动研究项目尽管取得了一定的成效，但还有很大的发展空间。

（1）进一步做好项目顶层设计

选择合适的项目切入点非常重要。首先，从市、区、学校角度而言，项目研究内容，既是市里想解决的普遍的典型的问题，同时也是学校现实中亟须解决的问题。其次，要考虑时代特性,要思考课改脉络,如进一步关注立德树人等。第三,要考虑学段特点,不同学段在改革中面临的重点问题有所不同,各个学段研究内容要有侧重点。第四,内容载体要与课程领导力提升有密切关系,为此,研究内容是中观层面的,需要教师集体来研究完成的,教师的参与面越广,影响力就越大,课程领导力的提升越有可能。第五,课程领导力的项目是经过一段时间的努力可以完成的。第六,课程领导力的研究不是硬件的配置,而是学校软实力的提升。

（2）进一步科学规范项目管理

项目申报、开题论证需要更加规范,加强研究目标、内容的一致性,以及研究步骤的设计,做好项目任务分解、技术路线设计。

在项目立项阶段就要确定获取哪些数据信息、如何使用等问题。进一步加强项目档案的积累,建立项目信誉卡,对不能很好地履行项目研究职责的单位请出去。在项目单位的遴选过程中,要关注对项目的态度、项目诚信档案等。专家要有例会制度,定期召开研讨会;例会要有设计,专家不是仅仅谈问题,要引导他们谈解决问题的思路,谈经验共享。专家指导,要有信息上报制度;每次的指导有非常明确的目标(促进专家更加有效地进行指导)。总项目组也要有个例会制度,不仅仅是讨论项目管理,还要对项目本身加强研究;总项目组的会议要进行设计,有研讨主题及提前准备资料。

（3）进一步明确项目共同体的职责

项目共同体包括行政领导、项目组成员、专家、项目承担单位。项目组的主要任务是项目的顶层设计和专家团队的有效利用,如何获取项目学校研究信息,如何有效使用专家团队,如何进行过程性的管理,如何物化成果等方面,还需要加强学习和实践。聘请什么样的专家,是值得思考的话题。通过项目推进,更加深刻地感觉到,指导专家不是理论水平越高就越有效,也不是越有实践经验就越好。因为,行动研究本身是开放性的,没有固定的正确的答案。专家的作用在于持之以恒的引领、指导、监督等,专家需要人格魅力,需要专业指导力。课程领导力项目研究主体是学校、校长和教师。校长是否真正投入到学校的研究中,是行动研究项目是否有成效的关键。学校需要项目研究机制,要有一系列研究制度,来保障项目推进。最后,项目的推进需要借助区县层面的力量,把区县课程领导的激情调动起来。

（4）进一步提高学校科研意识和能力

学校对课题研究有一定的基础,但是做好行动研究,还有很多不足的地方。比如,如何做好项目的过程性管理? 如何获取实证性的资料? 科研室人员如何与教师进行协调? 如何总结、梳理和提炼多种呈现方式的研究成果? 如何与校领导进行沟通交流,得到学校领导支持? 另外,学校的项目,如何从点到面,如何把研究与工作推进结合起来? 项目联络人或管理人员和专家之间应该是什么样的关系? 角色定位如何? 这一系列问题都需要进一步完善。

二、初中学段：建构课程领导的系统思维与实践路径[①]

2010～2013年,初中段14所项目学校全程参与了"上海市提升中小学(幼儿园)课程领导力行动研究项目"。在13位指导专家、179名校长及中层领导、1297名教师、14623名学生的共同努力下,初中学段在学校课程计划编制、学校课程资源建设、学校课程实施、管理和评价等方面都探索出各具特色的校本化的做法和有效经验,出版了《学校课程计划编制实践指南》等11本著作,取得了丰硕的成果。学校在实践过程中,课程领导力得到了明显提升。

初中学段课程领导力项目的研究,以9个子项目为载体,其中以必选项目"学校课程计划的编制"为"面"上探索的主攻方向,以7个自选项目为"点"上实践的突破口。

通过9个子项目的研究,初中学段致力于探索如何基于课改中的现实问题,寻找破解、提升课程领导力的路径、策略和有效的机制。在行动、研究、反思,再实践中,不断归纳、提炼具有普适性、操作性,易于推广的经验。

(一) 项目概况：基于"问题"的行动实践

1. 我们的研究从哪里切入? ——挑战课程改革中的棘手问题

挑战初中学段共性的难点问题：必选项目指向如何编制学校课程计划。初中学段基层学校面上普遍遇到的一个难点问题是如何从整体上建构学校课程,尤其是对如何制订一个比较科学、合理、具有操作性的学校课程计划还缺少有效的思路和方法。为此,初中学段项目组,围绕必选项目——"学校课程计划的编制与完善"进行了实践探索。初中项目组对这项研究进行了整体规划与设计,整个研究框架包括四部分内容,指向学校课程计划编制的背景、目标与结构、实施与评价、方案的更新等核心主题。每一所学校围绕一个核心问题,从中选择一个切入点,确定研究主题。为提升研究的水平质量,项目组与华师大课程与教学研究所组成了研究共同体,整个研究经历了明确问题,实践探索,在反思实践结果的基础上进一步发现问题,进一步改进实践的不断循环的过程。14所项目学校和课改基地部分学校,经过七轮的实践、研究与反思,对如何制订一个比较科学、合理、具有操作性的学校课程计划形成了有效的思路和方法,撰写并出版了《学校课程规划编制实践指南》,取得了较好的研究成效。

攻坚基层学校课改实践中遇到的个性化问题：自选项目聚焦7个领域的困惑问题。课

---

① 本报告执笔人：韩艳梅,上海市教委教研室。

改实践中,不同发展阶段、不同类型的学校在发展过程中遇到的问题又各不相同,初中学段项目组汇聚、梳理了来自各方面的困惑、问题,发现这些问题主要聚焦于 7 个领域:学科课程建设、学科课程有效性、课堂教学评价、作业设计与评价、课程资源开发与利用、课程组织管理与评价、教研团队。于是,14 所项目学校根据学校发展现状与面临的主要问题,自己选择研究突破的主攻方向,形成了如下研究的课题。

表 2-1　14 所项目学校参与的子项目与课题名称

子项目名称	课题名称	项目单位
学科课程建设研究	基础型、拓展型、研究型课程整合研究	崇明实验中学
	读书指导课程建设的实践研究	育秀实验学校
	基于"地球学"的生态课程校本化实施研究	同济二附中
学科教学有效性研究	课堂教学中的低效行为及其纠正策略研究	青云中学
	基于课程标准的导学案的设计和实践	华夏西校
	后"茶馆式"教学案例研究	静教院附校
	一对一数字化学习环境中课堂互动策略研究	洛川中学
课堂教学评价研究	课堂教学评价标准的实践研究	新黄浦实验学校
教研团队建设研究	学校人文化教研团队建设运行机制的实践研究	娄山中学
	自育型备课组建设的实践与研究	闵行四中
课程资源开发与利用研究	社会教育基地资源有效利用的研究	尚文中学
	以白鹤中学"向日园"基地为依托的校本课程开发研究	白鹤中学
作业设计与评价研究	基于标准的学生个性化作业设计研究	育才初级中学
课程组织管理与制度建设研究	基于学生学习的课程组织管理与制度建设探索性研究	中山学校

初中学段自选项目所研究的"问题"具有如下特点:

● 多样性,14 所学校的研究内容覆盖全部 7 个自选项目。

● 前瞻性,体现了上海城市精神和课改的需求。如普陀区洛川学校研究的"一对一数字化学习环境中课堂互动策略",视角非常新颖,体现信息技术时代学习特点的主题。

● 针对性,能从面上学校普遍遇到的难点问题出发。如新黄浦实验学校的"课堂教学评价标准的研究",青云中学的"课堂教学中的低效行为及其纠正策略研究",崇明实验中学的"基础型、拓展型、研究型课程整合研究"等都是实践中反映的难点问题,这些研究的突破,对面上学校提升学业质量,提升学校课程系统建构与实施水平具有极大的借鉴价值。

● 独特性,能从学校面临的独特问题或革新方向出发。育才初级中学的"基于标准的学生个性化作业设计研究",静教院附校的"后'茶馆式'教学案例研究"、育秀实验学校的"读书指导课程建设的实践研究"等是学校努力打造的改革方向,这些学校的研究能以小见大,对面上学校走出富有特色的课程建设之路富有启示。

2. 我们的研究是怎么做的？——基于"行动"的螺旋式实践

（1）研究从哪里起步？——始于"问题"

以静教院附校《后"茶馆式"教学案例研究》为例,始于这样五个问题:后"茶馆式"教学的学段特征是什么？后"茶馆式"教学的学科特征是什么？后"茶馆式"教学的课型特征是什么？哪些内容值得用"做中学"的方式？哪些内容不值得用"做中学"的方式？

（2）"问题"从哪里来？——从调研、问卷、文献综述中了解需求,聚焦问题

以川沙中学华夏西校《基于课程标准的导学案的设计和实践》研究为例,设计教师和学生调查问卷。共回收教师问卷 66 份,学生问卷回收 182 份,这使后续研究能聚焦问题,更有针对性。

所有项目学校根据总项目组整体工作要求,均有学校现状问卷调研,并形成调研报告；均有文献综述,对国内外与本项目研究的相关信息进行梳理与分析。这些基础性研究为项目研究提供理论基础及研究方法论支持,为后续实践打下了坚实的基础。

（3）研究如何步步推进？——环环紧扣开展行动研究

① 项目管理

研究主题确定后,如何带领项目学校推进研究？如何做好项目管理？初中学段项目组主要采取了以下策略:

- 点面结合。以参加本项目研究的 14 所项目学校为点,以上海市初中课程改革研究基地学校为面,采用多种形式深入开展研究,形成点面结合、相互支撑的项目研究新格局。

- 纵贯横通。与其他学段同类研究子项目形成纵向衔接；本学段内部各学校形成研究的横向纽带,研究过程中加强学段间、学校间的纵向互动和子项目学校之间的横向互动。

- 专家指导。为有效推进本学段项目研究,组建了初中学段专家指导团。专家指导团由来自华东师范大学教授、上海市教科院研究人员、上海市资深中小学校长以及区县教研室主任等 10 名专家组成,为项目研究提供理论指导和行动咨询服务。

- 研讨展示。开展多层面、多种形式的研讨,包括不同学段同一主题研讨、同一学段不同主题研讨、区域研讨、专家组研讨。通过研讨交流,相互借鉴,分享经验。举行市级展示活动,推动项目的研究与辐射经验。

② 项目研究

- 引导学校把研究的内容进行任务分解,明确研究边界。即把大任务分解成若干个小任务,确定研究中的每一个里程碑。

- 引导学校制定工作计划表。引导学校按照研究流程明确研究重点、时间安排等，确保研究有序开展。
- 开展螺旋循环式行动研究。采取"计划——行动——观察——反思——再行动……"的行动研究方法，开展螺旋式行动研究。每一轮实践都针对前面的新问题，不断深入探索。
- 加强过程性积累与反思。倡导学校在研究中及时记录研究过程，对问题解决的过程加强反思。

（4）中期评估后如何推进项目的研究？ ——发现问题与调整改进

① 研究进一步聚焦

中期评估，专家组对每一所项目学校进行了实地调研，听取了学校的项目进展汇报，进一步聚焦项目学校的研究目标、研究内容开展研讨。根据各校项目推进的情况和问题，我们提出了以下三点要求：

- 不断深化对课程领导力的内涵和要素的解析。
- 不断提升学校研究共同体对项目的认识，并将这种认识内化到子项目的研究中。
- 不断丰富和完善对研究过程的反思和研究成果的提炼，使之不断逼近研究目标。

对以上三点，重点要围绕三个关键词来展开："课程领导力"、"行动研究"、"提升"。

一是对"课程领导力"的内涵和要素进一步梳理，加强对课程领导力理念方面的引领。

采用两种方式进行梳理：自下而上和自上而下。

"自下而上"：学校层面要梳理和提炼课程领导力的内涵和要素。主要思考：课程领导力对学校发展意味着什么？对学校里不同角色的教育者意味着什么？在学校教育实践中各自职责与行为表现是什么？

"自上而下"：用总项目组研发课程领导力的表现性框架或分类分层的评鉴性框架指导学校聚焦领导力的实践研究。

二是对"行动研究"的方法进一步学习并应用于实践。

引导和指导项目学校对行动研究的基本模式、技术路线、研究方法等方面的学习，并在实践中有效运用，加强对实践的科学引领。

- 引导学校按照行动研究的基本模式来进行后续研究，即制定计划——行动实践——观察分析——反思评价，并不断螺旋推进一轮接一轮的研究。
- 引导学校重视技术路径的设计，来引领研究的步骤和走向，而不是随意性的问题解决。
- 引导学校使用多种研究方法，包括实证研究、定量和定性方法、比较研究、案例研究等，使研究成效具有说服力。

三是对"提升"的过程加强研究与探索。不仅重视结果，更重视研究的"过程"。

- 过程中要始终有"问题意识"。

- 过程中要有"目标意识"，确定可操作的有限目标，奔向可实现的预期目标。

- 过程中要"反思"，及时反馈与修正。

- 过程要"可视化"。通过文字叙事（研究日志）、视频记录、案例等多种方式来描述过程。这将对项目的经验辐射更有价值。

② 项目管理进一步完善

项目中期评估后，为使项目管理更加有效，帮助学校深入推进研究，项目组进一步调动各种专业力量参与和指导项目学校的研究。针对项目学校的进展程度各不相同、专业力量的指导仍缺乏深度等问题，项目组进一步调动专业指导力量和支撑性资源，根据项目学校的需要灵活开展多种指导活动，并探索完善了项目研究共同体的四种运行机制：项目学校的校际互动机制、需求导向下的专家团队会诊机制、区县专业力量常规介入机制、专家结对定期指导机制。

（5）结题阶段如何提炼总结经验？——两个层面，四种形式

提炼有效做法和经验是项目结题阶段重要的内容，其目的在于萃取学校校本化实施课程的有效途径和方法，更好地将成果向更大范围辐射与传播。

我们通过结题评估的形式，引导项目学校用数字故事展示、自陈材料汇报、亮点呈现、提问答辩互动等形式，对项目的核心成果与关键要点进行提炼。如，研究内容、策略是什么？研究过程是否合理有效？问题是如何解决的？解决的结果怎么样？解决的过程中是如何提升课程领导力的？

整个项目的梳理，分为两个层面：一是学校层面的总结，二是初中学段项目组的总结。

学校层面的总结。共形成了14个学校研究报告、14个体现过程性研究的数字故事视频。总结主要从两个视角展开：一是对项目本身的总结，主要是围绕研究目标，形成了哪些成果？二是对提升课程领导力实践经验的总结，即，项目成果与提升课程领导力有何关系？学校是如何通过行动研究来提升学校课程领导力的？

初中学段的总结。形成了初中学段研究报告和2个子项目研究报告。初中学段的总结主要围绕四个视角进行：一是初中学段形成了哪些内容成果及经验？二是这些成果、经验与提升课程领导力有何关系？三是如何开展行动研究的，采取了怎样的实践模型？四是本项目研究的反思与对后一轮行动的思考。

（二）项目突破：系统架构与路径探索

面对一项大型的行动研究，需要的不仅仅是探索的勇气和信心，更要有智慧与方略来引领研究的方向和突破难点的路径。四年的探索，我们从纷繁复杂的研究中抽丝剥茧，最终提炼出如下具有实践价值的经验。

1. 系统思维

课改中面临的问题多多,对初中段的学校而言,往往缺少系统思维,尤其是对学校课程的整体设计,对学校未来发展的定位。因此,初中学段特别关注对学校课程的系统构建,并使之成为当下提升学校教育品质、提升课程领导力的有效抓手。

我们建构的"支点"都是从"课程"视角来突围,包括必选项目——"课程计划的编制与完善"项目,就是对课程"整体思考"的有效支点;建构的七个自选项目,就是"点上突破"的支点。对整个市级层面而言,子项目虽然是从某个课程或教学问题切入,但若干个"点",贯通起来却是系统改革,也就是通过项目参与学校在某些"点"上的改变从而对整个上海市的课程与教学系统中的相关问题予以启示,因此,这种由"点"及"面"的建构是有利于支撑系统改革的。

再以"学校课程计划的编制与完善"这项研究为例,我们意识到"系统思考"应深深扎根课程领域,成为我们解决课程问题的工具,使学校逐步形成从局部零敲碎打转向整体系统设计的课程建构思路。系统思考是纵观全局,是"见树又见林"。因此,我们在构建课程系统的时候,不仅要看课程要素是否齐全,更重要的是要对课程系统的各要素进行关联性思考,并针对学校实际,主动地"解构"与"建构",进而不断完善学校的课程系统。

据此,在研究中我们建构了探索学校课程计划编制的若干"支点",如,学校课程哲学、学校课程目标与结构、学校课程实施与评价、学校课程更新等,通过对这些"支点"的研究,放大"局部",呈现课程系统建构的一隅,为我们提供了思考和实践的锦囊,让我们从中了解系统中的某一局部是如何构建的,在构建的过程中是如何一步步完善的,其背后又是经历了怎样的思考与决断。这些学校案例鲜活地呈现、诠释、反思整体构建学校课程系统的探索之路,尽管每个学校切入的角度不同,但这些案例合起来又是一个整体,从中让我们看到了课程系统构建的过程。

支点一:"课程哲学"视角。如,上海市风华初级中学《基于课程哲学分析的学校课程计划编制》这篇案例,从最初的"以最好为要求"这一个维度的学校哲学观念出发,伴随学校课程建设的发展,逐步形成了"以最好为要求"、"以自己为标准"、"以发展为前提"三个维度的课程哲学引领下的学校课程系统。这个案例让我们看到了课程哲学不是高高在上的摆设,也不是深奥的理论,而是在学校课程系统建构的过程中,课程哲学逐渐明晰;而课程哲学的明晰又推动了学校课程系统的进一步丰富与完善。从中我们得到的启示是课程系统内部各要素都是动态发展的,要素之间是互相影响促进的。

支点二:"课程目标与结构"视角。如,上海市育才初级中学《构建与"三自"培养目标相一致的学校课程结构》这篇案例,呈现的是学校如何围绕课程目标,并将之细化分解成四个层次,根据各年段学生特点,设置相应课程,进而形成相匹配的课程结构的实践探索历程。这一案例给我们的启示是课程系统的构建要有层次,并层层呼应,各层次内部及各层次之间要具有高度的相关性和一致性,这样才能使课程系统良性运行。

支点三:"课程开发"视角。如,《从一组"调研数据"到"书香课程"的诞生》这篇案例,呈现了从"学情调研"到"课程改进"的实践中,学校如何发现问题、分析问题和解决问题的过程。正是这样的持续跟踪、调整与完善,成就了颇有品质的校本课程——"书香课程"的诞生。这一案例给我们的启示是课程的诞生不是一次性的,而是持续发展的过程,在过程中一定要基于"证据"支持,这样的行为改进才具有不断向前发展的品质。

从这些"支点"上,我们看到了学校全面、整体、动态、连续地思考课程系统问题,从中我们得到的启示是:系统思考无处不在,不管从哪个具体的"支点"切入,都需要全局性地思考相关联的因素。这种全局性的思考既是一种能力,更是一种智慧。

2. 寻找路径

初中学段的项目实践研究具有"行动"的特质,表现在"为行动而研究",以解决问题、改进实践为目的;"在行动中研究",研究的过程是解决问题的过程;"由行动者研究",以学校校长、教师和指导专家组成的"研究共同体"的方式进行。在破解难点问题的实践研究中,寻找破解问题的路径一直伴随着整个研究的启动、入轨和攻坚。实践表明:以下这种路径对每一所初中学校开展以校为本的探索实践,是具有一定普适意义的。

(1) 研究要始于课程改革中的棘手"问题"

这些问题或从学校普遍面临的难题出发,或从学校面临的独特问题或革新方向出发,具有针对性、前瞻性的特点。一旦有所突破,能极大提升学校整体课程品质。

(2) "问题"要从学校现状调研、问卷中获取需求,聚焦研究边界和内容

通过多种渠道,了解和分析学校课程领导力现状及问题,确定各子项目重点研究的内容。对课程、教学、教研情况深入分析,尤其是关注学生的视角,对学生的需求进行深入分析,确定问题研究的边界和领域,为所研究问题的"方向"把脉。

(3) 解决"问题"的"行动"要有可视化的路径

① 勾画问题解决的路径图。引导每所学校以"可视化"的方式勾画"研究路径图",引领研究的步骤和走向,而不是随意、盲目地去开展研究。让参与项目研究的每一个人心中有"地图"。

② 分解研究任务,明确研究中的每一个里程碑。根据研究的目标和任务,把大任务分解成多个小任务,制定工作计划表,引导学校按照研究流程明确研究重点、时间安排等,确保研究有序开展。

③ 开展螺旋循环式的行动研究。引导学校按照行动研究的基本模式来进行研究:即:"制定计划——行动实践——观察分析——反思评价——再行动……"不断螺旋推进一轮接一轮的研究。同时要引导学校在研究中及时记录研究过程,对问题解决的过程加强反思。

(三) 项目管理:组建"研究共同体",以"项目"来推进

(1) 构建"研究共同体"的运行机制

调动各种专业力量参与和指导项目学校的行动研究,构建课程领导力研究共同体的四种配套运行机制。实践证明,研究共同体的运行机制是项目研究顺利推进的有效保障。

机制之一:项目学校的校际互动机制。根据研究主题的相似性或关联性,开展跨学段的项目学校之间的主题研讨或分享活动;也可以根据同一学段内研究主题的序列特征,开展相同学段内的校际研讨活动。

机制之二:需求导向下的专家团队会诊机制。根据学校项目研究进展的需要,组织项目组课程领导力专家团队,合作指导并解决学校项目开展中的疑难困惑与关键问题,逐步形成个别专家定点定期指导、团队专家共同解决难点的运行机制。

机制之三:区县专业力量常规介入机制。进一步发挥区县课程与教学研究的专业力量,开展项目学校的常规指导工作,特别是在学科课程资源建设、学科课程研究方法等角度给予支持。

机制之四:专家结对定期指导机制。每月有一位或两位专家或独立、或结对共同指导一所学校。

(2) 以"项目"来推进

四年的实践和成效表明,以"项目"方式来推进课改深化,提升学校课程领导力,是一种可行并有效的实践策略。

破解课改难题有多种途径,有理论研究,有实践探索。但实践中的困惑是很难从课程理论中寻找到鲜活的、有针对性的解决办法。如何跨越理论与实践的鸿沟?通过本项目的实践,我们认识到:根植学校实际,以"项目"的方式开展行动研究,通过"边实践、边研究"的方式,是实实在在地探索破解课改难题的可行之路。

"项目"既是一种行动方式,又是一种工作策略。"项目"可以使我们在既定的时间内,围绕一定的研究目标和内容,集聚各方力量、各种资源,进行合力攻坚,容易出成果,也易于发挥项目的辐射引领示范作用,推动面上课改工作。

本项目是对课程领导力的行动研究。"领导力就是动员大家为了共同的愿景努力奋斗的艺术"。在项目推进中,我们认为项目是否走得稳健,不但要有"艺术",还要有"技术"。

① 项目实施的"艺术":凝聚人心

在项目的生命周期中,其强大的推动力是把项目团队凝聚在一起。

首先,在思想上整合,增强团队的凝聚力,创造团结合作、积极进取的氛围,增强项目团队的整合力和个体的驱动力。

其次,在行动上整合,优化项目的管理力。项目高效的推进,需要项目成员对项目有认

同感,这就需要增强项目成员的责任意识,建立畅通的信息沟通机制,加强对项目的管理控制。尽量减少无效管理和无效举措,使得管理工作更加切近实际,更加具有操作性。

再次,从价值实现上整合,激发项目活力。要通过项目价值和个体价值的整合,唤起项目成员的进取精神和克服困难的决心,使项目成员的潜能获得解放,进而为项目目标的实现积极工作。

② 项目实施的"技术":及时跟踪"进度"与监控"质量"

"期限、质量和成本"被看作是项目管理的三大基石,质量更是项目的生命。在项目研究中,愿景与假设如何在有限的时间里达成,其中很重要的工作是要抓好项目的进度和质量,而这些取决于过程的把握及对问题的应对。以下具体策略有助于项目的"掌控"。

● 建立工作分解结构,让进度"可控"

首先,建立工作分解结构,把任务分解成"英寸大小的小圆石",即把大任务分解成多个小任务,缩小研究的里程碑,让项目研究者每完成一个小任务有成就感,同时又会激发向下一个任务进军的热情。

其次,制定项目工作进度表,即按照工作流程分解,或者按照系统论的方法进行结构分解。工作进度表有助于按照预期的时间节点向前推进。

● 建立质量跟踪制度,让过程"可见"

在本项目研究中,我们建立了质量跟踪制度,通过多种方式对项目的研究与管理进行监控,及时了解项目的进展并给予指导。

如,组织多种形式的研讨,包括跨学段的同一子项目研讨以及同一学段的不同子项目研讨的方式。这些研讨方式各有所长,结合起来运用,兼顾了项目交流的深度和广度。既为项目学校间搭建了交流平台,使其互相启发借鉴,同时又有利于及时了解项目学校的进展情况,对研究中存在的问题及时提出改正方向和思路。

又如,组织项目指导专家每月一次到子项目学校现场指导,专家指导的过程就是对学校项目的跟踪与管理的过程。

此外,我们还组织多方联合现场调研,通过多方联合会诊的方式,现场问诊把脉,答疑解惑,既提供了现场专业指导服务,同时又及时了解了项目的进展,为后续的研究提出建议。

● 建立信息上报制度,积累过程性资料

要及时收集项目进展信息,并及时归档,如学校研究的全程记录、项目的研讨记录、案例、课堂实录等。这些过程性的资料对梳理与反思研究中的问题,总结经验具有"解释性"的价值。

● 总结"最优实践"(Best Practice),及时辐射

项目的价值在于产生"生产力",因此,基于项目的研究,要从中总结出课程领导的最优

实践,总结出规律来,并通过组织有效的培训,使项目的成果在更大的范围内发挥辐射作用。这意味着,其他学校如果照着这样去做,也能够实现提升学校课程领导之道,让更多的校长成为更为有效的领导者,这就是项目以点带面的应用价值。

(四) 项目成效:课程领导力的提升与学段本土经验的提炼

学校课程领导力的提升最终表现为实现学校各类课程领导者从"应知"、"应为"到"愿为"、"能为"的转变。这种转变有没有从"外在"需要转变为"内在"自觉意识,标志着课程领导力的强弱。从项目的实践中,我们总结出领导者的四个特质:规划愿景、躬身践行、敏锐果断、凝聚人心,具有上述四个"特质"的领导者,在学校课改中体现了引领作用。即,通过专业引领、团队合作和自我反思,对个体和群体的专业自觉、专业知识、专业能力起了巨大推动作用。

(1) 校长和教师增强了对课程的系统思维,尤其是对课程各要素及其关系的理解力有显著增强

项目组在学校以往熟知的教学话语之外,逐渐形成了一种新的课程话语的叙述方式。由于受传统的教学论的影响,以往绝大多数学校的课程意识不强,对课程中各要素及其关系的理解比较多的从教学的角度来认识,很少有课程观念。学校课程领导力提升的重要标志之一,也是本项目的重要成果之一,在于学校开始从课程视角对课程目标、课程实施、课程评价重新进行理解。

这种理解力首先体现在对课程目标的理解。在课程计划的编制研究过程中,许多学校从育人标准的角度重新认识了课程目标,基于课程目标设计相应的课程架构和内容,比如白鹤中学对"劳动教育课程"的目标界定,风华初级中学"做最好的自己",育才中学的"自治自理、自学自创、自觉体锻"的"三自目标"等都从学校整体育人哲学的角度赋予了学校课程以新的内涵。

这种理解力还体现在对课程目标—课程设置—课程实施—课程评价的一致性关系的理解上。如尚文中学经历了课程计划的历次革新与改进等,对于课程目标、课程设置之间的一致性有更充分的考虑。

这种理解力还体现在学校逐渐从学生的角度思考课程问题,而不是从外部的课程要求的角度来思考。比如黄浦教院附属中山学校的课程管理研究就从促进学生学习的角度深入思考如何在拓展型、探究型课程中利用课程管理制度促进学生的学习。

学校课程知能的变化为探索学校课程领导力的策略、方法、手段及运行机制,实现学校各类课程领导从"应知"、"应为"到"愿为"、"能为"的转变,进一步推进课程改革,促进学校内涵发展和学生更好成长提供了基础。

(2) 提炼出具有初中学段特质的七条共识

初中学段的 10 余位指导专家在项目结题后,经过数次研讨,在对各校研究开展的过程

和成效进行认真分析梳理的基础上，形成共识，提炼出初中段特质的七条共识。

① "课程领导力行动研究"项目的确立具有重大的研究意义和实践意义。该项目"面"比较广，包括7个子项目，14所参与学校分布在市内多个不同区域，具有一定的规模。每个参与学校都非常认真地开展相关研究工作，开展的研究不拘于理论框架，研究成果总体上比较令人满意。

② 在目前学校越来越关注"分数"的背景下，"课程领导力行动研究"项目的系列成果在新课程改革领域树立了一批新的典型，促使初中教育更加趋于多元化发展。

③ 项目学校都建立了项目研究团队，这支队伍对本校课题研究的完成起到重要的作用。参与项目的研究人员，一部分学校是全员参与，一部分学校是根据研究领域选择部分学科教师参与。但无论是全员参与还是部分人员参与，研究过程与成果都及时在校内、区内进行分享。通过项目的研究与推进，学校的领导也逐渐意识到学校的发展需要依靠教研团队的整体力量。

④ 项目学校校长对整个学校项目研究的调控、驾驭起到至关重要的作用。实践表明，校长相对有经验且能够比较好地投入到课题研究中去的学校在该项目中的表现比较好；反之，校长对学校课题研究关注不够甚至不太关注的学校，其课题研究的成效相对小些。

⑤ 项目整体组织管理规范、有条不紊，监督管理以人为本、机制完善，工作细致、注重效率。如，制定了具体可行的措施，保证项目过程推进，主要有两方面的措施：一是中期评估和结题评估，以明确的时间节点引导、督促各校研究的进程；二是分阶段的专题培训，提供专业引领，在项目研究方法、研究工具、研究指标等方面都进行了规范化的建构与引领，使整个初中段项目组的研究规范性突出。

⑥ 项目指导专家指导到位、充满使命感和责任感。指导专家以平等对话的姿态全程参与项目的研究与指导，每月定期到学校指导，使得各校在研究中遇到问题能够及时获得专业的帮助。

⑦ 项目起到了对上海市面上初中的引领和辐射作用。初中学段的整体成果丰硕，品质高。整体上出版了《学校课程计划编制实践指南》、《我们的课程领导力故事》两本成果，同时子项目学校也出版了10本研究成果。这些研究成果不仅题材广泛，实用性强，内容精彩纷呈，无重复研究；而且体现了鲜明的课程特色——国家课程校本化，校本课程人文化；同时开阔了课程的视野，覆盖微观、中观、宏观多个层面，学校的课程领导力在项目研究的过程中得到了显著提升。

（3）提炼出项目研究的七个"立足点"，为深化学校课程的变革找到突破的"路径"

从初中段14所项目学校的研究来看，其研究各有特色，对学校自身课程变革的推动都有明显成效，具有如下特点。

凡是"事出有因"——研究有基础、有根源的学校，如静教院附校《后"茶馆式"教学案例研究》,育才初级中学《基于课程标准的个性化作业设计研究》,体现了科学的立题意识和扎实深入的循环实证的实践过程。

凡是"接地气"——结合本校特色开展研究的学校,如育秀实验学校《阅读指导课程建设的实践研究》,白鹤中学《以"向日园"劳动基地为依托的校本课程开发的实践研究》,体现出学校在长期以来形成的课程特色的基础上,自身追求内涵发展的可持续性和不断深化的特征。

凡是"小题大做"——研究切入口小,聚焦探索面上学校普遍遇到的难点问题的学校,如崇明实验中学的《基础型、拓展型、研究型课程整合研究》、华夏西校的《基于课程标准的导学案的设计与实践》、青云中学《课堂教学低效行为及其纠正策略研究》,其研究能放大过程,做细做深做实,因成果来源于实践,其效果具有说服力,体现出研究的应用性和实用价值。

凡是"高瞻远瞩"——发现趋势,敏锐探索未来教育发展走向的学校,如同济二附中的《基于"地球学"的生态课程校本化实施研究》、洛川学校的《一对一数字化学习环境中课堂互动策略的实践研究》,其研究成果具有创新和前瞻性的思考,颠覆了传统的课堂教学模式、重塑了课程结构和类型,对面上学校深化课程与教学改革具有极大的启发性。

凡是"结构性突围"——关注资源的整合与有效利用以及课程管理组织的系统性开发的学校,如尚文中学的《社会教育基地资源有效利用的研究》,黄教院附属中山学校的《基于学生学习的课程组织管理与制度建设探索性研究》,其研究体现出学校对课程系统的结构性思考,以及对学生学习过程的真实关注,因而其探索轨迹为有志于资源建设和课程组织管理制度建设的学校提供了实践变革的经验和案例。

凡是"跨校合作"——结盟为手拉手合作伙伴,共同开展研究的学校,如新黄浦实验学校《课堂教学评价标准的实践研究》,在研究过程中主动与嘉定区桃李园学校、普陀区怒江中学结为伙伴学校,提升了项目研究的品质和实效,促进了各方参与人员的自身发展,成果效益及时辐射,实现多方共赢。

凡是"追求人本"——打造高素质教师队伍,推动学校文化积淀的学校,如娄山中学《学校人文化教研团队建设运行机制的实践研究》和闵行四中《自育型备课组建设的实践与研究》,其成果鲜明地体现出教师自身从课程理念到课程行为的变化、专业素养的提升、团队凝聚力的形成,其研究中探索出的实施路径和策略具有普适意义。

(五) 项目反思:从研究到管理

通过对本项目的实践反思,在"摸着石头过河的过程"中,还是有一些地方做得不足,后续项目研究中可以规避,避免走弯路。

(1) 关于研究目标与研究内容

研究目标与内容是项目研究顶层设计要思考的重要组成部分,本项目研究中非常关注研究目标与内容的针对性、适切性、一致性，但是未来的深化研究可以从如下维度进一步探索，这样会更具有普适性和独特性，实践价值和意义会更大。

研究目标，要体现三个"关注"：①关注课程领导力的指标及可测评的工具。②关注课程领导力提升的 N 种基本策略、方法和途径。③关注课程领导力提升的关键行为表现。

研究内容，要体现三个"维度"：①要有整体性的研究内容，也要有具有学校特色的研究内容。②研究内容要凸显学段特点、体现学段需求。③研究内容可以必选项目和自选项目相结合。

（2）关于项目管理的实战技能

大兵团作战，对项目管理的要求是非常高的，后续的深化研究，在承继当下已初步探索出的管理经验基础上，在如下四个方面还可以进一步突破，提升：（1）关注项目管理的实证化、精致化。（2）关注项目管理的工具开发。（3）关注项目的监控与质量控制。（4）关注项目团队与人员的职能与职责。

三、小学学段：落实课程领导的人本理念与特色发展[1]

在"上海市提升中小学（幼儿园）课程领导力行动研究"中，有 14 所小学承担了必选项目"关于学校课程计划编制的研究"和不同的自选项目。在自选项目内容的研究上，聚焦于三大方面：一是基础型课程的校本化实施；二是教学核心环节的优化；三是教师及教研团队的建设。在教研团队建设研究、学科课程建设研究、学科教学有效性研究、课程资源开发与利用研究、作业设计与评价研究等方面，屡有成果。

（一）项目启动：为避免小学办学高度同质化的华丽转身

"上海市提升中小学（幼儿园）课程领导力行动研究"项目的开展，为处于高位发展的上海义务教育阶段教育注入了新的内涵、活力和动力。为高度均衡的小学教育阶段，留出了宝贵的时间和空间，集聚了诸多教育行政、教研、科研专家的力量，通过在项目研究过程中课程的有效建设、实施和评价，完成了避免办学高度同质化、彰显学校办学特色的一次华丽转身。在项目启动阶段，其指导思想可概括为：

1. 以学校课程计划的编制为抓手，体现办学特色

课程计划不仅仅是一种概念、说明的文本，更是一所学校执行课程的方向与指南。通过编制课程计划，学校将更加了解自身的优势与劣势、资源与环境、文化与内涵。课程计划的科学性和可行性直接影响学校课程实施环节的推进以及整个课程系统的质量与水平。

---

① 本报告执笔人：陈飚，上海市教委教研室。

学校如何规划课程也体现了课程有效整合与个性化实施的过程。

学校课程计划的逐年完善,还有助于学校将政府最新的政策要求,在研制和完善学校课程计划的过程中,及时有效地贯彻落实到学校总体工作要求中,比如近年来上海推进的综合素质评价工作,小学学习准备期,小学一、二年级课程调整方案,三课两操两活动,两纲教育等最新的工作要求。

学校课程计划勾画了课程的全貌,对它的研究、实践与反思,不仅有利于教师对自身的工作目标有更深刻的认识,也有利于教师共同体间的合作,促进教师的专业发展和不同学科的建设,此外,课程计划编制、反思与持续改善的过程,是积淀学校文化底蕴的过程。

此次项目研究的启动阶段,本市小学课改基地学校通过编制课程计划,了解统整学校课程、开发学校特色的具体操作方法,使课程计划编制成为一次实实在在的理论研究过程和实践过程。

2. 以学校课程计划的实施为重点,凸显教学特点

如果说国家课程方案提供了一种理想的课程,教师实施的课程是一种现实的课程,那么学校课程计划就是实现从理想课程到现实课程转化的桥梁。只有学校才能够切实地把握理想课程与现实之间的平衡,才能找到理想课程与学校现实之间的结合点。

然而学校课程计划在实践中存在被简化、弱化甚至虚无化的现象,学校对课程计划本身的内涵与要求存在一些认识上的误区。导致一些学校的领导对于课程计划的理解不仅单一,而且理所当然地认为和自己的本职工作没有太多关系;导致学校领导对课程改革的要求不清楚,仅凭自己的主观判断与经验做事;导致学校教师只关心自己什么时候上什么课,对于学校的工作规划、学年工作要点缺乏整体概念,很多时候变成一种纯粹经验式的重复劳动,无法获得改革与前进的动力。任何美好的课程理念只有体现在学校的实际运作中才有可能转化为现实。在三级课程管理体制的框架中,学校获得了前所未有的课程权力,也承担了相应的课程管理责任。

此次小学段的十四个研究项目中,就有九个项目聚焦基础型课程的校本化实施和教学核心环节的优化方面。这些研究项目的成果,能为同类型学校在学校课程特色发展方面,提供有益的借鉴和启示。

3. 以"快乐活动日"方案的编制和实施为突破,彰显学校课程领导力

为进一步深入推进素质教育,真正发挥课程的整体育人功能,促进学生健康快乐成长,2011年,市教委召开"上海市基础教育工作会议",号召全市基础教育工作者"让每个孩子健康快乐地成长",并从小学的课程实施改革入手,提出在小学阶段试行"快乐活动日"制度,创新课程实施的模式,切实减轻学生课业负担,让每个小学生在轻松愉快的活动中学会做人、学会做事、学会锻炼、学会合作。

这些要求,与启动不久的"上海市提升中小学(幼儿园)课程领导力行动研究"项目的必选项目——学校课程计划编制和实施——要求中,对两类课程的开发、建设、实施和评价的要求不谋而合。于是,一场充分利用教育行政部门在政策中留出的课时空间、活动时间,结合学校办学和课程建设特色的学校课程计划编制研讨要求应运而生。

"快乐活动日"给了不同学校发展的机会和空间,而学校如何行使自己的课程权利、尽到自己的课程义务,课程如何开发与实施,如何挖掘各项资源整合各项活动等诸多问题摆在学校面前。"快乐活动日"的出台切实地考验着学校的课程领导力与执行力。

学校对"快乐活动日"的有效实施,需从学校课程计划编制入手,使之成为学校继续优化课程体系的重要抓手和载体。因此,从课程层面整体规划课程,系统设计"快乐活动日"方案,并纳入学校课程计划,使得学校不断提高整体课程设计能力与再调整能力,成为科学实施课程改革的切入口、彰显学校办学特色的突破点。

(二) 项目研究:主要经验和研究内容

1. "大兵团作战"思想指导下的小学段经验

(1) 以项目凝聚人心,集聚各方力量,整合各种资源,寻求课改现实问题的解决策略

① 在思想上整合,增强团队的凝聚力,创造团结合作、积极进取的氛围,增强项目团队的整合力和个体的驱动力;在行动上整合,优化项目的管理力;在校本研修策略上整合,将学校的发展和自身的专业成长整合起来,激发项目活力,同时关注各方资源整合的策略的研究。

② 凝聚了各方专家,在指导团队层面形成有关课程领导力的集体智慧,同时,也初步形成新的指导机制。

如何对分散的学校进行项目研究的指导,这其实是市级层面提升"项目领导力"的一个全新课题。通过中期评估实践,有些经验开始形成:a. 形成市级层面对基层学校的指导团队既有点(一位专家)对点(一个学校)的指导,也有群(几位专家)对点(一个学校)的指导,使学校得以博采众长。b. 形成校级层面的沟通交流机制。14 个学校不再成为研究的"孤岛":在各自区内要和周边学校相互交流;在市级层面学校间也应该彼此沟通。c. 顶层设计的思想清晰,目标明确,各方专家、各个学校在达成基本共识下进行研究实践。在行动研究的全过程重视目标和行动的一致性,及时反思,及时改进。比如,在中期评估过程中,重温《上海市提升中小学(幼儿园)课程领导力行动研究项目指南》,保持稳定、清晰的研究方向。

(2) 在传承中聚焦学校持续发展的关键问题,关注学校发展目标

① 着眼于课程改革在学校推进中的问题解决,以课程实践的方式,重点探索学校课程计划、学科建设、课程评价和课程管理这四方面面临的难点和关键问题。

② 改善优化了学校现行的课程状况,指导并促进了课程改革在学校的推行,提升了学校的课程品质。

③ 切实提升了课程领导的意识和能力(规划、执行、建设和评价的能力)。

④ 积累了丰富的过程性资料,为研究提供了实证。

(3) 聚焦项目研究主题,提出假设——实践探索——反思修正——总结提炼——推广运用——深化研究成为各项目研究的有效路径

①顶层设计尤为重要;②扎根于教育教学的实践是基础;③反思修正是使研究走向深入的保障;④总结提炼是项目深化的关键;⑤推广运用是检验成果的重要手段。

(4) 促进学校课改深入推进,各类项目发挥助推作用

①项目联动,架设桥梁,沟通情感;②项目联动,搭建平台,共谋发展;③构建了项目推进的管理网络架构与运行机制;④强化内涵要素,倡导"实践"与"研究"并进。

2. 在项目研究进程中提升学校课程领导力

14 所项目小学是"提升课程领导力"的实验实践主体,通过"学习""研究""实践",学校在如下三方面有显著进步:

(1) 在课程视野下,聚焦学校办学经验与问题的意识和能力得到加强

学校课程领导力的呈现载体是课程。学校课程领导力主要通过学校课程计划、学校课程实施、学校课程评价、学校课程组织管理及制度等载体呈现出来。14 所学校原来都有自己的研究课题及办学特色,同时,在新的发展过程中,无论是历史名校还是新兴学校,也都遇到了各自不同的新问题。怎样继承传统,怎么走向未来?上海市提升课程领导力项目,为学校提供了属于教育内涵发展的视野和路径。即从课程视野去聚焦原本的工作,从课程建设的路径去重新规划学校的发展。

学校的自选项目聚焦于三大方面:一是基础型课程的校本化实施;二是教学核心环节的优化(作业设计与评价方面);三是教师及教研团队的建设。

自选项目的选题和研究侧重,不仅各有侧重而且呈现动态变化趋势。有的自选项目,原来是学校整体发展的某种特色,虽有价值但却庞杂,通过课程领导力项目,学校聚焦核心要件,削枝强干,研究更集中,行动更有成效了。有的自选课题,原来属于某一学科的课题,虽有意义但影响不了学校全局。通过课程领导力项目,学校以点带面的整体意识明显得到加强。有的自选项目,原本就是一个针对学校现状的行动方案,虽然目的明确但过程研究较弱,通过课程领导力项目,学校的实践反思能力、研究改进能力有了明显提高。

综上所述,把零散的经验、问题放置在课程维度重新聚焦,将原有课题、特色转化为课程视野下的新行动,这是 14 所学校的一个鲜明的特征。

(2) 以发展为价值取向,持续推进课程建设的行动方式开始凸现

以发展的价值取向来聚焦学校的真实现状,用持续变革性研究实践来改变现状,力求阶梯式的扎实推进,是这次课程领导力项目的行动方式。学校对历史与现状的把握和剖析,都比较真实。对发展目标的定位也比较明确。行动研究项目呈现两大特征:一是内在

的关联性。即自选项目根植于原有的基础,针对着现有的问题,关联着发展的目标。二是行动的持续性。即,当下的工作聚焦了原有经验和问题,而后一步的工作又在现在的基础上往前推进。在发展的价值取向上,14所学校的很多自选项目直指课程建设最为核心的"人"的发展,将学生发展、教师发展放在了首位。事实也显示,在课程领导中,当人的状态从"应知"、"应为"向"愿为"、"能为"转变了,课程建设就得到了切实保障。

(3) 以校长为核心的领导共同体,协力推进课程建设的能力在增强

学校的课程建设,校长本身的领导能力至关重要。研究过程中,14所学校校长的课程领导意识都有提升,课程领导的方式也有不同程度的改进。主要表现在:①课程计划的编制,不再是"个人拍脑袋"的文本构建,而是自我"挂帅"之后的团队"创作"。许多课程计划,几易其稿,学校方方面面都参与了计划的修改,其课程计划的编制变成了集体参与的行动研究。②自选项目的确定和调整,不再是随意的文字变动,而是校长与专家、校长和课题团队、校长和教师学生沟通对话的结果。③自选项目的实施,校长既亲自担任总指挥,又能通过调用资源、建立制度、实施评价来进行"领导"和"管理"。

校长是学校课程领导力主体的核心,学校中层、教师都是学校课程领导力主体的组成部分。学校课程领导力主体之间互相作用、互相影响。从当下各学校的项目推进的现状来看,项目研究正越来越清晰地实践着这样一种课程领导力的定义,校长为核心的领导共同体协力推进学校课程建设的能力在增强。

3. 学校研究项目的全景扫描和特色描述

(1) 立足根本,关注基础型课程校本化实施的研究项目

华东师范大学附属小学:《基于"合作共营"的作业编制与实施研究》

学校将"课堂教学以及作业编制与实施"作为基础型课程校本化实施的抓手,建立"前后关照、层层递进"的研究架构,设计"三个阶段("作业前"——"作业中"——"作业后")、四种类型("基本型"、"拓展型"、"创新型"、"准备型")的实践范式、"科学有效、均衡发展"的作业实施,通过"课前——有效预设,建立组织者;课中——适时关联,相互迁移;课后——及时反馈,多样变式"三个环节的贯通,将作业放在宏观的"课程——教学——评估"体系中来思考,将作业视为反映学生学习程度的有效证据,寻求用有效的办法来解决学生学业负担过重的问题,也是实现基础型课程富有个性的校本化实施。

北京东路小学:《小学数学作业设计和评价的研究》

在实践研究的基础上,学校提炼了作业设计的策略,提出作业设计应关注的三个"度",即达成度、差异度、愉悦度,并形成了与之相对应的操作方法。其中达成度是基础,确保学科内容的科学性;差异度和愉悦度则更多是从孩子个性出发,体现因材施教的思想。

构建作业模板,包含作业目标、设计说明、作业内容、作业评价、使用建议、智慧之源六个方面。其中智慧之源可以是作业样式实施后学生的反应,可以是教师实践后的反思,也

可以是其他相关研究成果的汇集等。

通过研究,学校形成了三类作业样式,包括单课时作业样式、单元课时作业样式、综合活动型作业样式。梳理出了作业评价的原则,即作业评价的内容安排凸现趣味性和过程性;作业评价的方式选择强调导向性和激励性。

中华路第三小学:《"百草园教学模式"与学科教学有效性的研究》

学校传承了"百草园课程"的建设工程,突出了"百草园课程"的"三原色教学原则",突出了教学工作的丰富性、立体性和多元性,发展了百草园课程。在课程背景下穿插学科教学有效性研究,内容涉及教学过程中的基本环节,使教育环节更流畅,整体把握更精准,提升了教学研究的效率。

卢湾二中心小学:《走上智慧成长的阶梯》

学校文化传统深厚,由"务本"发展到"尚智",提升了学校文化的智慧层次。按儿童认知和发展规律,设计优化了阶梯式课程,提出"增,删,改,优"的实施策略。在优化课程的过程中优化教学过程,提升了教学研究的品质。

青浦区实验小学:《作业批改与反馈有效性研究》

本项目选题源于教师的经常性工作和目前小学普遍存在而迫切需要解决的问题。研究分"语文"和"英语"两个子项目实施。切入口小,但内涵丰富,与"课程领导力"的目标吻合,是一项适合一线教师承担,以行动研究方式实施的,值得深入思考,具有实践价值的研究项目。

(2)差异发展,重视教学核心环节优化的研究项目

武宁路小学:《小学生在校可支配时间的开发与利用》

本项目的研究,立足于对学生生命的敬畏和尊重,并独辟蹊径从学生个体生命发展的关键变量——"时间"着手,解决学生负担过重的瓶颈问题,探索学生在校可支配时间的内涵、特点、构成要素,以及可支配时间与学生、教师发展的相互关系等,并进行较为系统的研究。研究聚焦在"小学生在校可支配时间的开发与利用",集中解决"时间不够用"与"时间不会用"的问题,期望以"时间"为突破口推动课程资源的开发、利用与整合,同时解决"丰富生活"与"时间缺乏"的矛盾,实现"解放学生的时间,还学生幸福的童年",从而使学校的办学思想在解决一个个实际问题中得以深化与发展。

中山北路小学:《小学生阅读的学校支持策略研究》

学校从课程建设的角度出发,为学生阅读活动提供各类资源的保障,鼓励和倡导学生开展有意义的阅读活动。教师是学生阅读活动的导引人,在对学生进行正确引导时,教师自己要有有效的指导技巧,尤其是对学生阅读方式及方法的指导上,由此,学校加大儿童阅读推进的力度,对阅读活动课程进行一种个性化的补充、拓展、延伸和丰富,最终形成对小学生阅读的学校支持策略系统。这些策略包括:①目标导向策略——构建阅读活动技能序

列；②资源保障策略——建立阅读活动书目序列；③教学支援策略——设计"三导"教学手册；④范式引领策略——厘清阅读活动课型，新书推荐课、阅读欣赏课、技能指导课和成果分享课。

上海市实验小学：《开放教育理念下的有效教学实践研究》

这项研究，形成了"学案"的基本样式，基于"有效"的"学"而设计，在教学过程中落实三维目标，改变学习状态，增强学习能力，促进学生的自主、充分、全面发展是其价值追求，在保障学生学习充分性的前提下，尝试以教为主向教与学并重过渡，谋划课堂转型。

学案内容的设计重点解决的是"学什么"、"如何学"、"学得如何"，学案设计以国家课程方案、学科标准为基本依据，体现课时要求，同时体现以人为本，设计时在学习时空上体现开放性，以促使学生在知识技能、过程方法、情感价值观等诸方面获得全面提高。学案由"学习任务"、"学习过程"、"学习评价"、"学习拓展"组成。

平凉路第三小学：《构建百个儿童家庭科技实验角的实践与研究》

"构建百个儿童家庭科技角"项目是指本校部分学生在各自家庭中寻找固定小场所、进行适当环境布置，确定探究科学实验或科技制作探究项目。在家长、教师指导下，在家中完成基于项目的科学探究活动，这些项目内容可以是科学课堂教学的内容，也可以是课堂延伸的内容，更可以是来自生活中发现的问题。探究项目，既可以是短期的，也可以是长期的；学生既可以独立完成，也可以与同学合作完成。

本研究形成儿童家庭科技角探究活动中资源开发利用的策略。一是利用校内科学探究基地形成学校家庭联动的策略。二是发挥家长资源优势，主动开发家庭资源的策略。三是三位一体，综合整合、利用社区、高校资源的策略。

(3) 夯实基础，注重教师及教研团队的建设的研究项目

一师附小：《以人为本打造教研精品团队的实践研究》

研究实践中，项目组主要从以下三方面着力打造教研精品团队：第一，打造中层，践行以人为本理念。第二，打造组长，夯实组本管理基石。第三，打造教师，形成教研精品团队。在实践研究过程中，学校对中层干部、教研组长和教师提出一些专业发展的目标和要求，体现了教研精品团队的精神面貌、办学追求和专业水平。通过打造教研精品团队，推进了学校的课程建设、课堂教学改革和素质教育内涵发展。同时促进了学校师资队伍的梯队建设，特别是青年教师在原有基础上得到了不同程度的提高。

打虎山路第一小学：《基于专业发展的"中高团队"合作研究》

项目研究关注中高教师自身的提高及其专业引领作用的发挥，并落实于提高学校教师的课程执行力，研究目的明确，对于提升学校课程领导力有现实意义。

依据教师教学策略与教学风格的形成与改进，很大程度上依赖于学校文化或教师文化的理念，中高团队的研究，立足于构建教师的合作文化，这是本项目研究的特征。

浦东新区昌邑小学:《基于校本教研构建学科教学特色的策略研究》

通过对教研活动"教而不研则浅、研而不教则空"的解读推进了研究的进行,也使研究富有行动研究的特色。形成了以学科教学关键主题为中心,以教学的创新设计为导向,以系列化的主体性研讨为主要形式的校本教研模式。

普陀区朝春中心小学:《基于学校特色课程开发实施的伙伴式团队建设》

本项目抓住学校发展的两大关键要素,源于学校管理实践和普遍存在的问题,紧扣"课程领导力提升"这一主题,针对性强,实践价值明显,具有学校特点和一定的创新性。项目研究在分阶段实施和推进过程中,组成了不同类别的"伙伴式"团队,这些团队打破传统教研固有模式,积极探索,努力形成团队建设的新机制,在学校课程建设和实施中发挥了积极的作用,积累了许多有价值的案例和成功经验。

闵行区实验小学:《以前移后续校本研修方式促进教师团队发展的实践研究》

直面闵行区人口导入的社会现状,针对教师人数激增、个性差异明显的学校现状,确定研究项目。前移后续的校本研修工作已成为一种研修范式,正在促进研修工作价值取向的提升,营造了学校校本研修生态,在对研修工作的不断追求中形成学校研修文化。

4. 主要物化成果

市级及以上区域性展示 28 场,区级展示 19 场,向外省市同行展示 3 场,涉及所有项目学校。展示教研活动、学生活动、课堂教学等共 225 场。《文汇报》除整体性介绍外,还分别于 10 月 29 日和 11 月 5 日,对两所项目学校的课程领导力项目进行了专题报道。申报出版专著 8 本,实际出版 11 本;学校内部刊印书籍 27 本。

研究从 2010 年 9 月—2012 年 10 月。14 所项目学校参与研究的教师为 1186 人,占全体人数的 8.1%。其中,校级领导参与人数为 50 人,占 98%;中层干部 129 人,占 88.4%,学生受惠人数 15230 人,占 96.1%。

(三) 项目反思:再度审视实际问题,持续关注后续改进

1. 项目学校研究过程中存在的主要问题分析

(1)学校项目与总项目的关联性问题

部分项目学校以"改良"的姿态,从学校原有的优势项目出发,改头换面或加工改造,牵强附会地进行项目研究。部分项目学校凭科研经验进行项目研究,总项目意识不足。

(2)学校项目的过程性资源、校际辐射和交流不够

项目学校之间以及项目学校对所属区域的其他学校除总项目组组织的交流活动外,就项目研究的交流很少。这种状况背离了总项目"行动研究"的初衷。

(3)学校课程建设的专业意识和本体素养有待加强

部分学校注意了"课程领导力",但对"课程"本身的认识不够充分。例如,注意了某种

策略的研究,但没有注意该策略在课程中的作用和地位;又如,注意了作业有效性的研究,却忽略了作业是教材体系中的构件;再如,对拓展型课程进行了建设,却没有注意课程的整体构建;强化了对教研过程的关注,积累了丰厚的原始资料,却没有从课程的高度来审视"课堂"。

在学校课程建设方面另一个表现是:学校追求所谓课程教学资源的丰富,但忽略了课程资源科学性的把握。同时,还缺少对学校课程应有的质量监管。

2. 思考与建议

(1)学校项目总结报告是重要的成果形式,要充分反映项目的影响力

报告要反映研究的真实情况和行动研究的过程,记录项目研究对提升课程领导力的作用和影响,尤其是对推动学校课改、促进师生变化与发展的积极作用。在梳理和提炼经验时,要尽可能从制度、机制、操作方法与程序等角度进行思考,努力形成可供借鉴、具有规律性,也便于操作的成果样式。

(2)必选项目前期成果如何进一步"修订与完善"

从实施情况看,"课程方案的制订"完成后,还需编制每学期的课程计划。课程计划是落实课程方案的工作性文本,文字应该比较简练,内容也应该简明集中,具有较强的操作性。为此必须解决好"特色"与"本色"的关系,做好整合安排。项目研究经历了从简到繁的过程,现在该考虑从繁到简的提升了。

(3)加强项目的提炼与总结,形成典型经验

有些项目还缺少可拿来直接推广的典型案例;有的项目可以成为学校发展的生长点,但其价值亮点还没有深入挖掘。项目是基于问题的实践性研究。它是有设计的,是实践性的探索,要考虑总结提炼有效的核心经验,这还需要项目校全面梳理研究过程,加强理性思考,认真总结项目经验,提升项目品位。

(4)项目研究的成果在教师专业素养提升上的作用还需要进一步加以关注

教师课堂教学实践显现出学校把提高教师教学技能作为重中之重的任务在落实,教师的课堂面貌发生了很大的变化,学生的主体作用得到充分的关注。但在部分教师的教学中还是出现了对文本解读和演绎能力上的缺陷,对学科本质和教学本意的认识和实践还需要不断的打磨。

在各级《教育中长期规划》中,都把学生健康、快乐成长作为重要抓手。上海的工作从关注课堂,到关注课堂生成的源头,再到关注课堂教学效果和它的服务对象,螺旋上升,"教学有效性——教学五环节——课程领导力——快乐活动日"是有机发展的整体,而课程领导力项目的实施,给稍显薄弱的学校提供了"求生存"的机会和空间,给了力求避免办学同质化倾向的学校"谋发展"的机会和空间。

四、幼儿园段：提升课程领导的理性认识与行动策略①

(一) 课程领导中的问题与研究的顶层设计

1988 年至今，上海学前教育课程改革经过 20 多年的探索与创新，取得了丰硕的成果，幼儿园课程的理念、实践发生了根本性的变化。然而，当我们跨入第十二个五年计划的历史发展时期，面对新形势与发展要求，我们清醒地认识到，学前教育科学化发展依然任重道远。尤其是随着课程改革的深入推进，在幼儿园课程实施与课程管理的有效性上存在的瓶颈问题也日益凸显。

1. 主要问题概述与分析

(1) 关于课程编制与实施的关系问题。对于幼儿园来说，课程方案编制首先要能清楚自己的办园思想和课程理念，并体现在课程文本上，使课程方案编制具有逻辑一致性与操作性；第二，要将编制好的"系统化"的课程文本转化为教师的教育行为与实践，这同样有赖于园长和教师的专业水平的提升。然而，目前最大的问题是，部分幼儿园课程实施规划简单模仿、拼凑，科学性、有效性弱；还有，管理者编制了完整的课程文本，而教师了解和执行的只是课程实施中最下位的部分，即学期计划乃至活动方案。教师不清楚本园倡导的课程理念的内涵，不理解课程文本的编制意图，不知道每个具体的活动在课程中的位置，但却天天就事论事地进行日常教育活动。很显然，课程编制与课程实施之间有脱节。

(2) 关于课程实施有效性问题。课程实施中的"保教结合"、"以游戏为基本活动方式"、"课程动态生成性"等是幼儿教育的主要特征与特点。然而，在课程实施中，由于"保教结合"缺少具体的诠释与操作样式，"游戏与学习"融合在操作上有难度，导致实践中许多教育契机被浪费，直接影响了活动的效益。同样，在资源开发和利用上，如何处理家长资源的流动性与课程资源稳定性的矛盾，如何将社会教育资源的开发与利用与课程融合，如何建立课程资源开发和利用的长效机制等，都是深化课改需要实质性攻坚的问题。

(3) 关于课程评价与质量监控问题。幼儿园课程评价与质量监控的科学性、实效性，是影响保教质量的一个重要因素。对幼儿园课程评价与质量监控进行反思，可以发现：①保教质量评价的方式单一，而且获取的信息零散，对评价中发现的问题缺乏关联性的分析，不能从根本上进行基于问题的质量改进；②评价过程缺乏健全的制度和机制上的保障，难以保证评价过程的科学性和评价过程的常态化；③在评价中，教师往往处于"被评"的地位，难免会使质量评价带有功利倾向，影响教师对保教质量评价的科学观念和参与热情。

---

① 本报告执笔人：周洪飞，高敬、王爱明、黄娟娟参与总体提炼。

上述问题与现象，主要可归结为：

一是问题本身太复杂。幼儿园课程是非常复杂的工程，它受社会需要、幼儿发展和教育规律等的影响都非常大，而且课程建设、课程实施、课程评价，又环环相扣。很显然，要化解与突破这些课改深化中深层次的问题，需要顶层设计，需要合力攻关。

二是园长课程领导能力上的缺失。课改赋予幼儿园园本化实施的权力，这对园长自身的知识素养、能力结构以及人格特质都带来很多新的挑战，尤其是在课程管理制度与运作机制建设上，园长领导能力有较大差距。

三是幼儿园共同体的建设不容乐观。尽管现在园长普遍能认识到共同体建设对幼儿园长远发展的重要性，但共同体建设关涉到园长的领导转型，将通过共同愿景、系统开放和合作文化的协同，促进幼儿园课程改革与发展。但是，事实上当前幼儿园共同体建设仍然比较薄弱，仍然有不少幼儿园存在刚性的管理模式，缺乏从课程管理到课程领导的真正转型。

四是幼儿园行政工作比较"凌乱"。由于教育对象和教育任务的特殊性，幼儿园工作相对繁琐凌乱，在事无巨细的工作环境中，相当一部分园长身陷其中，没有足够的时间与精力从繁琐凌乱的工作状态中抽身出来，再加上现阶段幼儿园大发展中出现的新教师多、非师范教师多等现象，更增加了幼儿园管理与课程领导上的难度，课程项目上的攻坚克难，往往昙花一现。

2. 研究的顶层设计

本项目着眼于课程改革在幼儿园推进中的问题解决，尝试研究在幼儿园课程的情境中，以课程实践的方式，重点探索幼儿园课程规划、课程实施、课程评价与课程管理这四方面面临的重点和难点问题，概括起来，主要有六个方面：

（1）如何整体规划幼儿园课程（幼儿园课程实施方案编制）？

（2）如何加强课程编制与课程实施的深度联系与相互促进？

（3）如何实现课程实施中的"保育与教育"、"游戏与学习"的有效融合？

（4）如何探索正确质量观支撑下的课程评价与保障机制？

（5）如何探索课程资源的开发、利用与管理机制？

（6）如何完善幼儿园教研团队建设与促进教师专业发展？

在上述问题研究中，重点要聚焦课程领导力问题。着重探讨在幼儿园课程情境中，课程领导与课程领导力的内涵特征是什么，如何形成引领课程实施的深入持续发展的课程领导机制，如何在实践中提升园长和教师的课程领导能力。

（1）研究假设：在设计总体框架时，我们重点研究并厘清提升课程领导力中最核心的问题，由此确立研究的假设，并将这种判断衍生到项目的总架构与子项目的行动研究中。

本项目研究对于幼儿园课程领导力有如下三方面假设：第一，园长的课程领导力是影响幼儿园课程建设与实施走向的首要因素,在规划、设计课程以及推进课程实施过程中,要吃透《幼儿园教育指导纲要(试行)》等国家相关文件的精神,准确理解和把握课程园本化的精髓,园长的思想力、规划力成为极其重要的组成部分。第二,幼儿园全体人员对课程理念和课程目标的认同是课程领导力最重要的问题。因此,课程领导力的核心是要取得全体员工包括家长的认同,并转化为一种专业自觉。第三,营造适合管理团队、教师团队发挥课程领导力的有利环境也是促进课程有效实施的主要策略。

(2) 研究目标:本项目研究本着"实践导向、互动生成、模式多样;促进提升、关注特色"的总体指导思想,试图采用"大兵团行动研究"方法,探明幼儿园课程领导力的核心要素以及影响课程领导力提升的关键因素;通过课程实施方案编制与专题项目研究探索提升课程领导力的策略及运行机制;增强园长和教师的课程意识、质量意识与自觉行为,切实提升课程领导力的理性认识与行动策略,将园本化课程建设与实施落到实处;在不断优化的课程建设与保教过程中,落实让每一位幼儿在快乐体验中获得健康、幸福成长。

(3) 内容框架:项目研究以"提升幼儿园课程领导力的理性认识与行动策略"作为整体目标,以幼儿园课程方案、课程实施、课程评价和课程管理四个方面为主要研究对象,以"必选项目"与"自选项目"为具体内容,架构起一个相互关联的网络,以提升幼儿园课程领导力。

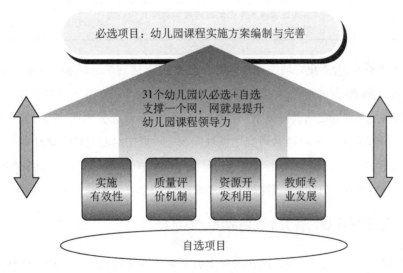

图 2-2　课程领导力研究内容架构

"必选项目"为"幼儿园课程实施方案编制与完善的研究",包括五部分内容:课程方案编制的综观性思考、基础性要素、实践性要素、更新与完善、案例与选析等,主要由 28 所市课改基地幼儿园以及市立项幼儿园承担,每个幼儿园围绕一个核心问题,从中选择一个切入点,确定重点研究主题。"自选项目"有 4 个子项目,每一个子项目分解为若干研究内容,根据研究的假设，经过自下而上、自上而下的反复推敲、遴选，最终确定 10 个"自选项目"，包括"基于一日活动中保教结合操作手册编制与施行的研究""幼儿园游戏与学习融合的实践研究"等，由 10 个幼儿园承担子项目的研究。

表 2-2　幼儿园课程领导研究项目类别与项目单位汇总表

子项目名称	课题名称	项目单位
课程规划与建设	"幼儿园课程实施方案编制与完善研究"	上海长宁实验幼儿园等 28 所市课改基地园及立项园
幼儿园课程实施有效性的研究	"幼儿园游戏与学习融合的实践研究"	静安区南京西路幼儿园
	"基于一日活动中保教结合操作手册编制与施行的研究"	黄浦区城市花园幼儿园
幼儿园课程质量评价机制的研究	"保教质量评价机制有效运作的实践研究"	黄浦区思南路幼儿园
	"教师在课程实施中质量监察与管理的研究"	闸北区芷江中路幼儿园
	"幼儿发展评价机制的实践研究"	金山区东风幼儿园
幼儿园课程资源开发、利用的研究	"社会教育课程资源有效利用研究"	黄浦区南东幼儿园
	"幼儿园课程资源环境创建与利用的实践研究"	青浦区佳佳幼儿园
幼儿园教师教研团队与教师专业发展的研究	"优化教研模式促进幼儿教师专业发展的实践研究"	浦东新区冰厂田幼儿园
	"教师发展规划整体设计及有效管理的实践研究"	奉贤区解放路幼儿园
	"以关键教育事件优化教师教育教学行为的行动研究"	普陀区大风车幼儿园

（4）实施策略：为了更好地推进本课题研究的实施，达到课题预期的目标，幼儿园阶段除了采取聚焦问题、点面结合、专家指导、纵向衔接（高中、初中、小学和幼儿园四个学段）、横向贯通（每个子课题之间横向联系）的整体实施策略外，还充分体现行动研究强化过程的特质。文献研究先行——从现状研究中发现问题——根据问题制订行动计划——按照行动计划开展行动——行动中发现问题、进行反思——重新修正计划——再次实施……在不断地循环往复、螺旋上升中，使研究越来越逼近核心问题，实现解决问题的目的。

（二）"大兵团作战"，合力于问题解决之全过程

本项目要研究攻克的是课改深化过程中的重难点问题，仅靠一家之力，难有重大的突破，因此，在研究中，改变了以往课题研究单一研究主体的操作模式，代之以大规模队伍和人员组成的研究共同体合作研究的实践模式。

1."大兵团作战"实践机制的探索与运用

毋庸置疑，从理论而言，"大兵团作战"模式理应见效快、收效大，但其最终获取效益的程度还有赖于"大兵团作战"中所运用的各种机制。面对大规模的、涉及人员群体层次复杂

多样的一种"大兵团作战"实践模式,我们在研究中逐步建立与之相适应的运行机制来统筹协调。

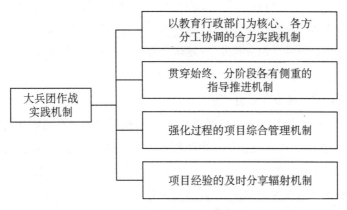

图 2－3　大兵团作战实践机制

(1) 以教育行政部门为核心、各方分工协调的合力实践机制

"大兵团作战"以教育行政部门为核心来发动、组织和安排项目研究利益相关各方的职责,将教育行政单位、项目研究单位和专家队伍(包括定点指导专家及特聘专家)等各方的力量和智慧往一处使,形成一股合力。教育行政部门于项目整体顶层设计先行,培训到位,经费投入与管理到位,对参与研究的项目幼儿园有指导意义;专家定点指导,使参与研究的项目试点幼儿园有依靠;在项目推进的过程中,园长注重调研,及时发现问题、解决问题,注意团队建设、激发员工的内驱力,领导方式发生了变化。教育行政人员、教育研究人员和基层幼儿园教育实践人员的三支力量的有机融合,使各个主体都能发挥各自优势,形成合力。

(2) 贯穿始终、分阶段各有侧重的指导推进机制

"大兵团作战",如何保证众多的项目幼儿园能达到项目研究所要求的质量,达成预期的目标,则需要过程中指导的适时介入,指导专家与幼儿园进行有效互动,确保幼儿园的研究方向与总目标保持一致。措施一:建立以"项目任务分解表"为载体的指导互动机制,确保项目研究全过程的指点及各关键节点的引领。措施二:借助子项目开题、中期评估和结题评估等环节,组织专家团队对项目进行深度调研与会诊,确保在研究的不同阶段,能够及时发现问题,并分阶段解决问题,为项目的推进深化起到催化剂的作用;措施三:每月有一位或两位专家或独立、或结对共同指导一所幼儿园,与项目幼儿园共同梳理项目内容,调研收集验证数据,并及时反馈信息。帮助幼儿园协调好项目总目标与幼儿园目标的关系,确保与总项目研究方向一致。

(3) 强化过程的项目综合管理机制

为保证"大兵团作战"按时、按质达到最终的效果,我们尝试建立强化过程的项目综合

管理机制。比如,引导每所幼儿园以"可视化"的方式勾画"研究路径图",引领研究的步骤和走向;又如,引导项目幼儿园根据研究的目标和任务,制定工作计划表,完成进展的过程记录,以确保研究有序开展;再如,采取定点专家指导和特聘专家调研指导的信息上报制度(包括指导次数、每次指导的目标与具体内容、调研的目标与具体内容等),以促进指导的有效性。还有包括项目组定期例会制度、专题研讨制度,以确保合作指导并解决幼儿园项目开展中的疑难困惑与关键问题。

(4) 项目经验的及时分享辐射机制

由于"大兵团作战"项目参与单位多,如何在项目研究过程的不同阶段及结束总结阶段能够趁热打铁,将各项目单位积淀总结的经验及时有效辐射与推广,我们尝试建立项目经验的及时分享辐射机制。遵循"研究—试点—推广"的经验分享路径,采用书面、电子、现场观摩等多样化的经验分享方式,进行项目经验的及时分享与辐射。其一,建构项目幼儿园以及园际之间的分享交流平台。既包括项目展示、交流、研讨等正式的渠道,也包括相同主题,园长和教师间非正式的分享交流渠道。其二,建构纵横贯通的交流互补平台。即包括各学段之间的纵向交流,也包括不同学段同一研究内容之间的横向交流,以不断借助"他山之石"促进和完善自身的研究。其三,建构全市分享交流平台,包括建立网络平台、杂志专栏等,从整体上推动项目的发展与辐射。

2. 聚焦核心问题、扎实解决问题的过程

项目研究的关键问题,要把握好改革方向及实现改革的路径方式。

(1) 聚焦核心问题

研究始于幼儿园中的真实问题。问题从何而来? 一从现状调查入手,采用访谈法、问卷调查法,研究、分析项目方面存在的主要问题,在研究过程中不断聚焦核心问题,使后续研究更有针对性。比如,城市花园幼儿园其研究项目是"基于'一日活动中保教结合操作手册编制与施行的研究'",在研究起初阶段,对区域内 10 余所公办幼儿园(涉及教师 122 名、保育员 60 名、家长 373 人、保健教师 10 人)进行问卷调查,并邀请 12 名公办幼儿园园长参与访谈,问卷数据采用 SPSS17.0 分析。

二从文献资料研究中寻找准确的理论依据和对关键概念的诠释。所有项目幼儿园根据总项目组整体工作要求,均有问卷,要形成调研报告;均有文献综述,要对国内外本项目的有关信息进行梳理与分析。这些为后续的研究打下了坚实的基础。以黄浦区思南路幼儿园为例,在项目研究中经历了三次集中性的文献研究,包括对曾经的儿童需要文献和综述进行再研究,获取了关键性的、能解决"儿童需要高满足"质量观实践化的核心要素是关于儿童适应性行为的界定,对本项目价值最大的文献资料进行梳理,形成了关于"幼儿园保教质量评价"的文献综述(框架见图 2 - 4),并对原儿童需要的文献进行新的补充。

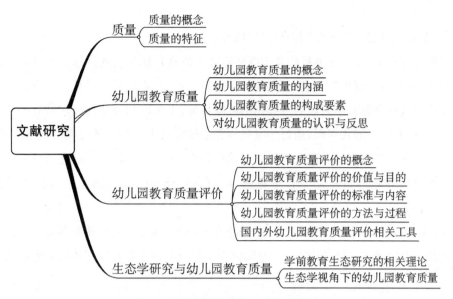

图2-4 "幼儿园保教质量评价"的文献综述

(2) 扎实解决问题的过程

① 明晰"研究方向"，不断调适研究内容与方法

项目研究的过程是一个不断清晰、不断拨开迷雾的过程。本研究最大的难点，也可谓最大的价值，就是通过某个"点"的研究，要积累提升课程领导力的策略与机制。而项目幼儿园起初还是惯性思路搞研究，比较注重项目研究的本身，没有与课程领导力的提升建立联系。

当幼儿园项目组陷入沉思、困境时，市项目组及时组织项目研讨、交流、评价，尤其是中期评估，通过现场观察，查阅资料，质疑、对话、交流等环节，对各个幼儿园的项目研究的方向、重点及与实践的贴切度进行全方位诊断，引导幼儿园着重思考子项目与总目标之间、与幼儿园实际发展的有关目标以及目标重点之间的关系，并对目标与内容作出适度的调整，为后续的研究奠定良好的基础。

表2-3 芷江中路幼儿园"教师在课程实施中质量监察与管理的研究"的研究内容

研究 目标	原定的内容 （课题申报之初）	行动的内容 （中期评估后）
预设 与变更	(1) 研究教师自我监控与管理的具体内容及要求（内在和外在两个维度）。 (2) 研究教师在课程实施方面（主要困惑、问题）的现状。 (3) 构建教师课程质量自我监控与管理的框架体系的研究。 (4) 研究课程实施中教师自我管理的关注点以及如何进行自我管理。 (5) 研究课程实施中教师自我监控的检测点以及如何进行监控。 (6) 研究课程精细化管理的具体操作标准与要点。 (7) 研究在课程管理中如何保障教师自我管理的有效性。	(1) 对"教师课程质量监察与管理的概念"进行重新界定。 (2) 对评价指引（课程内容选择与组合、环境创设与材料提供、师幼互动）的内容进行编制与实施。 (3) 在现有课程管理制度下，研究进一步支持教师课程质量自我监察的有效保障机制。 (4) 构建包含自我分析、评价指引、分析与调整为主体的操作地图框架与内容体系。

② 着眼"技术路径"，不断明确研究定位与过程

在研究过程中，要求各项目幼儿园既要有关于战略目标及达到目标的途径和手段的总体规划，又要有行进中承上启下地解决问题的路径与技术路径的设计。一方面可以使幼儿园明确项目研究在本阶段的可操作的有限目标、可实现的预期目标和研究的主要路径，主要是以问题的形式聚焦，通过一系列问题的研究呈现解决问题过程的技术路径；另一方面可以进一步厘清幼儿园项目研究与课程领导力的关系，把项目研究的目标置于幼儿园办学目标和培养目标之下长远考虑，厘清项目研究与幼儿园发展的各个层面的关系。

如，南西幼儿园从提升课程领导力的思考角度出发，确定了聚焦现有课程方案以及教师课程执行力的现状，以自选课题、必选课题为抓手力求促进游戏课程的内涵发展的研究思路。

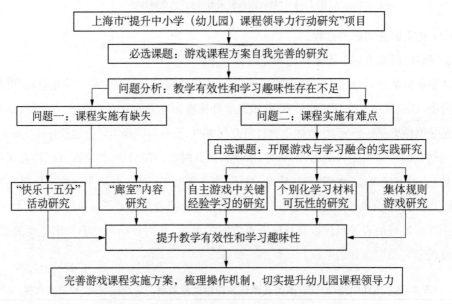

图 2-5 南西幼儿园必选课题自选课题研究思路图

③ 伴随"过程反思"，不断跟进实践行为与策略

幼儿园和中小学不一样，园长课程管理的内容比较杂，如果缺乏思考力就容易抓了芝麻丢了西瓜，或者停留在问题表面。因此，在项目研究中，我们不断思考、明晰提升课程领导力的内涵是什么，存在的问题是什么，产生问题的原因是什么，矛盾焦点在哪里，可以从什么角度剖析问题，解决问题的切入点在哪里，等等；伴随"过程反思"，找到规律性的领导思路与领导方法，把研究内容转变成常态化、长效化的实施内容以及操作程序，进而有效地提升课程领导力。这是提升课程领导力的核心所在。

(三) 研究成果:课程领导力提升的策略、路径与变化

1. 从宏观层面,抽炼出提升课程领导力的四个关键策略

基于课程领导力项目幼儿园在实践领域中所深入展开的行动研究,我们从四个角度来总结、提炼出解决提升课程领导力的关键策略,即"从整体到局部","从问题到化解","从案例到机制","从个人到团队"。

（1）从整体到局部

在课程问题上,整体与局部往往是相对的。比如,从《学习活动》的每个具体活动,到主题活动、整个年龄段教材,再到整套教材纵向的主题"同心圆"视角,就是从小局部到大整体的推进。三年来,项目幼儿园经验告诉我们,相对于局部而言,课程的整体架构更重要,如果整体架构缺乏或者架构错失,下面的细节越成功,可能距离目标越远。因此,能不能从整体到局部地规划、研制幼儿园课程,增强幼儿园和教师对课程的"整体感",这是提升幼儿园课程领导力的重要方面,也是衡量幼儿园课程领导力强弱的一个重要指标。

思南路幼儿园,以"价值、逻辑和指引"三个关键词来进一步研究与完善《"思优"课程实施实施方案》的编制。其一,价值渗透——让"满足儿童需要"成为贯穿"思优"课程实施方案的灵魂;其二,逻辑贯穿——让课程方案的脉络更加清晰;其三,指引细化——体现园本特色,让课程实施方案成为教师的行动指南。

（2）从问题到化解

事实上,在幼儿园实践中,一些园长和教师对现实问题缺乏敏锐的洞察力,不正视实践中的矛盾与问题,找不到核心问题,或者缺乏深入探究、化解问题的意识、能力以及机制,这也是提升课程领导力中必须正视的问题。

青浦佳佳幼儿园站在课程建设和课程领导力的高度,纵观前期资源活动室的创建与利用,找准了四个核心问题。问题一:资源活动室的创建缺乏整体、细致的布局与规划;问题二:资源活动室创设与课程实施还不够紧密;问题三:资源活动室的使用效率较低;问题四:资源活动室的常态维护不力,缺乏有效的机制。基于问题,幼儿园采取了有针对性的五个行动。行动一:基于幼儿园的总体课程架构来定位资源活动室及其内容;行动二:明确资源室具体内容,形成了资源活动室创建优化的内容、方式;行动三:以团队合作为依托,各展所长,完成模块式创建;行动四:以建立机制为依托,形成了资源开发与利用的管理机制;行动五:根据不同内容,采用不同组织方式,混班式、连续式、随机式安排使用,盘活了课程资源。

荷花池幼儿园基于"幼儿自主"的小社团艺术活动特色课程的实施与管理,采用多元主体评价的方法,找到了社团活动开展中陷入窘境的一些问题。比如,"为什么孩子喜欢的程度低于家长?""教师的预设内容与孩子的兴趣为什么不一致?""为什么幼儿在社团中的兴趣不能够持续?"为解决实践和研究中的瓶颈,通过行动研究进行有效的突破,在解决一个

个问题中新的办法应运而生。比如,从小社团艺术活动"幼儿自主"的特质出发,改善了"社团章程",推出了"幼儿自主、多方参与"的社团选择形式,"动态调整"的社团活动形式与活动流程,小社团艺术活动运作方式的管理机制等。每一次的研究,都是在解决前一研究中的问题基础上前进了一大步,获得了新的突破和创新。

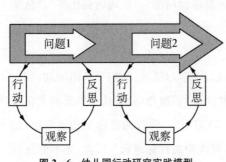

图2-6 幼儿园行动研究实践模型

课程实施需要相对的稳定性,又要适时地调整,既不能一成不变,也不能随机应变。以上两所幼儿园项目研究,在课程管理大循环中,不断纳入研究实施的小循环,即发现问题——分析原因——投放策略——实践验证——顺势改变,领导力就体现在对课程动态管理上,适时调整,小步递进,长效机制,这也是项目研究给整个幼儿园课程管理过程带来的影响力。

（3）从个案到机制

从提升课程领导力着眼,需要我们从案例出发,寻找带有规律性、普遍性的经验与做法,逐渐架构和建立常态的管理制度与运行模式,以期获得理想的工作绩效。"课程领导机制"建设会带来幼儿园内部结构和职能的变化,促成幼儿园和教师的主动发展。然而,幼儿园对于课程领导机制的建立,无论是认识上还是操作上都有不足。尤其是从案例出发,审视和改进我们的工作,架构新的机制上有待实践与探究上的跟进。

芷江中路幼儿园围绕"学习—实施—评价—改进"的教师课程质量监察与管理目标,以幼儿园课程实施中的"低结构"活动为切入点。首先,研究并编制了教师课程质量评价的指标体系和操作指引;其次,探究并初步形成了以教师自评和多元他评（包括同伴他评、访谈评价、资料评价等）相结合的课程评价监察机制;再次,在探究教师在课程质量监控管理上的参与和作为方面,提出并形成了一些有意义的经验,如"学习地图"、"电池机制"、"操作指引"等。

（4）从个人到团队

园长,作为课程领导的核心者,在课程实施监控过程中的专业自省,是提升课程领导力的根本。而同时,园长能不能带领团队,从行政指令走向专业引领,促进教师在问题驱动下开展反思性实践,提升自己的专业水平,是课程领导力关键之所在。

南西幼儿园项目的研究特色集中表现在园长本身的示范引领作用,园长能深入第一线了解现状,基于实证,寻找研究深入的瓶颈。研究初期的"个别化学习材料设计与实施的现状调查"、"班级课程实施方案编制成效"、"游戏与学习有效融合的现状调查"等,为后面研究的针对性打下了较好的基础。研究中期与后期,园长始终坚持先思先行,身先士卒,以此带动教师团队的研究方向及研究的有效开展,充分发挥了园长自身在项目研究中的课程领导力。同时,园长还善于发挥项目指导专家的外部资源和理论优势,不断与专家进行对话、互动,基于行动研究提出了解决游戏与学习融合的一些具体方法和路径。

2. 从中观层面,形成了提升课程领导力的五项操作经验

(1)从课程实施方案编制角度,形成了整体规划幼儿园课程的思路与操作指南

幼儿园在课程实施方案研制过程中,采取了各个击破、重点突破、团队攻坚的策略,以加强研究和实践。研究成果《幼儿园课程图景课程实施方案编制指南》从课程实施方案基本要素入手,描述了幼儿园课程实施方案编制与完善的基本方略,并以大量的幼儿园"案例报告",阐明了幼儿园课程规划与实施的课程改革的哲学。

长宁实验幼儿园视课程建设为一个动态的发展过程,在研究探索中不断地改进与完善。首先搭建了幼儿园课程实施方案自我完善假设模型,同时,对应幼儿园自主发展规划,提出了每三年课程实施方案自我完善流程,并形成了课程实施方案日常自我完善的机制。如下图。

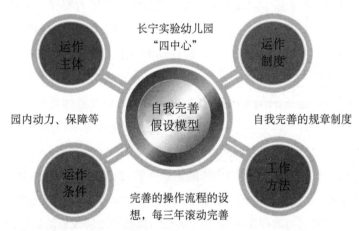

图2-7 长宁实验幼儿园课程实施方案自我完善实践模型

(2)找到了提升课程实施有效性的基本路径

项目组找到了游戏与学习结合的三种路径,梳理了自主游戏中的关键经验,形成个别化学习材料可玩性设计及集体教学游戏化的经验;形成了一套可推广的保教结合的实践成果:《幼儿园一日活动保教结合操作手册》。

城市花园幼儿园在研究中积累了一些有价值的案例。比如,将习以为常的"晨检牌"调整为"全日观察提示板",借用"四叶"培训卡(预告卡、提示卡、分享卡、问题卡)等。这些案例对促进保教结合从"有形"到"无痕"的转变起到了作用。但他们并没有停留于对个案的研究与积累,而是很好地践行了由个案到机制的行动:一是编制完善《保教结合操作手册》,层层细化课程实施指引,真正实现从文本到实践的转换;二是建立基于解决以班级为单位问题的保教共研机制;三是改变管理组织架构,园长直接统领保健室与教研组,以持续突破

园本保教结合问题。初步构建起了以园长为核心的集课程、研修、评价等为一体的课程领导运作机制。

(3) 运用多种手段建立了促进教师专业发展的长效机制

突出分享理念，重构幼儿园园本教研模式；以教师发展规划的动态机制来引领和促进教师专业发展；建构新型的研训模式，形成教师发展共同体。最终，项目组提炼了教师有效发展的三个定律——扎根于教师实践的需求，扎根于教师鲜活的经验，扎实于教师的实践反思。

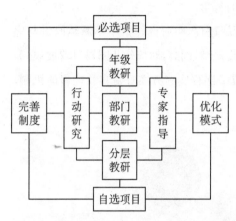

图2-8 冰厂田幼儿园项目管理实践模型

冰厂田幼儿园在项目中对园长的课程领导力有了较为深入的思考，将园所文化建构与课程解读、课程规划、课程指导、课程评价一起整体思考与实践，并把教师从"课程实施者"的定位推高到课程领导的角度。编制了《冰厂田幼儿园教师课程领导力要领》，包括课程理解力、课程设计力、课程实施力、课程评价能力四个一级指标十一个二级指标与二十七个检测点，作为教师日常课程实施和教学反思的指引，助推教师从课程的角度整体把握与反思教育实践。同时，项目研究对园本教研的结构与模式作了探索，实施三种形式的分层教研与同质、异质的教研模式。

解放路幼儿园园长带领他的研究团队能正视问题，找准研究切入点，改变了教师发展规划重学历、重职称、重骨干教师等外在指标，以促进教师专业发展聚焦教师的课程领导力、执行力以及本园发展与教师发展的实践为基点；以教师发展规划的制定、实施和管理为线索，探究并初步形成了促进教师专业发展的良性、动态机制；在探究促进教师专业发展规划实施的有效管理方面，形成了一些有意义的经验和成果，如"教师专业发展故事"、"教师专业发展规划实施与管理平台与运作机制"、"操作手册"等。

大风车幼儿园在"以关键教育事件优化教师教育教学行为的行为研究"中，提出了以"关键教育事件"的"解读"和"引导"为优化教师教育行为的两种途径，按不同专业发展背景的教师对"关键教育事件"的理解开展专项结对和差异互补结对，使每位教师针对自己现有专业水平选择适宜的行为迁移，满足教师改进保教实践的需求，并形成了相应的教研机制。

(4) 形成了基于课程资源开发与利用提升课程园本化的实施策略

主要解决了课程资源开发与利用中的三个问题，即如何从幼儿园课程的整体架构出发来考虑课程资源的开发与利用，如何在课程资源的开发和利用过程中丰富幼儿的经历，如何建立与完善课程资源的共建共享机制。

南东幼儿园"社会教育资源在幼儿园课程中有效开发与利用的研究"，崇尚"生活即教育"的理念，强调在幼儿一日生活中，多途径、多手段、多通道地利用各种资源对幼儿进行全面的、整合的、多元的教育，有效地将幼儿园课程的内涵与外延予以了丰富。幼儿园围绕主题课程开展的需要，收集、开发了一系列教育资源。利用周边的"一条街"（南京路）、"一群人"（家长），有声有色地实施主题课程。

（5）初步形成了幼儿园课程质量评价的机制

借助保教质量监测平台，做实评价底部；寻找评价研究突破点，点中取胜；创新机制，构建幼儿发展评价运行机制。

东风幼儿园在"幼儿发展评价机制的实践研究"中，基于对评价的定位、现状问题以及实践研究，形成了一系列相关的机制，主要包括幼儿发展评价的运行机制、对幼儿发展评价运行的再评价机制及幼儿发展评价的保障机制。其中，幼儿发展评价的运行机制是主体，包括幼儿发展的形成性评价运行机制和终结性评价运行机制。各机制之间相互作用，以运行机制为主导，再评价机制为监控，保障机制为依托，最终实现幼儿发展评价的常态运行，促进幼儿全面发展。

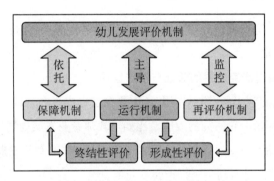

图 2-9 东风幼儿园幼儿发展评价机制构成图

3. 从实践层面，呈现了课程领导力提升的三个变化

（1）园长课程领导力得到明显的提升。主要表现在：重视对课程方案的整体性思考与规划；正确处理课程整体与局部的关系，更全面地关注课程实施的有效性；对课程实施过程的管理更注重细节，逐步建立促进课程建设与实施内涵发展的制度与机制。与此同时，园长的领导方式也发生了变化，幼儿园课程建设与实施的环境氛围正向着民主、开放、沟通、合作方面进行转化。每个项目试点幼儿园都形成了具有园本特点的课程实施方案，组建并优化了课程教研团队。在园长的带领下，幼儿园课程文化正逐步形成。

（2）"教师自主发展、群体合作发展、领导服务支持"的教师课程发展文化初步显现。项目试点幼儿园的教师在参与项目研究过程中对课程的敏感性与课程开发意识、课程资源利用意识以及课程设计、评价能力都在发生变化。同时，教师逐渐重视同伴之间的相互学习,关注群体合作发展。而幼儿园管理者则以服务者的角色提供切合教师发展需要的支持。这种教师发展文化的培育,为不断提升教师专业水平创造了良好的氛围。

(3) 幼儿年龄特点与学习方式获得了更多的关注。"理解幼儿的学习方式和特点,最大限度地支持和满足幼儿通过直接感知、实际操作和亲身体验获取经验的需要"是项目研究的一个重要价值取向,项目研究以儿童需要为起点的实践研究历程,提升了教师及家长对幼儿原有经验基础、学习特点以及发展的关注度。

(4) 研究成果对其他幼儿园产生了积极影响。我们采用开放式研究方式,在不同阶段通过展示交流等途径将课程领导力研究成果中的重要理念与操作方式向全市幼儿园辐射。如,市项目组在幼儿园举办了 4 场课程领导力项目的全市性有影响力的展示;又如,市以及区县教育局结合项目的中期评估、结题评估,组织了约 68 场展示交流活动,幼教界有 2600余人次参加。项目组还围绕项目主题,形成了市级层面的研究专著和项目试点幼儿园的经验总结类书籍等,同时《文汇报》、《解放日报》、《上海托幼》和上海学前教育信息网等媒体还作了报道,项目研究成果引起了广泛的关注。

(四) 项目反思:完善、改进与展望

三年来,课程领导力行动研究项目取得了丰硕的研究成果,但反思过去,展望未来,项目研究尚待深化与发展。

1. 做好第一轮项目研究成果的验证与推广运用

研究成果要真正起到引领、辐射作用,还需要在已有成果的基础上进行验证,以进一步探明研究的影响,发挥第一轮研究的效应。比如,"教师专业发展规划"的研究,在文本制定及规划管理措施研究后,三年后规划的实施效果如何,对教师专业发展和学校团队建设的促进程度如何,尚需进一步验证。

此外,第二轮项目研究还要考虑以点带面的问题,精心设计成果推广的有效途径和网络,努力把第一轮的研究成果通过技术手段可视化的有效途径,将其辐射和推广出去。特别是在第一轮研究基础上编制提升幼儿园课程领导力的指南,把可复制的研究技术路径和成果经验以具体直观、简明扼要的呈现形式提供给面上更多的幼儿园。同时,可考虑借助市、区级行政部门的辅助力量,借助第一轮项目研究单位的核心力量,整体设计和组织好研究成果的推广工作,包括区域内点对点的推广、市级层面点对面的推广等。

2. 做好第二轮项目研究的顶层设计与培训

第一,项目设计要进一步明确以课程领导力表征(表现指标)、落实和提升的核心要素为载体和抓手,避免空洞泛化。在第一轮研究基础上还要进一步找准研究内容,做到重点突破,研究的切入口不求全面,但求关键、重点。

第二,项目设计所形成的行动纲领要更加明确,内容设计与幼儿园课程发展和课程改

革目标要更紧密相关,即与课程领导力提升的关系要更密切相关。如教研团队建设的研究载体是否可以更收缩内容范围,与领导力提升的关系更显性化,避免出现第一轮研究中项目研究单位所感觉的泛化、无从入手的现象。

第三,第二轮项目设计要关注在第一轮基础上拓展深化。比如,第一轮研究成果总结中,团队课程领导力较多体现的是园长的课程领导力,虽提及广大教师的课程领导意识和能力,但层次体现相对模糊,分层研究力度尚显不够。第二轮的项目研究在团队课程领导力的提升中,要考虑如何更好地从个人到团队,关注各层面领导力的表征(表现指标),突出教师层面课程领导力提升的研究,如教师对班级课程的决策、设计等。

此外,第二轮项目设计要发挥项目管理的优势,考虑项目推广的可操作性,加强项目实施前的培训设计,做到培训先行、培训到位,以帮助项目单位充分理解课程领导力的核心要素,从而尽快实施研究,避免第一轮项目研究中"摸着石子过河"、"不断拨开迷雾"的摸索、徘徊现象。

3. 第二轮课程领导力项目要适当凸显学段的个性特点

第二轮项目设计中对幼儿园课程领导力的阐述还要致力于突出幼教自身的个性特点,相关的项目研究内容要突出与当前幼儿园课程价值取向、幼儿园课程性质和特点相一致的内容。

首先,第二轮项目设计中,幼儿园项目设计要关注幼儿园课程建设这一复杂工程,增强幼儿园园长和教师对课程的"整体感"、"系统性",提高面上幼儿园整体规划、编制课程的能力。

其次,第二轮项目设计,在明确幼儿园课程领导力内涵的基础上,项目申报指南切入口要小,更聚焦面上课程领导力提升的难点问题,以问题解决为导向。

另外,第二轮项目设计,要联系二期课改的精神和实践进程,进一步突出课程领导力内涵中的重要要素。比如,基础课程的园本化实施能力仍是当前幼儿园课程领导力提升的重要要素;又如,二期课改背景下,幼儿教师较以往被赋予更大的课程权力,拥有班级课程的自主决策权,而赋权的同时也催生了对幼儿教师增能的需要,呼唤教师课程相关能力的提升。同时,课程的质量监控和评价也成为二期课改攻坚战中需要提升的课程领导力要素。

历经三年实践,提升课程领导力已经成为项目幼儿园园长、教师的自觉意识和行为。上海将在本轮研究的基础上,启动第二轮提升课程领导力的行动研究,持续推进幼儿园和区域不断深化课改。让教师成为反思性的实践家,让幼儿园成为勇于挑战的发展共同体,让课程烹饪出童年的味道,为幼儿幸福、快乐的人生奠基,这是我们的梦想,更是项目以及时代赋予我们的使命和责任!

第三章

学校课程计划编制：系统思维与实践操作[*]

* 本章执笔人：韩艳梅，上海市教委教研室。

寻找系统思维的支点

当下，随着课程改革的深入，学校课程的系统构建与有效实施成为提升学校教育品质的有效抓手。正是课程的复杂性，使我们意识到"系统思考"越来越有必要，它应在课程领域扎根，成为我们解决课程问题的工具。系统思考是纵观全局，是"见树又见林"。因此，我们在构建课程系统的时候，不仅要看课程要素是否齐全，更重要的是要对课程系统的各要素进行关联性思考，并针对学校实际，主动地"解构"与"建构"，进而不断完善学校的课程系统。本章我们将对如何建构学校课程系统进行分析，在此基础上，我们将继续深化这一主题，放大"局部"，用三个学校案例来呈现、诠释、反思整体构建学校课程系统的探索之路。这三个案例从不同视角，我们也可称之为"支点"，各自呈现了课程系统建构的一隅，为我们提供了思考和实践的锦囊，让我们从中了解系统中的某一局部是如何构建的，在构建的过程中是如何一步步完善的，其背后又是经历了怎样的思考与决断。这三个支点分别是："课程哲学"视角、"课程目标与结构"视角和"课程开发"视角。当然，课程系统建构不仅仅包含上述这三个"支点"。尽管三所学校校本化的做法，仍有待进一步发展完善，但从三个"支点"上，我们看到了学校全面、整体、动态、连续地思考课程系统问题。从中我们得到的启示是：系统思考无处不在，不管从哪个具体的"支点"切入，都需要全局性地思考相关联的因素。这种全局性的思考既是一种能力，更是一种智慧。

一、系统思维：从零敲碎打转向整体设计①

当下，很多学校热衷于抓个教育"热点"问题进行突破，也许做了一两年，在局部的确能获得一些效果，但要争取学校课程质量的全面提升，必须尽快从局部的零敲碎打转向对学校课程的整体系统设计。学校课程系统犹如房屋之地基，地基牢固了，学校发展才有持久动力。这其中的道理大家都知道，关键在于实施，在于怎么做。随着课改的深化，目前学校在课程建设上的"观念转变"已经基本完成，当下真正需要的是"操作方法"。

时至今日，我们对学校整体课程持续进行了七年研究（始于 2007 年，2009 年开始本项目的深化研究）。在这七年中，我们接触了 300 多个学校的课程案例，对其中三分之一的学校进行了深入的走访和调研，得出的结论是八个字：充满生机，零敲碎打。

目前学校课程建设存在的主要问题是什么？很多校长对于如何建立自己学校的课程体系存在很多疑惑：课程是不是越多越好？大一统的课标下如何建立有自己特色的学校课程体系？很多学校构建课程体系，大多是简单的课程叠加，如何整合？校本课程的设立如何服务学校用课程引领学生发展的理念？如何让学生活动上升为课程？这些迷惑与问题恰恰反映出学校对课程问题的思考还是局部地、孤立地看一个个存在的问题。其实这些问题在学校课程系统的整体建构中都是需要一揽子思考的。

因此，学校要发展必须从课程层面对学校课程进行整体思考和规划，构造学校课程的顶层设计系统——学校课程计划。每所学校都应该拥有一份属于本校的完整的课程计划，勾画学校的"课程全貌"。

那么，什么是学校课程计划？我们认为，学校课程计划是对学校课程目标、课程结构、课程内容、课程设置、课程实施、课程资源、课程管理与评价等方面进行的整体规划。它是国家课程方案的校本化体现，是学校文化和学校课程领导力水平高低的具体体现。通过对学校课程的整体设计，可以增强课程对学生的适应性；有利于学生的全面发展；有利于教师对自身的工作目标有更深刻的认识，也有利于教师共同体间的合作和促进。教师的专业发展和不同学科的建设，对学校课程计划反思与持续改进的过程也是积淀学校文化底蕴的过程。

为何要编制学校课程计划？一是基于认识的提升，即从教学层面上升到课程层面思考问题。以往，我们习惯站在教学的视角；现在，我们需要站在课程的视角。要从课程的视角来把握课程目标、课程价值、课程内容、课程结构与功能、课程的学习方式、课程评价

---

① 韩艳梅.如何使学校课程从局部零敲碎打转向整体系统设计——学校课程计划的框架及实践分析[J].基础教育课程，2013(10).

等。二是基于课程实践的需求。当下学校要提升课程领导力，从哪里入手？编制学校课程计划就是很好的抓手。通过对学校课程的整体规划，打破以往课程建设的零敲碎打，形成规范、系统的课程思维和课程建设程序，这是课程发展长久之计，在此基础上，再求不断创新。

谁来编制学校课程计划呢？是学校的校长，还是学校的教导处？我们认为都不是，学校课程计划的编制是一个群策群力的过程，它不是一个简单的编写问题，而是学校课程如何建设的问题，是需要统一思想共识，凝聚教师智慧，对学校课程的走向共同思考、共同研究、共同开发的合力过程。因此，学校课程计划的编制主体应该是以校长为核心的课程团队，包括校长、学校中层管理者、教师等，当然还需要专家、学生、家长和社区各方力量的参与。这样才能集聚众智，规划好学校课程。

二、架构框架：从观念革新转向实践操作

基于政策、研究、学校、对话，我们构建的学校课程计划，其内容框架主要包括六部分，即背景分析、课程目标、课程结构、课程设置、课程实施、课程管理与评价。为更清晰地呈现如何编制学校课程计划的方法和技术，以下尽可能地从编制工具、方法，以及原则等角度进行阐述，并对编制过程中的一些难点问题，提出解决思路。

(一) 背景分析

背景分析是学校课程决策与编制的基础，背景分析的目的是为学校课程整体的建构进行战略上的定位。因此，背景分析一定要从本校的实际情况出发，通过对学校的课程传统，已有的课程基础，学校的愿景和使命，教师和学生的课程需求，学校在课程和教师方面的优势与不足等相关问题的分析，找到当下学校课程发展的方向。

背景分析的工具，主要采用 SWOT 分析法，即运用系统分析的思想，从优势(Strength)、劣势(Weakness)、机会(Opportunity)与威胁(Threat)四个方面引导学校对学生、教师、资源、课程等思考:学校的优势与劣势是什么？学校之外存在发展的机会与威胁是什么？为了清晰表明这四个方面的具体情况，背景分析多采用表格的形式来呈现。以下为上海某一中学的背景分析案例(表 3 - 1)。

表 3 - 1　＊＊＊＊学校背景分析

	S(优势)	W(劣势)	O(机会)	T(威胁)
地理环境	……	1. 人口导出，生源减少 2. 生源质量受到影响	……	优质生源的流失

	S(优势)	W(劣势)	O(机会)	T(威胁)
硬件设备	1. 设施设备条件好 2. 教育信息化水平高	教师教育信息技术的意识与能力的再提高	推进校园数字化学习环境的空间大	网络资源的开发
教师资源	1. 师资队伍结构合理； 2. 教师敬业精神强,课改理念新,适应性强； 3. 有一批区级骨干教师及学科带头人	1. 市级名特级教师缺少 2. 部分学科缺少有影响力领军教师	1. 中青年教师的发展潜力大 2. 后备力量强	人事制度改革影响师资的调整
行政人员	1. 工作年龄长 2. 经验丰富	1. 按常规办事,缺乏创新精神 2. 团结协作意识不强	起用新人	缺乏后备专业人才
学生状况	1. 视野开阔,思维活跃 2. 学习基础较好 3. 兴趣广泛,活动能力强	1. 学习动机习惯不佳,自主管理能力弱 2. 学习基础、学习能力差异较大 3. 学习方式传统,创新能力不足	差异性带来的选择性、个性化成长	1. 多元价值观的冲击 2. 应试教育压力加大
家长配合	1. 家长关注度高 2. 对学校工作支持配合	学习成绩,期望值高,关注分数	1. 家校沟通机会高 2. 参与学校管理	对素质教育的举措不理解
社区参与	……	……	……	……

　　实践中,我们也发现学校在进行背景分析时会经常出现这样的问题,即将上述的类似分析列入表格,就认为是完成了背景分析。其实,这只是背景分析的第一步骤,关键的步骤在下一步,即要对这些千头万绪的信息,进行抽丝剥茧,找出学校当下发展的那些起关键作用的,需要迫切利用或解决的"因素",进行统筹、定位,找到学校课程发展的主攻方向,也就是我们前面所说的"战略定位"。只有背景分析清晰了,透彻了,定位准确了,才有利于学校课程目标的制定。

(二) 课程目标

　　如果说背景分析是编制学校课程计划的第一个步骤,那么,接下来的第二个步骤就是厘定课程目标。所谓课程目标是指特定时期(阶段)学校课程所要达到的预期结果。确定课程目标在学校课程计划中具有举足轻重的地位,它关系到学校未来一段时期内课程往哪个方向走,因此,要深入研究、思考,谨慎地确定课程目标。在确定课程目标时,我们不妨从以下这些角度展开思考:学校办学价值观是什么? 希望所培养的学生具有哪些特质? 如何根据国家的课程目标和学生的培养目标确定合理的学校课程目标?

以上思考清楚后,只能说学校的课程发展有了大方向,但还要具体到当下一年、两年,学校课程发展要达到什么程度。因此,在厘定学校课程目标时,还要符合以下原则,我们称之为课程目标编制的"SMART"原则:特殊性(Specific)、可衡量(Measurable)、可达到(Attainable)、真实客观(Realistic)、时间限制(Time-based)。这五个原则,其具体含义如表3-2。

表3-2 课程目标编制的 SMART 原则含义

原则	含　义
特殊性	体现对实现目标有关键性影响的因素。
可衡量	目标要有量化的标准或尺度,目标是可衡量,能验证的。
可达到	目标必须有实现的可能性。
真实客观	目标与学校实际相符,是真实的。
时间限制	目标要有时间的限制,一般为一个学年度。

以上原则,我们用一个案例呈现出来会更清晰易懂。如,某中学的课程目标确定如下:

> 在＊＊＊＊学年,初步架构起以满足初中学生的兴趣爱好为基点,具有"绿色"、"高效能"学业特征,体现学校教师个性特长的探究型课程体系。其课程门数约占初中部学校课程总量的 15%～20%;内容安排上既有贯穿整个初中学段的主干课程(或专题),又有分年级实施的阶段性的动态的课程(或专题),从而初步形成包括"智能机器人"、"小小桥梁师"、"创意绘画"等多门具有强项特点、可以形成特色的探究型课程。

这一案例,我们可以看到对上述五个原则具有较好的呼应,具体、真实、可衡量,利于学校经过一段时间的实践后来对照检验达成情况。

(三) 课程结构

课程结构是学校课程体系的骨架,也是学校课程计划编制"六要素"中的核心部分、难点部分。课程结构确立了课程内各构成要素及其相互关系,如,学科门类,各学科内容的比例关系、开设顺序、课时分配,必修课与选修课、分科课程与综合课程的搭配等。

对学校课程结构的架构体现了对学校课程的整体思考及课程各组成部分的逻辑布局。在架构学习课程结构时,我们要思考如下核心问题:怎样构建以学生学习为核心的课程结构? 怎样设计与课程目标具有一致性的课程结构? 怎样设置课程协调互补的课程结构? 怎样衔接关键学段的课程? 怎样构建学校的特色课程?

在建构学校课程结构时,要体现"五性":整体性、均衡性、多样性、选择性、独特性。也就是说,通过对各类课程的衔接与统整,使各学习领域、学科课程、模块或主题之间协调和衔接;通过课程类型、课程水平和课程修习期限等的多样化设计,适应不同学校类型和学生发展的多样化需求,呈现学校鲜明的课程特色。以下三种图示,代表常见的三种课程结构类型。图 3-1 是从课程功能维度来架构;图 3-2 是从课程领域维度来架构,兼顾功能;图 3-3 兼顾以上二种,从课程目标维度来架构,兼顾课程领域与功能。其中的图 3-3 更具有借鉴意义,较好地体现了课程目标与所提供的课程具有高度的一致性。

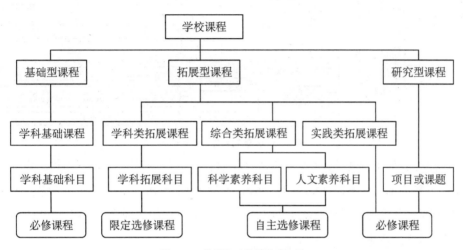

图 3-1 从课程功能维度来架构

课程	领域分类																	
	社会人文							数理科技						文理综合				
基础型	政、语、外 史、音、美							数、理、化、生、信						体、地、劳				
拓展型	中华古典	文化博览	历史回眸	时政述评	心理与健康	语言艺术	艺术赏鉴	科学史话	学科思想与方法论	学科思维训练	学科基础拓展	探究实验与应用	科技制作	数理双语	体育健身	环保	科学家的人文情怀	科学与人类社会	生活技能	经济类课程（JA）
	德育文化课程(九大系列活动课程)																		
研究型	形成环保、心理、科技、艺术、人文、社会实践等六大特色课题群																		

图 3-2 从课程领域维度来架构

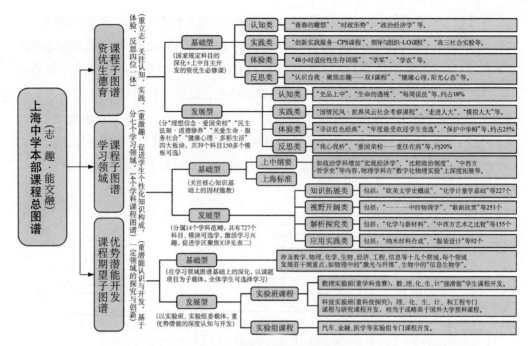

图3-3 从课程目标维度来架构

实践中,我们也发现学校在架构课程结构时存在的普遍问题:在课程结构的设计上比较薄弱;学校办学目标不同,但在课程结构上却有"趋同"倾向,以致学校的办学特色不够凸显;各类课程"各自为政",系统设计不够,缺少为达成目标的协同设计;课程结构不能支撑学校课程目标的达成。

为此,我们提供如下问题解决策略:首先将课程目标的内涵具体化、行为化,用可达成的表现性目标来呈现;其次,根据表现性目标设置架构课程结构;再次,设置相应的课程领域、科目和内容。

(四) 课程设置

课程设置是对学校课程内容的系统安排。在对学校课程内容进行安排的过程中,要思考这样几个核心问题:怎样将国家课程计划校本化实施? 怎样设计与课程目标一致的课程设置? 怎样严格遵守国家课程计划的底限? 怎样合理安排课时总量和活动总量?

课程设置主要包括三类课程设置(基础型课程、拓展型课程、研究型课程)、课时安排(总课时与活动总量)、作息时间表、一学期(或一学年)活动安排、一周活动安排、一日活动安排、综合实践活动安排、课程表等。上述这些内容,可以以分项列表的形式列出,清晰明了,一目了然。

在进行课程设置时,要注意:在遵循课程方案的基础上,开齐课程门类;在课时安排上,要严格按照课程方案规定的周总课时实施。尤其对于音乐、体育与健身、美术、自然、劳动技术、艺术,以及拓展型课程和研究型课程(探究型课程)等的课时要给予保证。

表 3-3　＊＊＊中学课程安排表

课程、科目	年级 周课时	六	七	八	九
基础型课程	语文	4	4	4	4
	数学	4	4	4	5
	外语	4	4	4	4
	思想品德	1	1	2	2
	科学	2	3		
	物理			2	2
	化学				2
	生命科学			2	1
	地理	2	2		
	历史		2	2	
	社会				2
	音乐	1	1		
	美术	1	1		
	艺术			2	2
	体育与健身	3	3	3	3
	劳动技术	2	1	2	
	信息科技	2			
	周课时数	26	26	27	27
拓展型课程	学科类、活动类（含体育活动）	5	5	4	4
	专题教育或班团队活动	1	1	1	1
	社区服务社会实践	每学年 2 周			
探究型课程		2	2	2	2
晨会或午会		每天约 20 分钟			
广播操、眼保健操		每天约 40 分钟			
周课时总量		34	34	34	34

表 3-4　＊＊＊中学自主拓展型课程安排表

序号	领域	课程名称	选课对象（年级）			
1	文学	初级英语书法			8	
2		情景英语	6			
3		走进宋词,享受文学			8	9
4	自然	生命之水		7	8	
5		生活中的趣味数学			8	9
6		东滩湿地现状和未来		7		
7		生活中的物理学			8	
8		趣味数学		7		9
9		中国航空航天小史			8	
10		走进化学家			8	9
11		中学文明礼仪教育			8	
12		民间故事探秘	6			
13	体育	五子棋入门教程	6			
14		板球拓展课程	6	7	8	9
15		中国象棋入门	6			
16	艺术	乡村剧社	6	7		
17		剪纸	6	7	8	
18		初级二胡演奏	6			
19	技术	Powerpoint 拓展教程	6	7		
20	综合实践	五子棋与学习习惯		7		
21		走进心灵乐园			8	9
22		空模	6	7		

（五）课程实施

课程实施是课程计划"六要素"中最具有操作性的内容，主要是对前述的课程目标、课程内容等如何具体落实的执行过程，一般从实施的原则、策略、具体做法等方面根据学校实际情况提出细致、务实的要求。这部分主要思考的核心问题：怎样根据课程目标和课程内容对教师的教学提出要求？怎样创建拓展型课程和探究型课程的实施模式？怎样利用社区、家长等丰富的课程资源服务于学校课程规划？

　　课程实施部分，一般主要考虑四个层面。课程层面：基础型课程、拓展型课程、研究型课程实施；教学层面：备课、上课、作业、辅导、评价；教研层面；年级组、教研组、备课组、教师；资源层面：校内资源、校外资源。具体撰写过程中，可以上述一或两个层面为主线，其他层面的要求融入其中。以往人们常认为课程实施即教学，其实，站在课程层面思考这个问题，课程实施还包括不同类型的课程如何校本化实施。因此，上述从课程层面和教学层面来撰写相关要求是非常有必要的。

　　值得关注的是，课程实施是动态的、具有创造性的过程。因此，在这部分编制中，在确保基本规范和基本要求的前提下，学校要赋予教师更多的自主权来实施变革。鼓励教师在课程实践中创生课堂，通过多种手段丰富学生学习经历、学习过程，并改变学生以往单一、被动与封闭的学习方式，提倡和发展多样化的学习方式。

(六) 课程管理与评价

　　课程管理与评价是指对课程从规划到实施的全部过程进行组织、协调与监控。一般强调四个方面的系统运作。即，协调学校各个管理部门、各门学科和各项工作系统运作，以切实提升课程开发的科学性、可行性和实效性；规范各项要求，即明确课程开发流程，规范开发内容；加强过程管理，在课程的开发、实施、创生和再完善的互动过程中提高有效性；倡导质性评价和量化评价相结合，评价内容包括课程目标、课程内容、课程资源、课程实施、学生评价，使课程评价更加客观、公正等。

　　在课程管理和评价部分，我们需要思考的核心问题有：如何通过管理与制度保障有效地实施学校课程规划？如何在评价方案中体现评价对教师、学生、教与学的促进作用？如何基于不同的课程类型设计合理的评价方案？

　　其中，课程管理更侧重课程管理中的角色与责任、课程资源的管理以及课程从开发到实施的全程管理。一般学校要组建课程开发和管理委员会，明确各层面人员的职责和分工。好的课程管理一般是能形成稳定的课程管理机制，有利于促进学校课程品质不断发展和提升。图3-4至图3-6是某学校建立的课程从开发到评价的配套系列机制，包括课

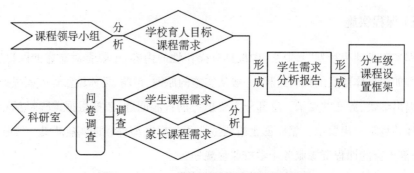

图3-4　＊＊＊学校拓展型课程框架设计机制

88

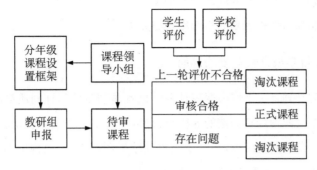

图 3-5 ＊＊＊学校拓展型课程筛选机制

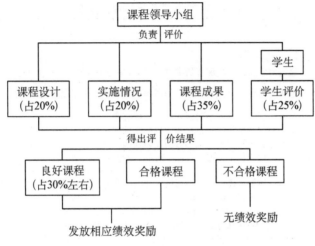

图 3-6 ＊＊＊学校拓展型课程评价机制

程框架设计机制、课程筛选机制、课程评价机制。

课程评价部分要注意评价是持续的过程，它不仅用来验证实施后的课程质量，而且应该贯穿在实施过程中。从这个意义上来看，实施、管理和评价是相伴共生的。评价中要强调三个关注点：关注课程目标的达成度；关注课程开发和实施的全部过程；关注调动和发展评价对象的主动性。

三、基于证据：从静态文本转向动态持续更新

学校课程计划编制完成后，并不意味着万事大吉或一劳永逸。而是首先要对学校课程计划的品质进行评价，同时在实践中对学校课程计划具体实施情况进行再检视，并运行搜集到的相关证据来调整和再完善学校课程计划。这就涉及对学校课程计划的评价和建立学校课程计划的更新与完善系统。

因此，这涉及以下一些问题：判断一个好的课程计划的标准有哪些？如何在课程实施

的过程中收集信息用于课程规划的修订？如何运用评价结果来更新原有的课程规划？如何通过一定的机制保障课程规划的不断更新与完善？

（一）如何评价学校课程计划的品质

什么样的课程计划是一个好的课程计划？也就是判断课程计划质量高低的标准是什么？通过对大量学校课程计划案例的分析与梳理，以及实践中的不断检验，我们确定评价维度，筛选出10个核心的观测点，并赋予权重及结果评定说明，建构出如下评价工具——学校课程计划评价框架（见表3-5）。

表3-5　学校课程计划评价框架

评价维度 （权重）	评价观察点
课程基础(20%)	1. 是否对学校以往的课程历史进行思考，并与课程的编制产生关联？ 2. 是否考虑到学生和教师原有的课程水平和学生的课程发展需求？
课程目标与 结构(40%)	3. 是否包含了一个完整的课程规划的所有要素？ 4. 是否根据国家的课程目标和学校的基础制定合理的课程目标？ 5. 是否设计了与课程目标一致的课程结构？ 6. 是否合理规划了与课程目标一致的三类课程？
课程实施、课程 管理与评价(40%)	7. 课程计划是否体现国家课程校本化实施的思想并有具体的实施举措？ 8. 是否通过管理与制度保障促进学校课程的有效实施？ 9. 是否利用社区、家长等课程资源服务于学校课程计划？ 10. 是否在评价中体现评价对教师与学生、教与学的促进作用？
说明：评价结果的等第评定 >90%为"好"，80%~89%为"较好"，"60%~79%"为"合格"，<60%为"需改进"	

上述分析框架，从三个维度——学校课程基础，学校课程目标和课程结构，学校课程实施、课程管理与评价进行分析，提出10个评价观察点，每一个观察点的权重为10%，总计为100分。运用这一工具，基本可以较准确地判断一个学校课程计划编制的质量。其中，达成率为90%以上的，是"好"；达成率为80%~89%的是"较好"；达成率为"60%~79%"是"合格"；达成率60%以下为"需改进"。

（二）如何对学校课程计划进行持续更新与完善

学校课程计划的改进、更新与不断完善是一个系统工程。因此，需要有一个流程来保证更新的常态化。以下为学校课程计划的反馈与改进实施路径图（见图3-7），此图呈现出在学校课程计划编制完成后，对课程计划的调整与完善有两条路可走。

第一条路：学校课程计划编制完成之初。需要对学校课程计划的品质进行检测，依据就是上述的学校课程评价框架这一工具，对学校课程目标、背景分析、课程结构、课程设置

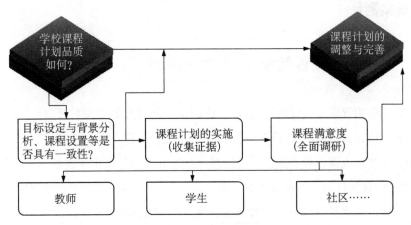

图 3 - 7 学校课程计划的反馈与改进实施路径图

内容及其之间的一致性做重点考察,从而发现其中的问题,直接进入调整与完善阶段。

第二条路:学校课程计划在真实情境实施中。学校课程计划在实施中需要对实施的情况进行信息收集,可以对学生、教师、家长、社区、课程专家、教育部门等不同主体做调研,了解大家对学校课程实施情况的满意度。调研的方式可以是问卷、访谈、听课、评课、专题教研活动等。总之,可以采取多种方式,对需要改进的内容进行调研,之后对采集的数据进行分析,形成诊断,进入课程计划的调整与完善阶段。这一过程一般要历时一个学期或一个学年,是伴随学校课程实施过程来进行的,因此,更具有针对性,对学校课程计划的调整与更新具有重要意义和价值。

对学校课程计划的更新与完善是一个伴随学校课程发展同步进行、持续进行的过程。如果说课程计划是学校课程"蓝图",那么课程实施才是将课程计划付诸实践的"旅程",它没有终点。在基于证据的持续的改进中,我们会看到,学校课程的建设在不断步入正轨,愈加凸显学校特色,愈加能满足学生的课程需求。因此,每所学校要每年定期更新学校课程计划,通过完善与更新学校课程计划,不断提高学校课程领导力。

【实践案例】

基于课程哲学分析的学校课程计划编制[①]

课程哲学影响着学校课程的价值取向，进而决定着课程的决策与开发。可以说，每个学校课程的目标、内容、结构、评价都隐含着课程设计者的相应哲学思想与观念，其中学校课程计划往往被看成课程哲学最直接的表现。上海市风华初级中学在校本课程计划的编制过程中发现：课程计划的编制描述课程哲学的过程，绝不仅是被动地直观地呈现后者，而是双方互动建构式地描述的复杂过程。换言之，课程哲学是学校课程计划编制的理论基础；同时，学校课程计划的编制也在实践中动态影响着学校课程哲学的嬗变与延伸。

一、问题的提出

上海市风华初级中学是上海"二期课改"的首批基地校，在这场以素质教育为大背景的教育改革中，如何减负增效成为各校确立教育哲学观过程中主要思考的问题。在和学生家长们不断沟通的过程中，我们发现家长们对学校教育有多元化的需求。学校生源来自区内经济最为发达的国际社区之一，很多家长在追求孩子高品质学业质量的同时，希望学校能提供可以满足学生自身爱好特长、适应其个性发展的课程资源。曾有位有着海外高学历背景的家长这么说过："我不过分看重考试分数，但希望孩子能在你们学校里快乐成长，我的孩子喜欢唱歌跳舞，希望学校能多让孩子唱唱跳跳"。

我们认为要提升教学质量，实现减负增效，满足家长和学生的实际教育需求，就必须变革学校原有的教育价值观，从功利主义价值观走向以学生发展为本的新教育哲学观。于是，我们提出"做最好的自己"的教育哲学，以提供满足学生个体差异性发展需求的教育资源作为学校发展的方向。

我们很快发现学校原有的课程计划和这种新的教育哲学观之间存在着不小的差距，并不能够完全适应新的教育哲学观，必须编制适应学生"做最好的自己"的校本课程计划，以更好地描述学校的课程哲学。

二、研究与实践过程

我校的特色课程计划编制是从学法指导与网络教学开始，到建立走班制拓展型课程及社团活动，再到建立"潜能提升优培"德育课程。课程计划编制的不断更新，也带动了我们对

---

① 堵琳琳.上海市风华初级中学。基于课程哲学分析的学校课程计划编制[J].基础教育课程，2013(11).

"做最好的自己"这一教育哲学观念的持续深入的认识。在此过程中,我们逐步形成了"以最好为要求"、"以自己为标准"、"以发展为前提"三个维度,不断深化对课程哲学的描述精度。

(一)"做最好的自己"之起步:学法指导与网络教学的课程计划编制

在二期课改之初,课程教学与现代网络技术的结合还停留在表面,仅仅是在单节课堂教学中有限利用信息技术和多媒体技术,而没有依托网络平台的整体课程。为回应课程要求的落差和课程资源的不足问题,学校充分利用语文组自身的探索成果,增设了"316诗语文读写"网络课程,并提出要在课程计划中增设"学法指导"课程及"316诗语文读写"课程,从而形成了"做最好的自己"课程哲学第一维度——"以最好为要求"(图3-8)。

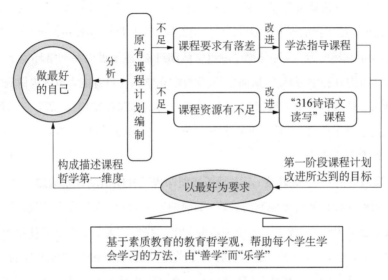

图3-8　课程计划编制(第一阶段)

"以最好为要求",是指在课程教学中改变传统的单纯知识灌输的方式,代之以崭新的主体实践活动的教学观念,使教学活动转变为学生主体能动的自学活动过程,让不同层次的学生都能达到自己的最近发展区。为此,学校提出在课程计划中增设"学法指导"课程,集体编制了"学科学法指导"课程计划和"学科起始或衔接年级学法指导"课程计划,在基础型课程中每两周拿出一个课时设置学法指导课程,并在课程计划中特别注明了以下两方面的要求:

一方面,要求以教研组为单位,集体编制各学科的学法指导课程方案,纳入学校整体课程计划。学法指导课程的基本要求不单是为了让学生掌握解题技巧,而是在传授学生共性的学习方法的基础上,根据不同学习方法的特点,对不同学生给予不同的学法指导,启发学生选择适合他们自己的最佳学习方法,提升学生对学习方法的运用、体会、内化的能力,从而达到脱离应试教育,引导学校的整体课程要求与课程管理能够适应"做最好的自己"新学校教育哲学的目的。

另一方面,则是以年级组为单位,在各学科的起始或衔接年级课程计划中设置学法指导课,协调课程之间的衔接。如六年级的地理学科、初一年级的历史学科、初二年级的物理学科、初三年级的化学学科,等等。帮助学生克服学习新课程中易产生的不适应、没兴趣的现象,避免学生中出现两极分化的情况,从而由"减负"到"增效",因"增效"而"减负"。让我们的孩子从"学会"到"会学",最终实现"乐学"。

此外,鉴于学校在语文教学个性化写作方面有着较好的基础,我们设置了校本课程"316诗语文读写"。在课时安排上,保证每周一节的课时量;在实施形式上,整合语文教研组、信息教研组和校网管中心的力量,将信息库的建立、情境的创设、个性化阅读的窗口设计、自主交流平台的架设等有机地结合在一起,建成资源丰富的"316诗语文读写"同名网站,完成了一个完全依托于网络平台的校本课程设置。这与"学科学法指导"课程在课程哲学的指向上是一致的:将教学活动转变为学生主体能动的自学活动过程,甚至可以在网络环境下,达到让学生自主选择学习内容和学习形式,从而由"善学"而"乐学",在自身能力范围内做到"最好"。

以上是第一阶段的主要实践过程,我们通过改善具体课程结构、协调部分课程衔接、利用现代信息技术等手段,以提升学生的学习兴趣为目标,实现学校教育从应试教育向素质教育转变的教育哲学观念。

(二)"做最好的自己"之转变:走班制拓展型课程及社团活动计划编制

我们在第一阶段课程计划编制时发现:不同的家庭背景、认知特征、兴趣爱好、欲望要求、价值指向、创造潜能,铸成了一个个独特的学生。我们认为学校应是促使每个学生的特点、优势更加凸显的场所,而不是把不同的人变成相同的人的场所。"做最好的自己"的课程哲学是指向每个学生的个体成长,既然原有的强调学生基本素质的基础型课程已远远不能够满足学生和家长的需求,那么课程计划必须有所调整(图3-9)。

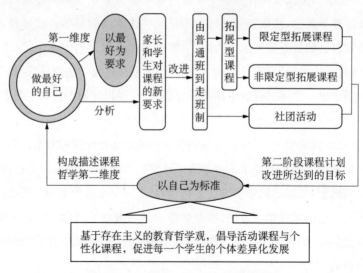

图3-9　课程计划编制(第二阶段)

我们选择在课程计划中加强拓展型课程的设置,是因为其属于中学课程体系中最具校本特色的组成部分,也最能体现学生对课程的自我选择权。我们认为,学生不应该将完成学校或教师的教学任务作为衡量自身学习目的和需求的标准,成为被动的执行机器和学校课程建设的"他者"。学校课程建设要从"以完成考试为标准"或"以教师要求为标准"转换为"以学生自己(自身)为标准"。

这一课程哲学的维度反映的是一种基于存在主义的教育哲学观,即基于学校生源特点、学生追求高品质学业质量基础上的多元需求,学校的课程计划编制应立足于丰富学生知识、学习经历和个性、特长发展进行思考,致力于打造一种开放、主动和受教育者参与学习设计的教育课程资源,从而凸显个人的主观性,强调个人选择,弘扬主体意识,发展学生个性,培养创新精神,倡导人文教育,注重人格修养,培养有责任的人。

我们的具体做法是:设置学科限定拓展和学科非限定选修拓展课程,选修拓展课程突出以社团及兴趣小组为抓手,培养学生的一技之长。依照课程计划,在教师由个人能力出发申报课程项目的基础上进行学校统一规划;在每个学期的第一周由任课教师通过校内电视,向全体学生介绍自己拓展课程的内容,学生则按照自己的个性差异与爱好,到网上系统进行选课。

通过上述拓展型及社团活动的课程计划设置的开展,我们逐渐意识到"做最好的自己"不仅仅是让学生在学业成绩上做得最好,更应该是一个帮助学生完善自我的过程。学校课程哲学理念不能仅仅停留在对基础型课程的减负增效之上,而更应该着眼于培养、激发和发展学生的爱好特长,开发学生的潜能,从根本上关注、尊重每一个学生,促进每一个学生的个体差异化发展。

(三)"做最好的自己"之完善:"潜能提升优培"德育课程的计划编制

虽然从基础型课程到拓展型课程逐步形成了适应"做最好的自己"的课程计划,但一些由青少年的心理健康问题引发的教育悲剧性事件,引起了我们的再度思考:如何培养学生健全的人格,让学生在全方面做到"做最好的自己"? 由此,我校借助华东师范大学研培中心专业力量的支持,以积极心理学理论为指导,从培养学生抗挫力的角度,开设了"潜能提升优培"德育课程项目。

我们建立起一套适应我校学生需求的心理预防和干预系列课程和管理模式,并且做到了分年级各有侧重的设置。六年级(预备年级):自尊教育,以适应初中学习环境及学习要求、培养集体归属感、自我探索与调适等为内容。七年级:自主教育,以青春期教育、人际交往能力培养、突发事件应对等为内容。八年级:自强教育,以培育丰富的情感、增强社会责任感、有效面对压力等为内容。九年级:自信教育,以应考心理及情绪调适、生涯规划指导、培养学生的"效能感"为内容。

"潜能提升优培"系列课程关注学生的健全人格和全面发展,以分年级递进的形式呈现了我们的教育哲学观第三个维度——"以学生的发展为前提"。"以学生的发展为前提"基于"人的全面发展理论"，即人是身心统一体，身心的健康发展是个体全面发展的前提。学生的心理健康与德智体美劳诸方面的教育互为制约、彼此融通、互相优化，有着密不可分的关系，是全面发展教育中不可缺少的部分。因此，在促进学生体力和智力发展的同时，还要充分重视包括精神上、道德上和情感上的全面和谐发展（图3-10）。

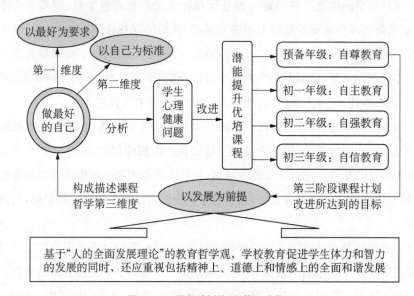

图 3-10　课程计划编制（第三阶段）

三、结果与反思

课程计划编制的实践，促进了学校课程建设，初步形成了学校特色课程体系，更推动了我们对课程哲学更加深入的认识，丰富了课程结构的内涵，逐渐形成了三个维度，全面地呈现了我校的校本课程哲学。

第一个维度：以最好为要求，这是基于素质教育的教育哲学观，学校课程的设置并非是出于应试的目的，而应更加关注培养学生的学习方法与学习能力。在实践中，我们采取了在课程计划中设置学法指导与网络教学的办法，帮助每个学生学会学习的方法，由"善学"而"乐学"。

第二个维度：以自己为标准，这是基于存在主义的教育哲学观，人的存在应是个人自由选择的过程，倡导活动课程与个性化课程。在实践中，我们在课程计划中设置走班制拓展型课程及社团活动，促进每一个学生的个体差异化发展。

第三个维度：以发展为前提，这是基于"人的全面发展理论"的教育哲学观，学校教育不仅应促进学生体力和智力的发展，而且还应重视包括精神上、道德上和情感上的全面和谐发展。我们设计了"潜能提升优培"德育课程,完善学生的心理健康和人格发展。

在学校课程哲学的引领下,学校课程建设颇具特色,日趋完善,从"国际视野、大家风范、科学精神、人文底蕴"四个方面将学校的所有课程作了统一规划,更好地提高了学校课程的整体质量,促进了全体学生主动的发展。

如今,我们在进一步思考如何完善学校课程建设的制度保障。学校计划引入家长委员会、家长讲师团等组织参加学校课程建设,引进校外资源,不断完善课程计划编制,更好地体现我校的课程哲学。

构建与"三自"培养目标相一致的学校课程结构[①]

1999年挂牌的上海市育才初级中学，是在育才中学原址上由育才中学初中部和大通中学组建而成。学校挂牌之时，正是上海市二期课改进行之初，二期课改开创了由"基础型课程、拓展型课程、研究型课程"三类功能性课程组成的课程结构。多年来，我校的课程建设工作主要是围绕这三类课程进行。

我校课程建设大致经历了四个阶段：第一阶段从1999年9月到2002年底，学校进行了少量校本课程的开发与试点；2003年初，学校进入校本课程的全面研究与开发的第二阶段，当年9月，学校全面开设校本课程，并建立了校本课程库；从2005年开始的第三阶段，学校开始着手系列化的特色校本课程研究。前三个阶段主要集中在校本课程开发建设上，完成了从数量到质量的追求，但缺乏对学校课程的整体设计。从2009学年开始，我们进入第四个阶段，主要围绕"如何根据上海市课程目标和学校的基础重新解读并细化'三自'培养目标"和"如何设计与培养目标一致的课程结构"这两个问题进行探索和研究，以完善学校课程计划，凸显学校课程的"三自"育人价值。

一、"三自"培养目标的提出与发展

(一) "三自"目标的提出

1981年，时任上海市育才中学校长的著名教育家段力佩先生开始在高中两个班中进行"自治自理"的试点。随着试点工作的推进，"自治自理"的内涵也从班级管理发展到学生自我的全面管理。在不断深入的研究过程中，学校又对学生在学习、身体素质和心理健康等方面提出了"自学自创"、"自觉体锻"的要求。到20世纪90年代初，育才中学已基本明确了学校的培养目标：自治自理、自学自创、自觉体锻，即"三自"培养目标。其内涵如表3-6所示。

表3-6 "三自"培养目标及其内涵

培养目标	内 涵
自治自理	学生能够实施有序地自我管理、自我整治，加强自律，使思想和行为能适应社会发展的整体要求，达到自我教育、自主发展的境界。

[①] 陈安妳. 上海市育才初级中学. 构建与"三自"培养目标相一致的学校课程结构[J]. 基础教育课程，2013(11).

培养目标	内　涵
自学自创	学生能够自觉自治、自我完善,掌握良好的学习方法,善于独立思考,提出新颖、独到的见解,成为既善于学习又有创新意识的一代新人。
自觉体锻	学生能够自觉投入到增强体质的活动中去,进行自我心理调整,形成健康的生理和心理品质,为终身幸福奠定扎实的身心基础。

(二)"三自"目标达成的现状分析

随着育才中学的发展变迁,学校在很多方面发生了变化,学校建制的差异、师资力量的不同、生源情况的迥异等,使我们在帮助学生实现"三自"目标达成过程中面临更大的挑战。为了对"三自"培养目标的实施状况有比较全面的了解,2010年1月,我们在全校范围内随机抽取了173名学生进行问卷调查。

通过对调查数据的分析,我们发现,育才初级中学的学生在"自治自理"方面对独立的自我的管理要强于对集体中的自我的管理,学生普遍缺乏按照计划做事的意识和能力;在"自学自创"方面自主学习要强于自主创造,学生的创造力有待加强;"自觉体锻"在三个方面中最有优势,学生具有较好的心理品质,能够进行自主锻炼。总体上来说,存在的主要问题是:(1)独生子女在集体生活中更加关注的是自己,按照计划做事的意识和能力比较薄弱;(2)学生内化并运用知识以及合作学习的能力有待提高;(3)学生乐于锻炼,情感丰富,但情绪控制能力比较差。

(三)"三自"目标的发展

我们认为,"三自"目标与当今所倡导的素质教育的理念与要求完全吻合,根据教育教学管理实践中积累的经验,我们认识到,"三自"目标的实质是释放给学生更大的自主空间,促进学生在真实的校园生活中自主性发展的意识与能力的培育。因此,"三自"目标的内涵是培育学生的自主性发展意识和能力;其本质是促进学生的个性发展;其宗旨是倡导学生自我负责的精神和态度,养成学生自律践行的行为和习惯。初中学生达成"三自"培养目标的主要特征是在学校教育、家庭熏陶与个人努力下,修炼自我的德行,从而表现出儒雅而乐观、谦和而自信、刻苦而智慧、理智而激情的品貌与风范。

虽然我们厘清了学校"三自"培养目标的内涵、本质、宗旨,但作为课程目标的核心部分,教师们在日常教育教学过程中仍感觉到其可操作性不强,有必要进一步细化"三自"目标。我们在认真研读、剖析了上海市普通中小学课程总目标及初中阶段课程目标的基础上,以头脑风暴等形式组织课题组成员和专家一起进行研讨,细化不同年级"三自"目标的内涵层次,并提交各年级组教师充分讨论、反复修改,最终形成了"三自"目标分年级内涵层次表(表3-7)。

表3-7 "三自"目标分年级内涵层次

总目标	内涵	各年级内涵层次			
		六年级	七年级	八年级	九年级
自治自理	自我定位	自我认识	初步定位	完善设计	自主规划
	行为表现	规范言行	诚实守信	勇于负责	自律反省
	团队精神	融入集体	协同互助	参与管理	服务社会
自学自创	兴趣态度	勤奋踏实	增强兴趣	竞合求知	知难而进
	习惯方法	养成习惯	探索方法	拓展视野	有效学习
	创造能力	积极思考	主动发问	反思进取	学以致用
自觉体锻	身体健康	合理作息	均衡膳食	管理闲暇	健康生活
	心理健康	接纳自我	沟通交流	学会排解	调适发展
	生命质量	乐于锻炼	有效健身	提高技能	珍爱生命

二、"三自"课程结构的构建与实施

随着研究的深入以及对"三自"目标理解的加深,我们认识到,课程是达成培养目标的载体,学校的课程结构应凸显培养目标。因此,我们必须以"三自"培养目标为依据,构建有利于学生发展的"三自"课程体系,进一步增强课程的层次性和可选择性,为学生的自主性发展提供充分的时间和空间,在保证学生基础性学力的同时,兼顾发展性学力和创造性学力的培养,为学生的幸福人生奠定基础。

我校在重新梳理学校课程的基础上,把国家课程、地方课程和校本课程整合成具有育才初级中学特色的"三自"课程结构(图3-11)。

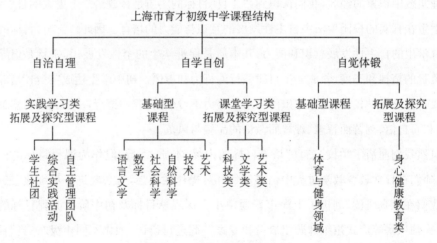

图3-11 学校课程结构简图

　　"三自"课程结构中各类课程指向"三自"目标,我们认为:"三自"目标中有内在的关联,而不是相互孤立的。一方面,"自治自理"是"自学自创"、"自觉体锻"的充分必要条件,"自学自创"、"自觉体锻"是"自治自理"的外在表现和发展;另一方面,"自觉体锻"是学生发展的身心基础,"自学自创"是学生发展的能力基础,"自治自理"是学生发展的最高境界。学校各类课程的设置都应围绕着"三自"目标的达成,但每一类课程又有其侧重点、关注点,在课程实施中应有所区别。

(一) 自治自理

　　"自治自理"课程主要由拓展学生学习时空、提供实践经历和培养学生自主管理能力的课程组成(图3－12)。在这类课程中,学生的行为在实践中得到锤炼,并逐步形成规范的自觉意识,达到自我教育、自主发展的境界。例如,我校开发了与学科教学相结合的系列化社会实践活动课程,保障了学生每个月有一次外出社会实践活动。每一门课程都有具体的可操作方案、详实的过程资料和学生的学习成果记录。我们的社会实践活动课程与学科结合,不仅使社会实践活动的内容更为丰富,同时也使活动更具有指导性,让学生在社会实践中有的放矢地进行学习。

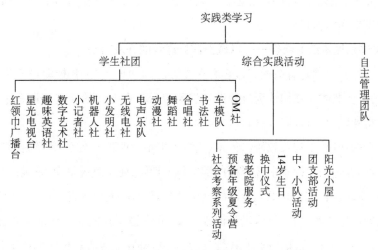

图3－12　侧重于"自治自理"目标达成的课程结构图

(二) 自学自创

　　"自学自创"课程主要由保障学生基础性学力的基础型课程和兼顾学生发展性学力、创造性学力的拓展型、探究型课程组成。以课堂学习类的拓展型和探究型课程为例,其课程结构图如图3－13所示。

　　在这类课程的实施中,我们主要开展了以下研究工作:

1. 校本化实施国家课程——以思想品德课程为例

　　我们以推进六年级思想品德课校本化实施为重点,以点带面地开展这方面的研究。教

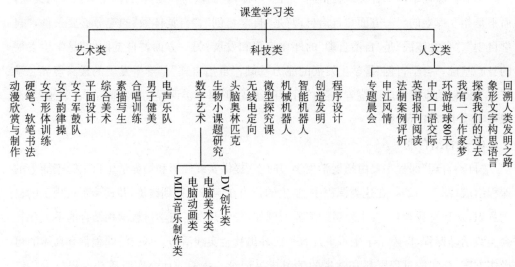

图3-13 侧重于"自学自创"目标达成的课程结构图

师们在研究过程中，将上海市课程标准要求与学校的"三自"培养目标融合在一起，根据学生的生活实际和思想基础，自编、自选若干教学材料，形成学习专题和学习序列，努力体现学校的办学思想和培养目标。

2. 关注过程性知识的获得——以微型探究课程的开发为例

所谓过程性知识就是有关探究过程和探究方法的知识，它是我校促进学生达成"自学自创"目标的重要载体。我们认为过程性知识不应只是在专门的探究型课程中进行学习，更应是基础型课程中选择的学习内容。

基于以上的认识，学校各教研组依据《上海市中小学课程方案》和各学科课程标准的要求和学科特点，在基础型课程中选择那些学生易于理解、便于直观呈现、思维的复杂性和跳跃性不太强、体现核心内容和研究方法的过程性知识，对这些内容进行加工、重组、优化、增删、调整，在创造性地解读教材后，设计课程方案，开发微型探究课。目前学校已在七个学科中开发了八门微型探究课。例如，我校政治学科教师在七年级思想品德课中开发了四课时的《问卷调查研究》微型探究课，学生通过体验"确定调查目的→设计问卷→数据分析和整理→得出结论和反思"的探究过程，学习"如何确定调查对象、如何提高问题的针对性、设计统计表并选择合适的统计图、怎样进行推理和论证、调查报告的主要内容"等探究技能。

（三）自觉体锻

我校的办学理念是"强化责任意识，促进自主发展，奠基幸福人生"。众所周知，健康是一个人"幸福生活一辈子"的基础，一个人的健康应包括身体健康和心理健康两个方面。因此，我校课程结构中的自觉体锻篇主要由这两类课程组成（图3-14）。为了更好地达成"三自"目标，尤其是"自觉体锻"的目标，我们进行了以下研究：

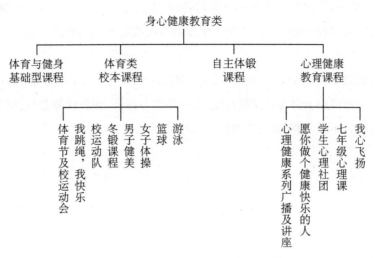

图 3－14　侧重于"自觉体锻"目标达成的课程结构图

1. 开发系列化心理健康课程

我校的心理健康课程包括：人人必修的七年级心理课程，心理健康教育广播及讲座，等等；可供选择的心理健康校本课程和学生心理社团活动。系列化的心理健康课程可保障学生心理的健康发展，让他们努力在行动上自律，评价上自行，生活上自立。

2. 完善体锻类课程功能的研究

学校课程的设置应针对学校提出的培养目标并解决在目标研究中所发现的问题。因此我们开展了完善体锻类课程功能的研究。例如，学校设计了"我跳绳，我快乐"——人手一绳自主体锻课程，直接对应"自觉体锻"中所提出的"乐于锻炼、有效健身、提高技能、珍爱生命"等要求。这门课程的目标为：(1)掌握和运用跳绳的基本技术、基本技能、基本方法和参与活动的基本能力；(2)能积极参与健身活动，具备自觉体锻的意识和健康阳光的心态；(3)能具有与同伴友好交往、互助合作的集体意识，在活动中乐于展示自我，表现出不怕困难、敢于挑战的良好品质和自信心。

三、课程计划编制实践的收获与反思

在研究的过程中，我们意识到，课程计划的编制是明晰课程意识、强化课程目标的学校课程领导力提升过程，具体体现在：

第一，课程计划编制是育人目标与课程结构相匹配的行动研究过程。我校课程计划的编制从厘清学校的育人目标开始，将课程目标直接服务于育人目标，在课程实施中凸显育人目标。在这样的过程中，教师的目标意识不断加强，基于目标的课程开发、教学设计能力逐步提升，课程实施的质量得到保障。

第二，课程计划编制是文本规划与实践探索相结合的行动研究过程。我校在学校课程计划的编制过程中,关注对学校课程全景的描绘,重点是对学校课程结构的梳理和构建。我们把学校课程计划的编制过程,作为文本规划与实践探索相结合的行动研究过程,推动了学校的课程建设。

当然,我们对学校课程计划编制的研究才刚刚开始。接下来,我们将通过每年课程计划的编制,在学校层面上对现有课程目标、课程结构与内容、课程保障条件、课程实施效果等方面进行评估,不断研究问题、解决问题,促进学校课程持续改进。

【实践案例】

从一组"调研数据"到"书香课程"的诞生[①]

【案例回放】

沉甸甸的一组调研数据……

2009年，当学校收到《上海市中小学生学业质量分析——学校报告》时，我们不得不把目光聚焦在这样一组调研数据上（表3-8）。

表3-8　家庭藏书量、一天中用于阅读自己感兴趣书的时间、一年课外阅读量的对比表

内容　年份		家庭藏书量				
		200本以上	101～200本	51～100本	21～50本	20本以下
2009	区	22%	27%	32%	12%	7%
	校	10%	15%	38%	20%	16%
		一天中用于阅读自己感兴趣书的时间				
		3～5小时	2～3小时	1～2小时	少于1小时	没有
	区	8%	13%	49%	26%	3%
	校	3%	8%	48%	37%	5%
		一年课外阅读量				
		12本以上	8～12本	4～7本	1～3本	没有
	区	47%	21%	21%	10%	2%
	校	37%	23%	20%	19%	1%

从表1中我们可以看出，2009年我校学生家庭藏书量低于全区平均数值。本校学生家庭藏书量达200本以上的仅为10%，而全区为22%；20本以下的学生数达到16%，而全区只有7%。

从学生"一天中用于阅读自己感兴趣书的时间"和"一年课外阅读量"来看，学生的阅读情况也不容乐观。有5%的学生，一天里没有课外阅读，甚至还有1%的学生，一年里都几乎没有课外阅读量；"每天阅读少于1小时"和"一年阅读1～3本"的学生也占据了37%和19%。

这样一组数据对比让我们真的感到"沉甸甸"的！

问题到底出在哪里?

是学生看不懂问卷的题目意思而胡乱填写？是家长不重视学生的阅读？还是学校在

---

① 王燕萍，从一组"调研数据"到"书香课程"的诞生——上海市黄浦区北京东路小学基于学情调研的课程改进[J].基础教育课程，2013(11).

管理中忽视了学生的阅读？"惊讶"之后，是一连串的问号。

学校管理者不得不静下心，对问题产生的原因进行分析：

第一，家庭生活空间狭小，影响学生家庭藏书量。我校地处市中心，生源家庭主要居住在老式"公房"，俗称"亭子间"。班主任在新生全面家访中就感到，大多数家庭居住面积小，学生几乎没有独立的学习空间，更难再腾出藏书空间了。同样，外地来沪人员子女在学校占据一定的比例。除个别家长属于"引进人才"，有足够的能力在沪购房外，其余多为来沪做小生意或普通打工人员，这些家庭经常根据生意的需要更换住处，流动性较大，藏书对他们而言成了奢望。

第二，学生课外可支配的闲暇时间少，影响学生的阅读。目前，孩子空余的可支配时间真的不多，除去正常的上课、做作业外，有的学生还请了老师补课，或参加了一些补习班。细细算来，学生每天在家课外阅读时间顶多只有 1～2 个小时。其中，学习能力较弱的学生阅读时间就更少了。

第三，学校支持阅读的力度不够，影响学生的阅读量。一方面，学校地分两处，虽有两个图书馆，但都没有很好的阅览空间，只能满足学生分批借阅的需求；另一方面，虽说从一年级起，语文学科教师就向学生强调每天至少阅读半小时，但这样的要求似乎"流于形式"。

第四，高速的、多通道的信息传递，影响学生阅读的品质。在信息化高速发展的大城市，"纸质阅读"不再是学生唯一的选择。电视中的娱乐节目，游戏机、互联网上的卡通片，搜索引擎的便捷查阅资料方式等，受到更多孩子的"追捧"，这或多或少影响了学生静心、深度阅读的良好习惯养成。

我们可以做些什么

在了解影响学生阅读的种种因素后，我们思考：我们能改变些什么呢？ 在管理团队的群策群力下，一个个建设性的设想孕育而出，一项项活动也在逐步实施。

第一，学生家庭环境我们无法改变，但可以把"观念"传递给家长。学校在讨论后决定当年的家委会主题就是"让书香飘进家庭"，邀请家长一起关注与重视学生的阅读问题；每学期寒暑假前，学校要求年级组长有意识地向家长与学生提供必读书与选读书的推荐菜单，给予一定的阅读引导。

第二，在"不挤占"学生闲暇时间的前提下，学校创造阅读的时间与空间。学校将每周二上午的晨会课定为全校的"快乐阅读时刻"；为每班提供经费，由学生、老师自主添置书籍，组建流动图书角。

第三，创设快乐的阅读氛围，让学生养成阅读的基本素养。学校将每年开展的"爱心义卖"活动升级为"书市交换活动"，让学生之间通过书籍交换来扩大阅读的视野；确定在每年的三月份，开展读书周活动；联系我校所在的社区单位黄浦图书馆与上海少儿图书馆，免费为我校学生办理借阅证。

　　我们清楚地知道,这些应对措施或许并不能马上改变些什么,解决些什么,但职责告诉我们,管理者必须努力地调整管理行为,直面问题,满足学生发展需求。

一组略有改观的数据……

2010 年,学校再一次收到了一组调研数据(表 3-9)。

表 3-9　家庭藏书量、一天中用于阅读自己感兴趣书的时间、一年课外阅读量的对比表

内容 年份		家庭藏书量				
		200 本以上	101～200 本	51～100 本	21～50 本	20 本以下
2010	区	17%	30%	30%	18%	5%
	校	28%	31%	28%	10%	4%
		一天中用于阅读自己感兴趣的时间				
		3～5 小时	2～3 小时	1～2 小时	少于 1 小时	没有
	区	5%	10%	55%	27%	3%
	校	9%	13%	49%	26%	4%
		一年课外阅读量				
		12 本以上	8～12 本	4～7 本	1～3 本	没有
	区	45%	28%	20%	6%	1%
	校	51%	21%	19%	9%	1%

　　数据显示,2010 年学生家庭的藏书量高于全区平均值。本校家庭藏书量 200 本以上的学生数从 2009 年的 10%上升到 28%,超过全区 17%的平均值;家庭藏书量 20 本以下的学生数从 16%下降到 4%,低于全区 5%的平均值。同时,从学生"一天中用于阅读自己感兴趣的书的时间"和"一年课外阅读量"来看,学生的阅读情况也略有改观,特别是表现优异者的比例提升较为明显。

我们如何再前行

　　有"变化"总会让人欣慰,但我们又困惑起来:一是为什么 2010 年学生家庭藏书量的指标提升得较为明显呢? 学校其实很难改变学生家庭的藏书量,那么"变化"背后的原因是什么呢? 二是为什么学生一天的阅读时间与一年的阅读量没有明显改变,我们的措施不够吗?

　　这次,不再是管理者主观寻找原因,而是开展了学情调研,通过家长问卷、学生、教师访谈,寻求更为客观的信息。于是,我们又有了进一步的认识:

　　第一,通过表 3-10 我们看到,参与 2010 年调研的学生中,外来务工子女的比例低于 2009 年;其家长学历程度也明显高于 2009 年参与调研的学生家长。这也就能解释,为什么 2010 年我校学生家庭藏书量的指标明显提升。同时也反映出,学生家庭文化氛围与学生家庭藏书量之间有一定关联。

表 3 - 10　参与调研学生家庭背景统计表

内容 年份	外来务工子女入学比例	家长学历（按父母中最高一方学历统计）			
		专科以上	高中	初中	初中以下
2009 年	50.05％	30 人	36 人	31 人	8 人
		29％	34％	30％	7％
2010 年	35.94％	50 人	50 人	26 人	2 人
		39.1％	39.1％	20.2％	1.6％

第二，从访谈反馈中，我们获得以下信息：一是孩子可支配的闲暇时间真的不多，用于阅读的时间更少。学校提供的每周 15 分钟的阅读时间，只是"杯水车薪"。二是虽然学校有一项项"应对措施"，但"给力"点往往偏重于"外因"。例如：学生家庭藏书量不多、学校借阅书不方便等，学校就出钱买书给学生、向学生推荐书单、帮学生办理借阅证、为学生设计一些活动等，这些举措或多或少也能满足部分学生的短期需求，但长效性不够。

我们再次"困惑"，我们的课程改进如何继续？这次，我们不是急着想一条条对策了，而是首先厘清课程改进的根本目的：我们课程改进的目标是什么？只是让 2011 年的"调研数据"更好看些吗？还是让学生家庭藏书量多几本？让学生多看几本书？

我们明确地认识到：让孩子们在书香中浸润、在阅读中快乐成长，最终实现将课程学习的经历转化为个体的幸福成长和全面发展，才是我们将课程改进进行到底的核心追求！也就是说，我们的教育不仅仅是基于满足学生的"需要"，更需要创造"需求"，促进学生学习发展。几经酝酿，我们达成共识，即从课程的高度，设计学生阅读活动，提升学生阅读品质。

书香课程诞生了……

2011 年 3 月，学校决定将"阅读活动"正式纳入学校的课程。历经半年时间，经专家论证与指导，《北京东路小学"书香课程"实施方案（初稿）》诞生了。书香之旅课程分为主题阅读与学生自主阅读两大板块，主题式阅读有：乐游"古诗园"、创享"三字经"、"成语乐翻天"、"神话大转盘"、"穿越名家名作"，而自主阅读则让学生选择自己感兴趣的书籍以自己喜爱的方式阅读，从而使阅读"随心"，体验阅读的乐趣，让阅读成为生活中不可或缺的一部分。

"书香课程"的诞生旨在让学生在自主阅读、快乐分享、实践创作等多彩的主题阅读活动中，体验"爱（乐）看书、会（能）品书、善（创）悟书"的课程文化，让孩子们在书香中浸润、在阅读中成长，最终实现将课程学习的经历转化为个体的幸福成长和全面发展的目标。它是否能让我们看到一份"有进步"的调研报告，我们不得而知，但我们对此充满期待……

【反思与讨论】

回顾这两年的发展，我们对自己的思考和行动进行了以下反思：

第一，在"学情调研——课程改进"过程中，管理者不仅需要有发现问题的意识，而且需要有发现问题的能力。当问题初步解决时，还要"善于咬住问题的尾巴"。

第二，在"学情调研——课程改进"的过程中，关键是提高问题分析能力。一是"广度"分析，即不仅看到表面的问题，更善于找出造成问题的各种可能原因及背景。本案例中影响学生阅读的因素是多方面的，不仅仅与学生个体有关，还与家庭、学校、社会背景有密切关联。二是"深度"挖掘，即找出问题产生的结构性因素，并将他们具体化及数据化。三是"重度"判断，即知道哪个方向的问题是必须放在最优先位置处理的。例如本案例中，我们提出优先保证学生一定的阅读时间比提升学生家庭藏书量更为重要；从课程统整的高度设计阅读活动其作用将远远大于应对性的一项项措施。也就是说，只有对问题的本质进行分析，才会有解决问题的设想与思路。

第三，在"学情调研——课程改进"的过程中，管理者不仅要将设计思路操作化，将操作的行动步骤精细化，还要特别注重对探索过程的跟踪调研，能在行动中进行调整与完善。例如，"书香课程"在实施一个月后，我们感到该课程带有"学科味"，与设计的意图有偏离。于是，我们大刀阔斧将原先设计的内容全部推翻，以自主阅读、快乐分享、实践创作三大板块为主线，在内容安排上摒弃"语文学科"的词句积累、美文赏析的传统做法，以主题开展相应活动。总之，在这个过程中，管理者要敢于调整解决问题的方法策略，通过不断改进和实践，使我们达到事先的设想，并通过不断的创造，使设想得到提升和增值。

从"一份调研报告"到学校"书香课程"的诞生，历经了"发现问题——分析原因——提出对策——行为跟进——再了解学情——再分析原因——再提出对策——再行为跟进……"的过程。它见证了我校以学生发展为本、满足学生发展需求的课程建设和探索过程。它或许只有起点，没有终点，这是挑战与追求！

第四章

学科课程建设：
模式建构[①]

---

① 金京泽，上海市教委教研室. 基于学科课程建设，提升学校课程领导力[J]. 基础教育课程，2013(12).

打造有特色的学校课程体系

随着上海市二期课改的深入推进和教育生态的深刻变化,学校教育如何在原有基础上改革创新,走多样化发展、特色化发展之路,为每一个学生的终身发展奠基,既是时代的呼唤,也是人民群众对优质教育的更高期盼。

学科课程作为学校课程的组成部分,是中小学教育的最重要的载体,也是衡量学校课程领导力的最重要的指标之一。在市、区、校三级课程管理的背景下,学校的任务不仅仅是执行国家课程,更重要的是如何根据学校实际创造性地落实,如何根据学校实际发展多样化课程及创建具有本校特色的课程。因此,学校是否给学生提供丰富、有特色、可选择的课程,是否给学生提供丰富的学习经历,是衡量一所学校办学质量的重要标志。学科课程建设,作为学校课程计划与课程实施之间的中间环节,具有举足轻重的作用。

学校课程建设与课程领导力的提升是相辅相成的,学校课程建设可以提高课程领导力,而课程领导力的提升也可以丰富学校课程,改变千校一面的局面,打造有个性有特色的学校教育。

一、概念内涵：学科课程建设研究的理论基础

2010 年，上海市教委启动了"上海市提升中小学（幼儿园）课程领导力行动研究项目"（以下简称"课程领导力项目"）。上海市教委教研室主任徐淀芳在《基于问题解决——上海市提升课程领导力行动研究项目实施回顾》①一文中详细阐述了项目背景、顶层设计、实践探索、特色和成效等。学科课程建设是课程领导力行动研究项目的九个子项目之一。本文重点阐述学科课程建设与学校课程领导力提升之间的关系。

（一）学科课程建设的内涵

学科课程与学科、课程有着密切的联系。一般认为，一门独立学科的形成需要如下几个要素：一是研究的对象或研究的领域，即这门学科具有独特的、不可替代的研究对象，具有特殊的规律；二是理论体系，即形成特有的概念、原理、命题、规律，构成严密的逻辑系统；三是研究方法。学科成为学科课程进入到中小学教育，还需满足课程要素，即育人。学科课程需要回答：学科课程的育人价值是什么？课程的目标、内容、组织形式和课程评价是什么样的？学科课程与学校课程既有联系又有区别。中小学生在校时间的 70%～80% 都在学科学习中度过，学科课程是学校课程的重要组成部分，是学校课程的重要支撑和落脚点。学校课程统领学科课程，比学科课程具有更加宽广的范围、更加多元和丰富的功能。

"建设"一词的意思有创立新事业、增加新设施、充实新精神等内涵。因此，学科课程建设不是照搬照抄或简单的执行，而是创新的过程。有学者指出，学科课程建设是个系统工程，它应该包括学科课程设计、课程评价和课程管理三大子项目；②学科课程建设是课程主体依据一定的价值标准，对学科知识、教学活动、教学情境及其进程和校园教育情境的规划设计、组织实施、监控协调过程。③

（二）学科课程建设的现实背景

课程领导力项目组在"项目指南"的研制过程中，在采用"学科课程建设""学校课程建设"还是"学科建设"为子项目名称的问题上，曾经议论过、争论过、犹豫过，最后确定为"学科课程建设"这一子项目名称，其主要原因有以下几个方面：第一，相对于"学校课程建设"，"学科课程建设"是个下位概念，研究内容相对聚焦；第二，学科课程建设是在一定的政策文

① 徐淀芳. 基于问题解决——上海市提升课程领导力行动研究项目实施回顾[J]. 基础教育课程，2013(7—8).
② 钟启泉. 现代课程论[M]. 上海：上海教育出版社，1989:2.
③ 李硕豪，杨国学. 论课程建设[J]. 教书育人，2002(18).

本指导下进行的，比如课程方案、课程标准；第三，学校教师对学科课程比较熟悉，有研究和实践基础；第四，学科课程建设中还存在亟须解决的问题。上海的学校在学科课程建设中面临的突出问题有：一是学校现有学科课程结构松散、凌乱；二是学科课程建设过程无序与随意；三是学科课程建设缺乏系统的规划，难以持续发展。

如何从无序、盲目的建设到有序、有效的建设，以更好地为学校整体育人服务，为教师专业发展服务，这些都是学科课程建设中亟待解决的问题。学科课程建设与课程领导力的提升是相辅相成的，学科课程建设可以提升学校课程领导力；学校课程领导力的提升，也可以有效推进学科课程建设，改变千校一面的局面。

(三) 学科课程建设研究视角

1. 学科课程建设结构视角

学科课程建设大致可以分为宏观层面、中观层面、微观层面。

(1) 宏观层面的学科课程建设，关注学科课程建设的顶层设计。学校要建设或架构与学校课程计划相匹配的学科课程框架。各个学科教育目标的构建需要思考以下几方面的内容：学校的课程哲学或办学思想是什么？学校培养目标是什么？学科育人核心价值是什么？学科应承担哪些育人目标？等等。

(2) 中观层面的学科课程建设，关注学科课程的衔接和联系，如从学科本身出发进行基础型、拓展型、研究型课程的统筹设计，学科课程的跨学段衔接，学段的跨学科课程整合，学科课程群的建设，等等。中观层面的学科课程建设中，融会贯通本学科、本学段课程标准是基础，了解相关学科、学段的课程是有效补充。

(3) 微观层面的学科课程建设，关注某一学科课程建设的局部内容或环节，比如建设某一学科课程群的某一模块或主题的课程建设等。

2. 问题解决的视角

上海二期课改采用了基础型课程、拓展型课程、研究型（探究型）课程三类课程结构，开展市、区、学校三级课程管理，给学校提供了较大的课程自主权。课程权利的下放，必然会带来学校之间的差异性，在学科课程建设方面面临着个性化的问题。比如：学科课程建设如何为学生培养目标服务？学科课程建设中如何创造性地落实课程标准？学科课程建设中如何有效借鉴国际课程等现代因素？学科课程建设中如何处理好课程之间的联系？学科课程建设中如何反映学生的需求？等等。

(四) 研究方法

本研究主要采用了分析归纳法，以课程领导力项目研究指南为出发点和落脚点，以项目学校研究背景、内容、过程和成效等为载体，探讨学科课程建设与课程领导力的关系。首先,基于项目学校的研究归纳出学科课程建设的模式。其次,基于学校课程领导力指标,探讨学科课程建设与学校课程领导力提升的关系。

二、模式建构:学科课程建设的六种模式

围绕学科课程建设的基本原则和有效建设策略,本文把学科课程建设归纳为几种模式,从理论架构、现实问题、实践探索等三个方面阐述。学校在学科课程建设实际中不一定采用单一模式,可能采用多种模式,这些模式可能对具有相应条件的学校有借鉴意义。

(一) 目标导向模式:以学生发展为本

理论架构:学生培养目标是学科课程建设的出发点和落脚点,对课程建设起导向作用。

现实问题:学科课程建设与学校培养目标之间匹配性、呼应性不够强。

实践探索:同济二附中通过基于"地球学"的生态课程建设,试图拓宽学生的眼界和知识面,丰富学生的学习经历,探索培养学生实践能力和科学精神的有效途径。学校创生出"Origin(开放、建构、激励、生长、创新、滋养)"的生态课程理念,各学科教研组在基础型课程中,积极探索"地球学"与基础型课程各学科关联的领域,梳理出对接"地球学"的学科内容集;根据基础型课程中有关"地球学"的内容集,结合学生学情,形成地质考察、地球测绘等维度的专题类课程、课题;结合创新实验室、社会实践活动等,将专题类课程、课题扩展到真实的情境中,让学生在实践中运用与检验这些课程知识,从而最终反哺基础型课程。

(二) 课程标准校本化模式:基于标准,以校为本

理论架构:学科课程标准是学科课程建设的基础性依据。

现实问题:在学科课程建设中,学校往往忽视学科课程标准的作用,对其解读不够精准,校本化路线不清晰。

实践探索:育才中学以"学程、模块、走班"为特征,秉承育才中学"三自"传统,对学科课程标准校本化实施进行了有效探索和实践。一方面,根据学生培养目标构建学校的课程体系,通过创建模块化的"学程"以适应学生的全面发展和个性发展;另一方面,通过学程模块的构建与重组,推动各学科对课程标准进行校本化的研读,以更好地把握课程标准的本质核心,实现课程标准的校本化实施:学校重组教学内容,优化知识结构,补充教学建议,建立个性化教学评价,增加配套练习和推荐读物,编制了《育才中学学科模块教学指导手册》和《一月一课一册》。

松江二中紧紧围绕"是什么"、"建设什么"、"怎么建设"、"谁来建设"等学科课程建设的基本问题组织研究。学校以编制《学科课程实施纲要》和《课堂教学改革》为建设的主要内容,加强与《学校课程计划编制》《基于学习目标的课堂诊断机制》等项目之间的联系,以"四

个三"(即三维目标有机融合,三类课程有机整合,三个年级有序衔接,三个层次学生共同提高)为要求进行建设。

(三) 课程统整模式:结构化

理论架构:统整或整合是处理好三类课程、三个学段、三(多)门学科、三维目标等关系的有效策略。

现实问题:随着学科课程的丰富多样,带来了多种实际问题,如课程繁杂、割裂,课程建设无序等。

实践探索:大同中学针对有限的学习时空和丰富的课程之间的矛盾、共同基础与学生个性发展诉求之间的矛盾等瓶颈问题开展了研究。学校结合高中生创新素养培育项目,形成了"基于CIE(Creativity 创造、Innovation 创新、Entrepreneurship 创业)的课程统整与实施"思路。学校以统整为理念、策略,进行了三个层面的统整,即学科内统整、跨学科统整、超学科统整。学校通过探索,对学校既有课程体系进行了再梳理、再评估和再完善,依据大同的学生培养目标和课程建设目标,对课程结构、课程内容、课程形态、课程实施方式、课程管理与评价开展纵向贯通、横向联系及水平衔接,形成目标整体、结构完整、组成多元、选择多样、管理有序、评价完善的大同课程系统。

崇明实验中学通过"结构整合"、"内容整合"、"方式整合"三种方式进行课程整合。如科学学科的"内容整合",整合不同类型的知识,并融合基础型、拓展型、探究型三类课程,建设完成整合型校本教材,如《科学入门》《物质的粒子模型》《水与人类》《空气与生命》。

(四) 借鉴重构模式:他山之石,可以攻玉

理论架构:国际课程与上海二期课程之间有共性也有异性。学科课程建设可借鉴国际课程有价值的内容。

现实问题:如何从国际课程的实施中找到有价值的、先进的课程改革元素,将它们迁移、改造、运用到适合于我国学科课程建设中,为我国高中生的可持续成长创设更好的课程,成为现阶段高中需要思考解决的问题。

实践探索:上海中学基于多年国际课程的实践探索,进一步提升对英、美等国高中课程和 IB、AP 课程的整体把握能力,根据国际课程的选择性、现代性、探究性和数字化等显著特点,提炼出有利于推进我国高中现代化课程建设的有效经验。在把握国际课程先进元素的基础上,上海中学的课程建设经历了反思、实践、再反思、再实践四个阶段,编制了学校课程图谱。学校在学科课程建设中借鉴了国际课程因素,如以学生可以理解的方式,适度介绍现代科技发展与学科发展前沿知识;注重以学科的现代理解来加强学科的逻辑体系与现代内涵;将数字技术与学科内容充分整合;等等。

（五）课程群建设模式：有机联系

理论架构：课程群是将相互联系或具有相似性的几门课程根据需要重新整合而形成一个具有相对独立性和完整性的课程。

现实问题：根据社会发展、时代特性、学校实际，构建符合学科课程定位的课程群，是学校亟待解决的问题。

实践探索：育秀实验学校根据课程目的和学校特点，结合国际学生学习评价项目（PISA）中阅读能力评估，对于"阅读指导课程建设的实践研究"采取行动研究。学校围绕"加强阅读指导，提高学生综合阅读能力"，对各要素（课程目标、课程内容、实施策略和课程评价）进行系统配置和组合，形成了自上而下的三个系统，即顶级（目标）系统、二级（三类课程）系统、三级（学科课程）系统，构建了显性课程与隐性课程、学科类课程与活动类课程、课堂教学与课外探究相结合的课程群，从而提升了阅读指导课程的品质（图4-1）。

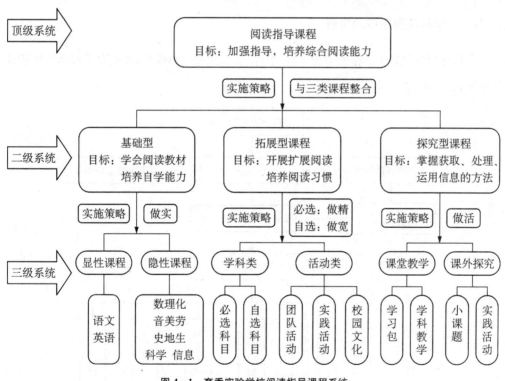

图4-1 育秀实验学校阅读指导课程系统

（六）评价改进模式：学生参与

理论架构：课程评价是课程建设不可或缺的环节，尤其是学生的课程评价对课程完善起到重要作用。

现实问题：对课程评价缺乏研究，课程的真正主体——学生几乎没有参与到课程建设。

实践探索：卢湾二中心小学确立了发展性的课程评价理念，自主开发出"L-ADDER"课程评估工具。"L-ADDER"课程评估工具，是一种以学生学习为中心的课程评估架构，包含六个评估维度：学生学习（Learning）、课程管理与领导（Administration）、课程设计与开发（Design）、课程实施与发展（Development）、课程情感与认知（Emotion）、课程反思与调整（Reflection）等。L-ADDER课程评估工具，充分发挥了评价的反馈、激励、促进功能，通过评价促进课程的发展和学生的发展。学校为每一个学生打造记录其小学阶段学习过程和成长经历的"二中心学生智慧成长的足迹"，以评价促进学生的综合发展。教师和学生都有了新的课程身份：教师不仅是课程执行者，也是领导者；学生不仅是评价对象，同时也是评价主体。

三、关系探讨：学科课程建设与课程领导

（一）学科课程建设的价值

学科课程建设是个复杂的系统工程，有序、有效建设学科课程，首先要了解学科课程建设框架，如图4-2所示。

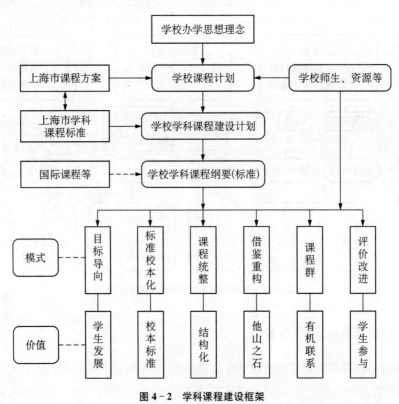

图4-2 学科课程建设框架

学科课程建设是学校形成共同愿景的过程。学科课程建设是学校贯彻落实以学生发展为本的办学思想和办学理念的过程。学科课程建设计划和学科课程纲要的研制，是一个综合性较强的工作，需要学校领导、中层干部和教师等共同来完成，通过学习、交流、研究等途径，统一思想，形成共识。学校是否给学生提供丰富的、有特色的、可选择的课程，是否给学生提供丰富的学习经历，是衡量一所学校办学质量的重要标志。

学科课程建设是设计的过程。学科课程建设，要依据学科课程标准，基于学科课程现状、师生和资源等，形成学科课程建设计划和纲要。首先，学校要对学科课程标准进行正确的解读；其次，学校要对目前的学科课程进行梳理、评价，发现优势与劣势；再次，一定要把握好本校学科课程建设所处的位置；最后，采取合适的方式实现学科课程建设的最优化。课程标准的校本化、国际课程的借鉴等都需要进行课程的重新设计，不能无选择、无条件地照抄照搬。

学科课程建设是课程实践的过程。学科课程建设，不能仅停留在计划、纲要层面，而是在课程建设的过程中考虑课程实施，在课程实施过程中完成课程建设。目标导向模式、标准校本化模式、课程统整模式、借鉴重构模式、课程群模式，为学科课程的建设提供了有效的方法和策略。教师在学科课程建设过程中，丰富学科课程，掌握学科课程建设的有效路径和方法，促进专业发展。

学科课程建设是不断完善的过程。学科课程建设是不断学习、研究、设计、实践、评价、完善的过程。学科课程建设中以点带面、任务分解、循序渐进、师生评价，都是促进学科课程建设可持续发展的有效措施。学生参与学科课程评价，对学科课程的完善起到至关重要的作用。

（二）学校课程领导力的表征

学校课程领导力是学校可持续发展的源动力，由思想力、设计力、执行力、评价力组成，其中思想力是保证学校向正确方向发展的能力，设计力是保证学校有效发展的能力，执行力是保证学校真实发展的能力，评价力是保证学校持续发展的能力。学校课程领导力的具体表征为：

课程思想力。学校有正确的办学思想、理念、哲学，始终以学生发展为本，校长、教师、学生统一思想，形成共同的愿景，言论自由、民主决策，这些都是学校课程思想力的重要体现。

课程设计力。它包括以下几个方面：规范办学能力，体现在善于把握党的教育方针，落实党的教育方针；校本化设计能力，体现在根据学校实际创造性地设计和落实，因校制宜；课程逻辑性，体现在课程的理念、目标、设置、实施、评价等方面的一致性。

课程执行力。它体现在以下几个方面：组织实施能力，比如制度管理、落实主体明确、团队建设等；协调能力，比如机制保障，人际关系协调、工作协调；专业指导能力，比如专业指导、引导、领导，提供专业支持，标准要求的把握和落实；课程资源供给力，比如开发利用学校、社区、社会资源，共建共享资源，资源合理调配。

课程评价力。它体现在以下几个方面：开展发展性评价，即围绕课程目标，参与主体多元，采用的方式多样；具有测量分析能力，即开展评价指标、途径、工具开发，获取信息真实，分析具有逻辑性，结论客观；监控能力，即建立学校课程的预警系统，开展过程性监控与反馈；完善促进能力，即以评价结果为依据进行改进。

(三) 学科课程建设与课程领导力的关系

学科课程建设是提升学校课程领导力的重要抓手，是衡量学校课程领导力的重要指标之一，但不是提升学校课程领导力的唯一手段，也不是衡量学校课程领导力的唯一指标。学科课程建设对学校课程思想力、设计力、执行力、评价力的提升都有帮助，尤其是对学校课程设计力和执行力的提升有帮助。

从实践探索中可知：学科课程建设项目是凝聚力工程，以校长为核心的团队凝聚在一起开展实践探索，在项目的推进过程中逐步实现了课程思想力的提升。在学科课程建设项目的申报、开题、中期评估、结题评估以及展示活动的过程中提升了学校的课程设计力；在如何确定学科课程建设项目目标和内容，如何择取有效的技术路径，如何完善项目推进策略方面，都体现出课程设计力的提升。从项目推进过程、项目研究成果、项目研究成效中可以看出，学校项目推进力，即学校课程执行力得到了提升。这种执行力，不仅在项目推进过程中呈现，更迁移到日常的工作中。

从学科课程建设项目中感悟到，以项目提升学校课程领导力是有条件的。学校是否有能力进行学科课程建设是条件之一，但不是最重要的条件。重要的是学校是否对学科课程建设有正确的认识，对项目研究有强烈的兴趣、积极性和责任感，以校长为核心的团队是否投入精力，脚踏实地开展研究。

为了进一步做好"以学科课程建设提升学校课程领导力"，在此提出审视本校学科课程建设的步骤或视角：

（1）开展 SWOT 分析。学校首先要对目前本校的学科课程进行梳理、评价，发现优势与劣势、挑战与机遇，包括学校办学思想办学理念、课程方案和课程标准文本解读、学科课程建设现状、师生、资源等，把握好本校学科课程建设所处的位置。

（2）精心设计学科课程。学科课程建设是课程标准校本化的过程。学校要在国家课程方案的总体框架下，面对学校实际和学生实际去设计、创造。学科课程建设过程中需要处理好以下几个关系：各个学科课程与学校课程计划的匹配程度；本学科内容与其他学科内容的重复关系；处理好各个学段、各个年级延续性的问题等。学校要突出研究的重点、难点、突破点,设计好学科课程建设规划或计划,确定好学科课程建设方法策略。

（3）课程建设以学生发展为本。学科课程建设本身不是最终的目的或目标,给学生提供丰富的、有特色的、个性化的课程才是最终目标。因此,在学科课程的建设过程中始终以学生发展为本,必须要考虑如何实施课程的问题,包括如何提供课程资源等方面的保障,如何通过评价来不断完善课程的问题。

（4）学科课程建设促进教师专业发展。学科课程建设,必须调动所有教师的积极性、能动性和创造性。校长要赋予教师在课程方面的自主权,并赢得教师的积极回应。校长要懂得如何通过团队力量,增加教师的归属感和责任感,促进团队发展。学校在学科课程建设的过程中,要以学科课程理论为指导,基于实践,构建满足学生实际和需求、符合学校特色的课程。

探索适合学生发展的课程[①]

自1997年上海启动"二期课改"以来,大同中学基本形成了以"基础型课程、拓展型课程、研究型课程"为主干的多元课程结构,为学生全面而有个性的成长创造了条件。在具体的工作实践中,我们仍然面临这样的矛盾:(1)学校课程实施有限的学习时空和丰富的课程资源之间的矛盾;(2)共同基础标准落实与学生个性发展诉求之间的矛盾;(3)教师教学集体性与学生学习个别化之间的矛盾。基于实践中的问题,立足于学校课程适应学生学习基础差异的需求和适应学生发展需求的差异,我们提出了"学校课程统整"的策略,致力于提高课程对学生发展的适应度。

一、课程统整的核心:CIE

基于"学习领域—学科—模块"这一序列,我们立足于学习领域从学校顶层设计学校的课程,实现学校课程结构的重组,即"学域统整";立足于学科从教研组层面设计单一学科的课程,实现学科课程资源的更新,即"学科统整"。学域统整和学科统整后的课程,以模块的形式进行实施,这要最终落实到课堂教学层面和学生学习层面。学校在课堂教学层面对学生三年的高中学习历程进行统整,真正实现学生的有效学习,实现课堂教学的转型,据此在课堂教学层面提出"学程统整"。基于上述理解,学校建立了"课程统整"的基本框架,如图4-3所示。

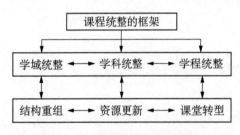

图4-3 "课程统整"基本框架图

在确立了基本框架后,学校确立了以"CIE"为核心来对学校的课程进行统整。所谓CIE,是英文 Creativity(创造能力)、Innovation(创新意识)和 Entrepreneurship(创业精神)的首字母缩写,CIE课程是以挖掘学生潜在创新意识、培育学生创新素养为目标,以学生自主开发并参与的项目为驱动的课程实践活动,着力让学生掌握创新这把钥匙,让学生在"求索、求新、求异、求变"的文化氛围下,寻求突破、寻求个性发展与创新转化的舞台。

在具体操作上,学校以"CIE"作为课程统整的核心,从"学域、学科、学程"三个层面开展统整,将CIE注入基础必修课程、拓展选修课程与自主发展课程中。在实施中,解决两方

① 郭金华.探寻适合学生发展的课程:上海市大同中学学校课程统整的实践[J].基础教育课程,2013(12).

面的问题：一是CIE作为一种素质要求，以CIE——创新素养，作为整合、构建课程体系的核心，解决"用什么来统整"这一问题；二是CIE贯彻于学域统整、学科统整、学程统整，解答"如何进行统整"这一问题。其整体框架如图4-4所示。

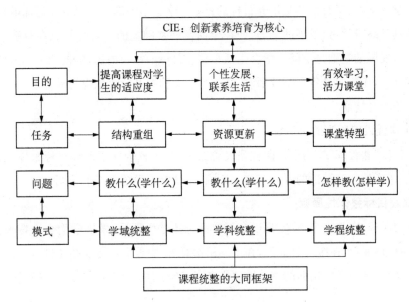

图4-4 大同中学课程统整的整体框架

二、课程统整的实施方案

学校课程统整是对学校培养目标的再提炼，是对学校教育情境的再分析，是对学校课程结构的再梳理，是对课程内容的再开发，是对课程实施效益的再评估。

（一）培养目标的再提炼

学校在课程统整中始终围绕着课程如何促进学生的"全面发展，学有特长"展开，把学生的这一"总学力"的要求作为学校进行课程统整的基点，并在校本实施中加以规范化。学校课程结构与"总学力"的关系如图4-5所示。

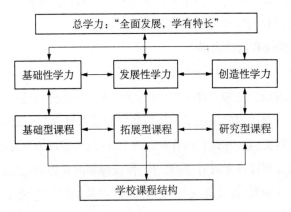

图4-5 学校课程结构与"总学力"的关系图

"总学力"的培养目标落实在行动中,就是培养学生"学会做人,学会学习,学会生活,学有特长",树立起大同学子的形象是"热心公益,勤奋朴实,自信自立,学有所长"。学会做人是培养目标的基石,培养有强烈社会责任感及良好道德素养的社会建设者是大同培养学子的根本。学会学习、学有特长是培养目标的核心。学会学习即在知识更新迅速的现代社会培养学生具备终身学习、发展的能力,而在全面发展基础上的学有特长意在打造学生进一步学习深造发展的基础与空间。学会生活是培养目标的社会内涵,学校课程不但要提供各学科学术修养,还要通过各种学校活动、社会实践课程提升学生的参与社会能力,使其具有发展所需的较高情商。

(二) 课程设置原则的再认定

在确定以"课程统整"为学校课程建设思路之后,学校确立了课程目标整体性、课程结构多元化、课堂教学差异性的课程统整三原则,为学校课程统整定下基调。

1. 课程目标整体性原则

学校的课程,作为一个整体,都以全面提高全体学生素质、发展学生个性特长为目标。各类型、各科目课程,在统一目标下,在不同层次要求、侧重上功能互补递进,合力形成一个整体,要从学生全面素质培养的整体性原则考虑,针对学校学生特点,构建课程体系与配置课程科目。

2. 课程结构多元性原则

学生素质教育的多元性,决定课程结构的多元性。各种类型、模式、周期的课程设计要既能保障学生共同基础的学习,又能满足和促进学生在不同基础上发展和个性特长发展以及社会多样化发展的需求。

3. 课程教学差异性原则

坚持以学生发展为本,要承认并允许学生在中学阶段学习基础与能力、潜质发展的差异性。应根据不同层次的学生,在同一科目课程设有不同层次的教学内容与要求;应根据不同层次学生的需求,设置不同层次的课程科目,或在同一领域、模块课程科目中,有不同层次的教学内容与要求。要培养、引导学生学会对学习的自主选择,尊重学生对自己所需要学习的课程、学习课程的进程与要求的选择权利。

(三) 学域统整的课程结构突围

学校通过课程统整的探索,打破原有的以分科为主的课程体系,把相关联的学习领域统整在一起,实现新的课程结构,解决"教什么(学什么)"的问题,形成"学域统整"。

在课程结构上,针对不同学生的学习基础和发展需求建立三个层次的课程结构,供不同发展水平的学生进行选择;在课程内容的组织上,以八大领域为整合的基点,使基础型课程、拓展型课程和研究型课程形成有序的结构,保证课程内容的多元化;在课程实施的系统上,针对学生的差异性做到"保住底线"、"发展差异"、"鼓励冒尖",使学校建设的不同形态课程之间互通相融;在课程评价上,以学分制作为评价学生发展的指标。通过课程结构、课程实施、课程内容和课程评价的顶层设计,学校把八大学习领域中的课程内容进行统整,形成了大同中学独具特色的"学域统整",如图4-6所示。

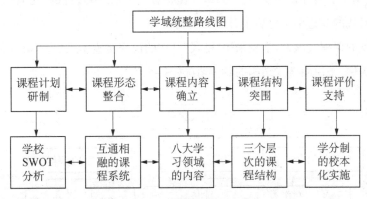

图4-6 学域统整路线图

围绕"提高课程对学生的适应度"这一目标,课程结构上采取"三个层次的课程结构"。这三个层次为:

课层L1:基础必修的课程,学生须共同修习,这一课程是大同高中生基本学业、素质的共同要求,利用基础课时修习达成。课层L2:选择拓展的课程,每个学习领域设置不同要求的科目模块,帮助学生进一步夯实学科学习的基础,进一步发展学科学习的能力。学生根据学习基础和发展需求在教师指导下选择相应的科目学习。课层L3:自主发展的课程,该层次课程学习是开放性的,帮助学生发展兴趣和爱好,提升学生的科学素养和人文艺术修养,实现学生个性特长的实践与发展。该层次课程由以下六个模块组成:模块一:名著导读;模块二:语言媒介;模块三:社团活动;模块四:科技创新;模块五:社区服务;模块六:特长专修。

三个层次课程模块的建设,满足了学生共性与更多个性化的学习要求,达成了学校的培养目标。

(四) 学科统整的"链式"课程实施构建

学校各教研组基于统整理念的学科建设,经历了编订学科校本实施纲要(即国家课程标准的校本化实施纲要)、学科学程方案设计与实施及学科课程统整建设等三个阶段,在不同层面上形成了整体而多元的学科课程系列,实现了"课程资源的更新",为学生的"个性发展、联系生活"提供课程支持。

"个性发展、联系生活",在学科统整中的追求为:第一,通过对学科内部知识的整合,构建起一个纵向贯通的学习模块,把分布在不同年级中的相关知识整合成为一个专有的模块,供学生进行学习;第二,通过学科整合,形成学科内部基础型课程、拓展型课程和研究型课程的有序排列,供不同学习基础的学生进行有选择的学习,实现学生学习的"选择性",为学生的"个性发展"和"学有特长"提供平台;第三,通过学科整合,把知识世界融合进学生的生活世界,使学生的"个性发展"有现实的根基和生活的视角;第四,通过学科整合,打破学科内部结构,基于学科开发拓展型课程、研究型课程,实现学科资源的"更新",保证学校的学科知识在时代的变迁中不落后于时代的发展。

学科统整的课程实施上,学校采用"链式"结构的课程实施模式。下面以语文学科的链式实施结构为例,来说明链式结构的具体情况(图4-7)。

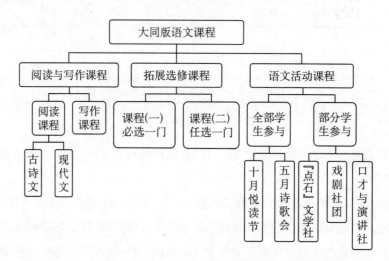

图4-7 大同版语文课程的整体框架

关于课时的分配。从总体的课程结构上,将原来每周4课时的语文学习分解为基础型课程3课时、拓展型课程1课时以及自主发展课程X课时,这个X可以是0、1、2,甚至可以是3、4……X,包括语文学科领域相关的自主拓展课程、社团课程及学科领域内的各种学生活动,学生在校所有学习、探究活动都被纳入课程的范畴。

关于内容的分配。在基础必修课程模块,语文学科的统整体现在根据大同学生的基础,统整高中三年语文学习的内容及国内多版教材,编订并试用大同校本语文教材,为大同学子发展夯实基础。在拓展课程模块,语文学科则以名著导读为主要内容,引导学生选修各自感兴趣的名著模块,如鲁迅名著导读、走进《红楼梦》等。在自主发展课程模块,语文学科更是打开了广阔的天地,学生社团、学生自主活动,都成为学生在语文学科领域自主发展的舞台,教师则起到引导作用。

通过三个层次的设计,语文学科把学生课程学习的路径串成了一个链条,而不同的学生根据其能力与兴趣爱好,学习链是不同的,这样就基本满足了不同基础、不同兴趣学生的个性发展需求。

（五）以"CIE"为统整的课程创生

在学校进行课程统整的过程中,创新素养培育作为学校特色项目的重中之重,在学校的课程实施中占据着主导地位。学校把创新素养培育作为促进学生"全面发展、学有特长"的主要手段,为学生的成长搭建"时空"平台。在这一过程中,学校经过探索,逐渐地把创新素养的培育聚焦到"CIE"上。

学校将课程的设计建立在对学生需求的分析上,让课程、师资、资源围绕着学生的素养发展需求而变化和架构,以"CIE"作为课程统整要素,将"CIE"注入基础必修课程、拓展选修课程与自主发展课程中,实现不同学习领域、不同学科课程统整设计,形成了学校特色的"CIE"课程群。"CIE"课程以具有现实意义可操作的生活实例为教学载体,具有明显的跨学科特征,以学生为主体的团队活动为主要教学形式,开展与社会实践相结合的专题或项目研究。该课程面向高一、高二全体学生,以项目为载体,根据每个项目的不同内容和要求,采用比较灵活的课时周期,一般每个项目为10～15个课时。该课程实现了按需设计课程主题,按需统整课程目标,按需配置课程资源,按需组建指导教师。

（六）学程统整的实施

学程是指学生高中三年的学习历程,学程统整就是指学校为学生三年的学习历程所建构的支持系统,其目的是促进学生的有效学习,实现学生高效能的发展。通过"学域统整""学科统整"之后的课程,最终还是要落实在学生的学之中。通过对原有课堂教学呈现弊端的分析,学校提出了"学程统整"的理念,来统整学生的学,其目的是为学生有效的学习搭建各种平台。

学校以"有效学习"和"学情调研"为基础,围绕如何指导学生的有效学习为中心,以"如何指导学生学会学习"为问题基点,从宏观、中观和微观三个层面来解决学生进行有效学习的方法运用问题。在宏观上,学校以建设导航课程为中心来对学生三年的学习历程进行指导;在中观上,学校通过提供课程咨询帮助学生进行课程选择,并对学生的课程进行网上管理,从而为学生的有效学习提供支持;在微观上,学校以构建专题学案为中心来对学生每一节的课堂学习进行指导,提升学生学习的效能,把学程统整落实到每一节课堂教学之中。

三、结语

课程改革是大同中学发展的持久动力,是大同中学的学校文化,更是大同中学为学生提供优质教育服务的有力保障。课程统整带动了学校课程教材改革的深化,带动了教师教育教学理念与实践能力的提升,带动了学校教育教学质量的稳定提升。我们将进一步加大改革的步伐,进一步提升教师的素养,进一步调动学生积极性,进一步开展学业评价的研究,为学生创新素养的培育,为实现学校的教育转型发展作出努力。

细化课程标准　建设优质学科课程①

从 2010 年起,在"上海市提升中小学(幼儿园)课程领导力行动研究项目"的引领下,我校把学校课程改革的重点放在了基础型课程领域,在课程规划、建设、决策、引领、实施、管理和评价等方面都作了一定的探索和实践,在提高课程选择性的基础上,以细化课程标准为切入口,建设优质学科课程,力求使课程能适应并促进每一位学生的发展。

一、以学程为核心的课程设置

进入育才中学的每一位学生,尽管录取分数差异并不大,但事实上学生之间存在着许多智力与非智力因素的差异,而且有的相当明显,主要表现为接受能力、理解能力和创造能力的差异,情趣爱好的差异,思维特点的差异,以及将来升学深造方向的差异。当然,这种差异并不能简单地按此划分为优劣。每一个学生都是不同的,课程应当具有高选择性,应当打造不同发展空间来满足学生不同的发展需求。

在提高课程选择性的同时,学生获得了更多的课程选择权。在现实的基础教育中,学校、教师和家长往往喜欢代替学生作出选择,在否决了学生的选择权利的同时,也取消了学生所要承担的责任。每一个学生都是自己的主人,没有人能够呵护他们一辈子,一直告诉他们应该做什么、如何做、为什么而做。每个学生都应该学会独立思考,作出选择和判断,决策自己的行动。把课程选择权交给学生,就意味着学生能根据自己的兴趣、爱好确定自己的学习目标,选择适合自己的学习内容和学习时间。当学生可以控制自己的学习过程时,他们学习的积极性和主动性就会大大增强,对自己学习的责任感也会随之增强,学习的效果也会更好。

"学程"是育才中学课程体系中的核心,也是呈现在课程表上最有表现力的"活力因子"。在育才中学的课程体系中,学生对课程的接受方式是以"学程"形式呈现的。学校根据学生学习规律、学科内在结构等特点,将每学期划分成若干学习阶段,称之为"学程"。目前,学校设计每学年 6 个学程,每学期 3 个学程,高一、高二两个学年,共计 12 个学程。一个学程的教学时间基本为 5 周,其操作的基本要点是:一个学程完成若干门学科的一个模块学习;不同的学科设置不同的学程数;若干不同的学科在同一学程中的课时数相同。而每学期末的整合阶段,对于学习基础较弱的学生而言,是夯实基础、提升自己学习能力的好

---

① 汪秀红.细化课程标准　建设优质学科课程[J].基础教育课程,2013(12).

时机；对于不同志趣爱好的学生而言，该阶段的主要任务便是拓展自己的知识结构，强化优势学科。

表 4−1　育才中学的学程设置

学科	学程数	开设年级	学习时间
语文	12	高一、高二	固定
数学	12	高一、高二	固定
英语	12	高一、高二	固定
体育与健身/专项选修	12	高一、高二	固定
物理	7	高一、高二	自选
化学	7	高一、高二	自选
地理	4	高一	自选
信息科技	3	高一	自选
生命科学	4	高一、高二	自选
历史	5	高一、高二	自选
思想政治	5	高一、高二	自选
艺术(专项选修)	3	高一、高二	自选
综合素养课程	5	高一、高二	自选
(各学科)研修	4	高二	固定
(各学科)整合	每学期末的 2～3 周		

学程的设置，加大了课程内容、课程水平、课程学习时间、课程学习进度的可选择性，基本上满足了学生的个性化发展需求，同时也对学科课程本身提出了更高的要求。首先，教学要适应从学期到学程的变化。教材编排一般以学期为单位，设置学程后，在总的教学容量不变的情况下，必须调整周课时和教学安排，使得一个学程的教学，既符合学科自身的逻辑关系又相对独立。其次，为保证教学和评价的科学性和一致性，需要有统一的教学标准。只要选择同样水平层次的学习内容，学生之间只有学习进度的不同，没有学习目标和评价的不同。最后，学生的个性化发展，落脚点还是在课堂。变革教学组织形式、优化教学方法、创新课堂活动，发挥每一个学生的优势和潜能，个性化教育才落到实处。所以，学校以细化课程标准为抓手，推动各学科课程不断走向优质。

二、以细化课程标准为重心的课程建设

细化课程标准，主要从教学要求、教材、教学过程和学习评价等几个方面着手。

(一) 明确、适度的教学要求

上海二期课改课程标准中，有的学习要求的表述不够明确，有的与育才中学学生的实际情况不尽相符，不利于教学活动的有效开展。于是，各学科教研组结合学校和学生实际，

129

认真研讨教学内容和教学要求,使其明确和适切,更贴近学生的实际水平。

以物理学科为例,上海二期课改物理学科课程标准中,对"加速度"的学习要求是"理解级B"。为便于在实际教学过程中操作,使教学重点更为突出,我们将该知识点的学习要求细化为:(1)理解加速度的概念;(2)理解速度、速度的变化、速度的变化率、加速度的联系和区别;(3)学会运用DIS系统测量直线运动小车的加速度;(4)理解速度—时间图像斜率的物理意义。细化后的教学要求具体明确,便于操作。

再以生命科学学科为例,在"细胞核与细胞器"的教学中,课标中原本规定"线粒体"、"叶绿体"、"核糖体"、"原核真核细胞的本质区别"四个知识点的学习水平为A(识别、记忆),我们校本调整后设定为B(理解)。其理由是:(1)线粒体和叶绿体参与生命世界中两个最重要的生物化学反应:细胞呼吸和光合作用。而这两个化学反应是学科的核心知识内容,因此提高对线粒体和叶绿体的认知要求,有助于后续学习。(2)核糖体是唯一一个有细胞结构的生物中共有的细胞器,且它是合成蛋白质的场所,因此提高它的认知要求有助于学生形成整体知识网络。(3)真核生物和原核生物在进化上有非常重要的意义,要求学生理解原核和真核细胞的本质区别,有助于学生形成正确的生命科学观念,提高学生的生命科学素养。

教学要求校本化的过程中不仅要考虑"知识与技能"层面,也应考虑"过程与方法"以及"情感态度价值观"。生命科学教研组梳理了教材内20个实验,参考我校的实验条件和学生需求,将其学习要求进行调整,有演示实验升级为学生分组实验的,有验证性实验上升为探究性实验的,还有以实验组织教学的。如,"酵母菌的呼吸方式"是学生学习细胞呼吸时的演示实验,但在演示过程中,学生很难看清气泡产生、颜色渐变的过程。对此,我们的设计改变为学生分组实验,学生自己动手完成实验,能清楚地观察实验现象,不仅能帮助学生较深入地理解学习内容,而且能进一步感受到实验对于生命科学学习的重要性。

(二) 科学、适当的教材重组

明确的学习要求,为教材的选择和编排奠定了基础。各学科依据学科特点,尝试对教材内容开展一定程度的重组,以期更好地体现课标以及学生学习的实际。

语文教研组致力于构建开放而有活力的语文课程体系,对教材的重组与创新,既保留了国家课程的基本框架与精髓,又使得教材体系充满了时代特征,符合学生需求。在教师们看来,语文课程的开放与灵活,不仅表现在课堂教学过程中多元教学手段的使用,也同样表现在语文课程资料的丰富、多元和灵活之上。学校语文教研组确定了创建学校语文教材的主体思路:第一,注重教材的审美价值和文化内涵,重新选编经典、精美、精彩的文言文、名文和时文;第二,选文注重与统编教材的相关性延伸和补充性延伸;第三,对统编教材进行筛选和组合,较大幅度地加大选文的容量,并且倡导师生共同参与编写。经过多年的积累和完善,逐步形成了相对静态的"吟诵背诵"教材和相对动态的"活页文选",这种重组教材方式,成效显著。

英语教研组根据主题,如旅游、节日、娱乐、媒体、理想等选择多种版本的教材和英语报纸杂志篇目,灵活运用教学资源。以"节日"主题为例,英语组选取某教材中一篇描述西方人如何庆祝诸如圣诞节、感恩节、新年等重要节假日的文章——*Holidays and Festivals in the United Kingdom*(《英国的节假日》);选取另一教材中有篇介绍西方人是怎样准备人生最重要的节日——婚礼的文章(Wedding);此外,还补充 *TIME*(《时代周刊》)上一篇介绍英国威廉王子的婚礼的报道——Royal Wedding。上述文章形成的模块,内容更加丰富,结构更加完整。

生命科学教研组则根据学校总体规划的学程设计适当地重组了教材。在育才中学,学生共有四个学程来完成高中生命科学课程的学习,我们为此设计了 4 个模块:细胞与代谢、生命与信息、遗传与进化、综合复习,每个模块分别由 4 至 5 个主题组成。根据知识之间的关联和学生的接受程度,我们编排了每个模块内的主题,这些主题可以有同一章节的内容,也可以有不同章节的内容。例如,第 6 章第 3 节"基因工程与转基因生物"、第 7 章第 4 节"细胞分化与植物细胞培养"、第 7 章第 5 节"克隆",就将其整合为同一主题"现代生物技术"。这些主题,有些与教材上的教学顺序一致,有些则根据学科知识体系做了调整。

教材的适当重组,不仅保证了学程背景下课堂教学的有序展开,更重要的是,它极大提升了教师的专业素养,为课堂教学的创新准备了条件。

(三) 以问题为中心的课堂教学

课堂教学的组织形式、教学方法可以多种多样,但其本质是必须有双边、双向乃至多向的沟通,没有沟通就无所谓教育影响,也不会发生教与学的转化。在充满变化的、不确定的教学活动中,学生是学习活动的主体,学生的学习结果是学生自己发现或"创造"出来的:学生根据自己原有的水平不同程度地"创造"出了知识和能力,而教师的重要工作就应该是为学生设计能够进行创造性学习的外部条件,成为学生学习的指导者和合作者。所以,优化课堂教学过程的根本标志是看学生是否真正成为学习的主体,要看学生参与学习过程的程度、有效度,要看教师指导学生思维训练,鼓励学生质疑问难的广度、深度,更要看能否激发学生独立思考和创新意识。在教学过程中,学校倡导"以问题为中心"。

例如,数学教研组在课前设计了"学习建议"这一环节,鼓励学生自主学习探究,主动发现问题、提出问题和解决问题。以"指数函数的图像与性质"的学习为例,教师提出了一系列的问题,有学习前的准备:如,对一个角,它的六个三角比值有怎样的关系? 有引导步步深入的问题:如,从定义中观察,你能否归纳出同角的六个三角比之间存在的某些关系式? 这些关系式如何得到的? 从例题和练习中发掘,这些关系式可以解决哪些问题? 你对教材例题的解答是否有不同的想法或解法? 等等。最后还有一些提示性的问题帮助学生解惑:如,这些关系式对任意角都成立么? 若不能成立,写出成立的条件;解决问题中,这些公式的运用是否有一定的顺序？你对此有何想法？

而生命科学教研组则利用将原有教学内容有机整合为一个个主题的契机,开展主题教学。在每一个主题下,学生们根据校本学习要求,通过以下流程完成学习:整体阅读,完成阅读检测,初步感知→小组讨论、交流,进一步理解→教师精讲,攻克难点→单元检测,知识梳理→形成个性化知识网络。在此过程中,教师提供不同的学习资源,通过独立学习、小组讨论、交流展示、实验求证等多种类型学习环节,学生可实现多种学习目标,逐渐形成不同的学习风格,即以单元教学为载体,促进学生的个性化学习。

如今,改革正在进行中,师生都在发生着改变:教师不再是课前做好一个精美课件,课后改学生作业的单一循环,而是指导学生阅读教材,收集学生小组讨论后提出的疑难问题、新生成的问题,寻找讲解的切入点……如今,学生主动阅读已经基本成为习惯,对于不明白的内容会先在组内进行小组交流,他们的笔记不再是整齐划一,只记下老师的板书,而是开始有个性地完成自己的知识框架,有列表的,有绘图的,有图文并茂的。他们的学习能力在不断提升中……

(四) 丰富的过程性评价

学习评价是教学中反馈教学信息,检验教学效果的重要组成部分。如何评价学习要求是否达成？常规的团体测评方式是不可缺少的,但与此同时,丰富的过程性评价在学生发展的过程中,也有不可替代的重要作用。借助网络的即时性,学校开展了丰富的过程性评价,在学生学习的过程中对其学习水平进行诊断、评估,使其不断提升自主学习的质量。

首先,所有教师在各学程的学习过程中,用文字的方式,对每个学生进行及时的评价。评价内容极为丰富,包括学生的课堂参与度,对某学科学习的态度,学习的技能、技巧,合作、探究等学习品质及具体的学习能力等。同时,教师对每个学生的评价都是独特的,是基于学生真实的学习状况而进行的;并且教师十分注重对于学生进行正向的鼓励和强化,以激励学生的学习积极性。学生可以通过课程的网络平台,查询各学程教师对自己的评价。我校对每个学生都进行了个性化的评价,而且以欣赏型、发现型的评价为主。因为这种评价对于激发高中生发展的内在需要具有重要价值,能够成为学生成长的重要资源。同时,这种评价是持续不断地进行的,具有动态性,这对于学生调整、改善自己的学习方式具有重要的指导作用。

过程性评价中的个性化还体现在作业的布置和反馈中。通过个性化作业系统,教师可以为学生布置分层、分类的作业,学生能科学有效地完成个性化作业,并获得系统提供的作业情况统计分析、类题推送等,从而达到精准学习、个性化教学的目的。同时,学生能科学有效地完成个性化作业;教师通过系统方便实现全批全改;学生能及时地获得个性化作业的完成反馈,教师能及时获得作业的完成结果统计分析,通过个性化作业的统计分析获得准确的学生情况,有针对性地开展教学。

【实践案例】

基于"地球学"的生态课程校本化实施研究[①]

一、研究问题的提出

同济二附中扎根于同济大学百年办学历史的文化沃土,在"依托同济、自主发展"的战略框架下,在总结学校十年办学、优质发展的基础上,结合《国家中长期教育改革和发展规划纲要(2010~2020年)》关于"推动普通高中多样化发展、鼓励普通高中办出特色"的要求,学校明确提出"生态课程、和谐教育"的办学追求。"生态",是指生物的生存状态以及生物与环境之间的相融共生的关系。教育领域的"生态"意味着不同主体之间合作相融、和谐共生的蓬勃场景,既体现学习者的主体性、差异性,也包含学习过程的合作性、开放性和情景化。通过研发并实施"生态课程",走向"和谐教育",是我们办学追求的理想境界。然而,何为"生态课程"? 怎样构建"生态课程"? 如何处理好"生态课程"与"国家课程"之间的关系? 这是学校要致力于解决的重要课题。

基于上海市中小学校开设三类课程的结构要求以及学校在课程实施中存在的实际问题,学校适时地提出"基于'地球学'的生态课程校本化实施研究"这一课题,希望能在提升学校课程领导力的行动研究中,探索出对学校课程问题的基本解决办法。

二、研究概念的界定

在本课题的研究中,主要涉及"地球学"、"基于地球学"、"生态课程"几个概念,限于课题研究的活动范围,我们给出了相应的校本化界定。

(一) 地球学

在本课题中,我们认为中小学学科课程的知识内容都是人类文明成果的结晶与体现,为了便于教授和学习,人们根据知识的内在联系,把知识系统化、结构化,从而出现了我们所熟知的分门别类的具体学科。基于对中学课程内容以及人与自然关系的校本理解,我们把"地球学"定义为"包含'地球'构造与演变的研究领域以及人类在地球上的一切'文明成果'两部分",即"地球学＝地球本身＋人类文明"。人类的繁衍和文明的进步都是源于地球的滋养,国家课程里的知识内容只是人类文明的基础部分,学校里开设的国家课程是从"地球学"土壤上生长出来的学校主干课程。

---

① 刘友霞,上海市同济大学第二附属中学。基于"地球学"的生态课程校本化实施研究[J]. 基础教育课程,2013(12).

（二）基于地球学

基于"地球学"，即是以"地球学"为课程学习的基础背景，引领学生关注地球，进而关注地球上的人类历史、科学文化，乃至社会文明的进展。在课程价值取向上，引导师生树立人与环境相融共生的整体的生态发展观。在课程内容选择上，引导师生关注人与环境互动发展中的文明创生的过程。在课程建设原则上，坚持整体性原则，不仅重视显性课程建设，还重视隐性课程开发；不仅重视学生对间接知识的掌握，还注重学生个体生活经验的积累，从而达成知识学习、方法掌握和能力发展的和谐统一。在课程实施途径上，坚持开放性原则，以生态的视野看待课程，以基础型、拓展型、研究型三类课程的整合建构为平台，同时辅之以综合社会实践、创新实验项目、国际交流活动等，搭建出相互补充、相互转化的生态课程实践模式。

（三）生态课程

所谓"生态课程"，就是借鉴生态主义的世界观、价值观、认识论和方法论去观照、思考、解释、解决学校的课程问题，并以生态的方式来开展理论思考与实践应用的课程。从本质意义上说，生态课程强调自然、社会和人在课程体系中的有机统一，使自然演化、社会变迁和人的成长成为课程学习资源的基本来源。因此，"自然即课程、社会即课程、自我即课程"成为生态课程的基本命题。其在价值取向和目标定位上，恰恰与"地球学"的系统性、整体观相契合。简而言之，就是教育回归自然生态，回归社会生活，回归主体生命。

三、研究行动的开展

（一）建设生态课程，优化课程结构

在多次研讨后，学校确立了课程实施以创生价值为取向，将基于"地球学"的生态课程的构建置于同济二附中特定的、具体的教育情境中创生。

首先，课题组要求各基础型课程的学科教研组寻找、梳理能够与"地球学"相关联的知识领域，整理出对接"地球学"的跨学科知识内容集，为拓展型课程和研究型课程的开发与实践，提供知识对接点和专题拓展线索。

其次，根据基础型课程中有关对接"地球学"的知识生长点，结合学生全面发展的需要，精心设计地质考察、地球测绘、地球信息技术、人文地理、理化生实验、生活创意、数学建模等维度的专题拓展课程和课题研究课程，并整合创新实验项目、社会实践活动、科技竞赛、学生社团等，将专题类的课程和课题扩展到真实的情境中，让学生在实践中验证并运用这些知识，尝试解决生活实际问题，从而在拓展、深化、巩固、综合应用中，进一步加深对基础型课程的知识理解。

总之，通过基础型课程与"地球学"的对接，梳理并归纳出可以跨学科综合的"知识点"，形成拓展型课程中的专题"拓展"学习。如地理教师开发的"3S技术应用与创新"，语文教

师开发的"水与水文化"、"跟着古诗去旅行"等。再根据学生的学习兴趣,对拓展型课程里涉及的专题进行纵深研究,就形成了研究型课程中的课题"延伸"学习,如"学校周边生态环境调查""苏州河水质研究""细菌的人工培养及操作研究""校园生活垃圾的处理和回收利用""普通果蝇形态及生活史的观察实验"等课题。最后把这些来源于基础型学科课程的知识点、专题面和课题链,与学生的社会实践活动进行"情境化"的设计和整合,就形成了具有"主体性、体验式、活动化"特点的"上海崇明岛生态考察""安徽巢湖地质考察""美国地球科学夏令营"等综合实践活动。从而进一步使基础型、拓展型、研究型三类课程在知识联系、知识拓展、知识探究、知识应用中得以相互转化、相互促进,并系统地支撑起学生对语言与文学、数学、科学、人与社会等"八大学习领域"的知识掌握与应用,最终形成一种相互关联的、相融共生的、动态生成的"生态课程";如图4-8所示。

图4-8　同济二附中"生态课程"树形图

(二) 构建生态课堂,优化课堂教学

课堂是课程实施的主渠道,探索适应生态课程、体现生态教育观的生态课堂是推进生态课程建设的重要抓手,也是生态课程实施的关键载体。在行动研究中,我们达成了"四性一化"的特点共识,并形成了"生态课堂"的实践形态。

1. 生态课堂的特点

生态课堂是以生态观的视野关注课堂中的教育理念、师生关系和教学模式,它注重的是教师、学生、教材、课堂教学环境之间多元互动的整体关联。"生态课堂"的整体样式包括:整体相关与动态平衡的统一,多元共存与和谐共生的统一,开放性与交互性的统一,有限性与无限性的统一,差异性与标准性的统一。我们把"生态课堂"的特点表述为:①主体性;②差异性;③合作性;④开放性;⑤情景化。

2. 生态课堂的实践形态

我们的实践探索,试图从"生态学"的角度,来反思、认识、理解和重构课堂教学。"生态课堂"追求这样一种教学形态:让生命主体在因地制宜的条件下自主和谐地生长发展。具体而言,在师生构成的生态因子关系上,是互动和谐的;在教学活动参与程度上,是主动积极的;在课堂学习气氛上,是合作竞争的;在教学方法上,是因材施教的;在内容把握上,是生成拓展的;在学习品质上,是注重个性发展的。

(三) 组合长短课程,优化管理机制

学校根据高中学生的实际需求和学段特点,经过实践探索,逐步形成了长短结合、滚动推进、小班教学的生态课程实施机制。

1. 长短结合

我们根据内容选择和实施需要，采用长短结合的生态课程组织形式，即部分课程实行一学期的长学时制，部分课程实行半学期或四分之一学期的短学时制，旨在给学生提供更多选择学习的机会。

2. 滚动推进

与长短课程相结合，学校采取滚动推进的实施办法。一学期的长课程每个班级分上、下学期轮换，四分之一学期的短课程，每班每学期安排四门课程轮流开设，每门课程在四个班级滚动推进（表4-2）。

表4-2　滚动推进的短课程

时间安排	课程1： 跟着古诗去旅行	课程2：我们身边的 环境问题调查	课程3： 水与水文化	课程4： 现代生物技术应用
第2~5周	高一(1)班	高一(2)班	高一(3)班	高一(4)班
第6~9周	高一(4)班	高一(1)班	高一(2)班	高一(3)班
第11~14周	高一(2)班	高一(3)班	高一(4)班	高一(1)班
第15~18周	高一(3)班	高一(4)班	高一(1)班	高一(2)班

3. 小班教学

根据创新实验课程人人动手操作的特点，我们把一个班级分成A、B两组，分组安排实验课程的教学，每组20人左右。如高一年级每个班级分成两个学习小组，每四周为一个单元，以高一(1)班和(2)班为例，具体安排见表4-3。

表4-3　小班教学设计

时间安排	高一(1)班A组	高一(1)班B组	高一(2)班A组	高一(2)班B组
第一周	地理"3S"	生物实验	物理实验	化学实验
第二周	生物实验	地理"3S"	化学实验	物理实验
第三周	物理实验	化学实验	地理"3S"	生物实验
第四周	化学实验	物理实验	生物实验	地理"3S"

四、研究成果的生成

课题研究活动大大地激活了师生创新学习的热情，快速地提升了学校的课程能力，积累了校本课程开发实施的宝贵经验，形成了更新课程理念、丰富学习经历、拓展课程能力等丰硕成果。

(一)"Origin"的生态课程理念

在借鉴自然生态，分析研究课程实践的基础上，我们总结归纳出"生态课程"的特性包括：

O—open，开放。课程体系上，是开放的，无边界的。

R—restructure，建构。课程内容上，是通过不断建构达成的。

I—inspire，激励。课程评价上，具有发展和激励的促进作用。

G—grow，生长。课程能力上，具有创生性和成长性。

I—innovate，创新。课程实施上，是师生互动发展的创新过程。

N—nourish，滋养。课程功效上，对师生知识、能力、人格的形成和完善具有滋养作用。

汇总这几个关键词的首字母，就是意为"原生，原创"的"Origin"，这是我校基于校情，创建生态课程的理念内涵。

（二）以校为本的生态课程群

为确保生态课程的有效实施，学校在开展国家课程校本化实施的同时，还致力于挖掘、整合校内外各类课程资源，为学生的知识学习和能力发展提供丰富的创新实践平台。

第一，构建基于"地球学"的五大创新实验课程。地球空间实验室、环境科学研究室、生物创新实验室、3S技术实验室、未来生活创意室等五大创新实验室的建设是以"地球学"为主体，以"地球—生命—环境"为主线，涵盖地理学、地球物理、地球化学、地球生物、地球信息、环境科学等，旨在为学生建设一个拓展型、研究型课程探究学习的综合平台。

第二，建设校内活动体验课程。学校积极发掘自身资源，坚持开展形式多样、内容丰富、喜闻乐见的实践体验活动，提倡学生动手动脑，提高学生独立思维、勇于实践、开拓创新的能力。如，举办"3·18"社会开放日活动；每年的11月份是学校"特色项目展示月"，全校师生围绕"地球学"开展丰富多彩的科技社团交流展示活动，如"地球知识竞赛社"、"GPS接收机的组装"、"3S社团"、"校园三维地图制作"等。

第三，开发校外实践基地课程。在努力挖掘校内教育资源的同时，学校还向外积极开发、拓展课外实践基地，让学生学以致用，真正体现"主体性、体验式、活动化"的"做中学"模式。如，高二学生的上海崇明生态考察活动，高一学生的安徽巢湖综合实践活动，美国加州地球科学夏令营活动，等等。

同济二附中"生态课程"框架图如图4-9所示。

（三）"开放性、生成性、综合性"的课程实施途径

1. 课程实施的开放性

在课程实施中，我们积极创造以学为主、合作拓展的学习方式。例如"3S技术综合应用"课程，改变了以往"教师给课题，学生做研究"的学习模式，开始由学生根据所学的内容及自己的兴趣，自主地选择进行校内或校外研究的课题。每一个研究活动都是在师生合作中，由学生自主探索，发现问题，共同解决问题的过程。这一"放手研究、点到为止"的开放

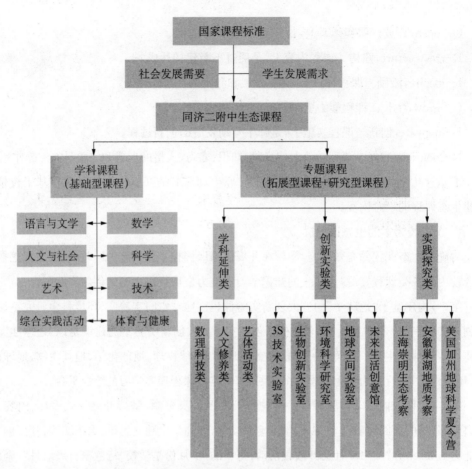

图 4-9 同济二附中"生态课程"框架图

模式成功地激发了学生的兴趣,提高了课题研究学习的效率。

2. 课程实施的生成性

注重基础型、拓展型、研究型三类课程间的生成融合是生态课程的基本特点。"3S"知识点来源于基础课高一年级地理下册,学生在学习GPS的定义时,教师关心的是GPS定位所需的卫星数,而学生对GPS的免费使用更感兴趣,于是教师对该教学内容进行拓展补充,形成了"3S技术"的专题拓展课学习。随后,学生又根据各自兴趣提出了多种多样的问题,教师就根据学生的需要将问题重新分类,围绕"3S技术综合应用"这个主题,组成了多个子课题组,指导学生开展从理论到实践的研究性学习。

3. 课程实施的综合性

在课程实施中,我们不仅注重跨学科的整合与运用,还致力于将科学实验与科技创新、社会实践与德育活动相结合,整体呈现出生态课程相互补充、相互转化的综合特点。"3S技术综合应用"课程就是基于地理、信息技术、数学、物理、化学、生物等学科知识,并综合运用于崇明生态考察、巢湖综合实践的基础上开发起来的。在学习 GPS 定位原理时,学生们会发现定位原理其实就是解数学的代数方程组;在学习植物反射光谱分析时,学生们需要了解部分植物的名称和叶片的结构;等等。

总之,关注课程的开放性、生成性、综合性,既给跨学科整合学习提供了时空资源,又为学生巩固基础知识、培养知识迁移和运用能力搭建了舞台。

五、结语

回顾整个课题研究过程,我们认识到:基于办学实际寻找推动学校突破性发展的核心问题很重要,继而把核心问题提炼为可以引领学校未来发展的龙头课题是关键,再从课程架构、课堂改进到师资队伍优化、学习方式转变等方面下功夫是根本。而课程的开发与创生,课堂的改进与优化,学校课程领导力的提升,最终目的是为了每个学生能够获得德智体美的全面的、和谐的发展。

第五章

教学实施:有效要素①

---

① 本章执笔人:韩艳梅,上海市教委教研室。

提高教学实施的有效性

提高课堂教学有效性是所有教育教学改革的共同追求。总体而言,上海二期课改全面推进的近十年间,课堂教学改革在朝着素质教育的方向扎实迈进,并取得了阶段性的成效和实质性的进展。尽管成效有目共睹,然而由于各种原因,课程改革在课堂教学层面也遭遇到了最大的挑战,来自老百姓最强烈的声音就是学业负担过重的问题。因此,提升课堂教学的有效性,减轻学业负担是推进课程改革持续深化发展的关键,也是提升课程领导力最直接的体现。

实践中我们看到,在课堂教学中比较普遍地存在着课程理念和教学行为相脱节的现象,这已成为导致学生学业负担过重、教育教学效益不高、课程改革难以深化的瓶颈。其中面临的问题主要有四个层面:

一是对学生"学"的视角关注不够,课堂教学中学习是如何发生的? 学生要经历怎样的学习过程? 怎样引导学生真正学会学习? 这些问题一直处于课堂教学研究的边缘。

二是对教师"教"的视角关注不够,即影响课堂教学的关键干预因素有哪些? 课堂教学到底以怎样的环节和教学策略来推进? 这些核心问题一直很少有人问津。

三是对媒体介入教学后的互动关注不够。在信息技术广泛应用于课堂教学的过程中,课堂如何有效实现生生互动、师生互动和人机互动? 这些问题是需要思考的。

四是对作业的设计与反馈关注不够,作业品质是被普遍漠视的问题。作业设计如何考虑不同学习水平的学生需求? 作业有哪些功能,作业设计如何发挥不同的功能? 如何设计多样化的、类型丰富的作业? 这些问题都是亟待正视和研究的。

对课堂教学有效性的关注与探索是"上海市提升中小学(幼儿园)课程领导力行动研究"项目的必然抉择。9个子项目中有3个子项目是关系到课堂教学层面的研究,分别是:学科教学有效性研究、课堂教学评价研究、作业设计与评价研究。13所学校分别从"学习过程"、"教学过程"、"媒体应用"、"作业设计"等视角,选择切入点,对影响教学实施的关键因素进行了深入、持续的研究,其研究成果丰富了学校课程领导者在课堂教学实践层面的认识和实践能力的提升,在提高教学有效性上寻找到了一些有推广价值的经验。

一、学案编制:探索"学习"如何发生

"为学习设计课堂!"这是课程领导力行动研究项目在提升教学有效性上的基本逻辑思考。项目组采取的策略是不进行学术研究,而是从实践中找到容易操作的切入点,即以研究学习方案(简称为"学案",或"导学案")为载体,对学习的相关要素进行思考,形成相应的操作点,并在实践中建构出基本的"学案"模样,通过不断修正与完善这些操作点,最终形成"稳固"的学案基本样式。

因此,寻找一种以学生学习为中心、学生自主探究主动学习和教师有效指导相结合的教学过程,才能真正体现学生学习的主体作用,发展学生自主学习的能力,真正落实"以学生发展为本"的课程理念。

对"学习"的研究是探索课堂教学如何发生的关键因素和源头,不但要思考"学什么"、"如何学",还要思考"为什么学"、"学得是否有效"。我们理解的有效学习一方面体现为学生在学习过程中"会学",另一方面又表现在学习结果具有较高的达成度,即"学会"。也就是说,通过探索学生的学习过程及学习的效果,说清楚学生是怎样学习的。

学案的研究在改变课堂形态中,起着"杠杆"的作用。其设计的出发点是以学生的"学"为出发点,把学习目标、内容、要求和学习方法与探究方法等要素有机地融入到学习过程之中。学案为学生学、教师教提供了服务与支撑。

为此,项目学校研究中建构的学习要素主要包括:学习目标、学习重点和难点、学习内容、学习提示、学习过程、学习小结、学习评价等。由此形成"学案"的雏形。

何为"学案"?"学案是由教师根据国家颁定的学科标准,在学生学习之前,告知学习任务,提供学习路径、方法指导、评价标准等学习过程与方法引导,促进学生学会知识与技能,培养学习兴趣与能力,促进情感价值观全面发展的学习方案①"。研究者认为学案既不是教学案,也不单是学习案,而是一个包括教师引导、学生自主学习的过程案,是以学定教、教学互动的有效方式。

---

① 引自上海市实验小学《学案助学 转型课堂——开放教育理念下的有效教学实践研究》的成果。

上海市实验小学在《学案助学　转型课堂——开放教育理念下的有效教学实践研究》中,提出了学案设计与运用要体现的五个鲜明特征:建构性、积累性、目标性、情境性、自主性。建构了由四个模块构成的学案框架:"学习任务"、"学习过程"、"学习评价"、"学习拓展"(见表5-1)。"学习任务"的告知,让学生在了解学习目标的基础上展开学习,培养学生建立"我要学"的愿望;"学习过程"的设计,包括预习、初学、体验、矫正、复习、拓展等环节,使学生的"学"体现出公平、自主、发展的特点,使教师的教更指向助学;"学习评价"可以是在学中和学后进行,评价内容设计应指向知识技能、方法过程、情感与价值观,实现学科育人;"学习拓展"是基于学生学习需求与学习特质而设计的,引导学生实现基于自身的最大发展。

表5-1　上海市实验小学学生学习方案

项目		内　容	
学习任务	学习内容		
	学习目标		
	学习重点		
学习过程	我的预习与问题		教师的提示
	我的学习和记录		老师的提纲和我的记录
	我的收获	(可以写发言、作品、表演、新方法等内容)	
	学习评价		
	学习拓展		

上表中的学习任务主要由教师填写,作为教师提供给学生的学习引导;"学习过程"中的内容主要由学生完成,贯穿在学习过程之中。

通过"学案"引导的"教"与"学",我们还发现了研究者在课堂实践中的独创之处:

(1)提供学习引导:运用图示、小贴士、着重号等提示,引导学生进入学习过程,进行可能的分层发展。

(2)记录学习过程。《学生学习方案》是教师基于课标设计教案的基础上,以学生的角度为学习而设计的方案,预告学生学习内容、目标、重点,保证了学生的学习知情权和参与权。

(3)分层选择与学习:提供学习程度的选择空间,让学生在教材要求与自身可能间,实现最大发展,学案保障了"减负增效"的全面科学推进。

(4)进行随学评价:随学评价,是在评、学交互中激励学生乐学、会学、学好、学出特点。

通过《小组合作记录》等方式,给予或提供公平的机会,保障学生参与学习的公平性。

对"学案"的研究,并不是为了形成统一的模板,而是希望通过研究,学校能从学生实际出发,形成校本化的符合自身课堂教学实际的样式。

川沙中学华夏西校的《基于课程标准的导学案的设计和实践》研究则另辟蹊径,研究的内容包括:导学案的特征和结构形式;导学案的设计;导学案的课堂实施。其研究思路如下:

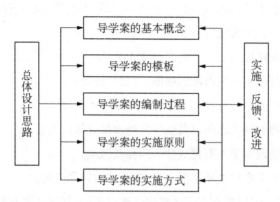

图5-1 华夏西校《基于课程标准的导学案的设计与实践》框架

其建构的导学案模板由"学习过程"、"导学活动"、"设计说明"三大部分组成。首先强调设计学生的学习过程,其次是设计教师的导学活动,并要对此作必要的设计说明。学习活动就是列出学生所要完成的学习任务,这些任务是按照一定的顺序排列,是符合学生认知过程的,而且,这些任务需要学生独立或通过与同伴的合作完成。导学活动是指教师预设的导学方法,或预设的课堂教学活动,是指导学生顺利完成学习任务而采取的教学方式和手段。

其提炼出导学案设计和实践的三种基本方式:启发式,即针对学习的内容,教师通过设计问题链,引导学生的思考和认识逐步走向深入,形成一个由问题导向、学生自主参与、学习内容由浅入深的学习过程;讨论式,针对当堂课要学习的内容,设计一个或几个关键性话题,组织学生进行讨论交流,其间穿插教师的参与点拨,集思广益,从而构成一个自我思考、小组讨论、集体交流的学习过程;探究式,即针对当堂课要学习的内容,设计一个或几个以小组或个人形式进行探究的小专题,自主完成从方法设计到现象观察,直至解释发现的全部任务,从而构成一段探究发现的学习旅程。

关于学案的系列编制研究,最大的效果是带来教师和学生的双重转变。一是学生更愿意展示自我,享受着自学、合作带来的学习成就感;课堂上,学生积极发言,表达自己的想法,享受着学以致用的乐趣。潜移默化中,在教师积极合理的引导下,学生的学习方式悄然地发生着改善。二是促使教师从关注"教"转变为关注学生的"学",对改变教师传统的教学观念起到了巨大的促进作用。随着研究的不断深入，教师观念的不断更新，教学方式不断完善，教学效能也大为提高。

二、模式提炼：探索"教学"如何展开

课堂教学改革一直是所有中小学校特别关注的热点问题。随着教育的发展，课堂教学也顺应社会的需求、学生的需求，不断发生转变。如何实现课堂教学转型，我们的价值追求是在课堂教学中体现六个"关注"：

关注学生主体：构建民主、平等、合作的师生关系；

关注学习兴趣：着眼于学生潜能的唤醒、开掘与提升；

关注学习内容：打通书本世界和生活世界之间的界限；

关注学习方式：增加师生之间以及生生之间多维有效的互动；

关注学习过程：创设对学生有挑战性的问题或情境；

关注学习经历：给学生以主动探索、自主支配的时间和空间。

这些关注点的"落地"需要在课堂实践中体现出来，尤其是在课堂教学环节、教学策略、教学方法上，能"显性"地彰显出来，我们的探索就从这里出发。五所项目学校对如何提高教学的有效性进行了基于"证据"的探索实践。这些研究是：《后"茶馆式"教学案例研究》（静安区教育学院附属学校）；《优化教学环节的实证研究》（市西中学）；《课堂教学中的低效行为及其纠正策略研究》（青云中学）；《新课程目标导向的课堂教学改进行动》（朱家角中学）；《百草园课程理念下的学科教学有效性研究》（中华路第三小学）。这些研究，或聚焦教学原则，或聚焦教学环节、教学策略，或聚焦教学思路改进，从中，我们梳理出项目的亮点呈现如下。

（一）教学原则

中华路三小的《百草园课程理念下的学科教学有效性研究》，形成了"百草园的三原色教学原则"。

红色代表着课堂教学过程中要激情激趣，教师在教学前要根据教学内容预先设想好每节课中的激趣点和激情点，并简单标注激趣的方法与激情的方式。

绿色代表着在教学过程中追寻学习背景化，将教学与学生的真实生活联系起来，将教学内容不断与在地文化资源相联系，使丰富的在地传统文化和先进现代文化充分融入我们的教学与作业中。

蓝色代表着教学要适应每一个学生的成长与发展。教师要根据学生的不同智能类型，预先设想好能适应每一个学生发展的教学方式与练习设计。练习设计要注重层次化和形

式多样,使练习体现出基础性、层次性和可选择性。

(二) 教学策略

源于课堂实践的教学案例是研究课堂教学改革最直接、最鲜活的"素材"。静教院附校开展的《后"茶馆式"教学案例研究》,敏锐地抓住教学案例这一视角,将其作为研究的一个切入口,力图突破仅仅以一种单一模式实现课堂教学改革的现状。通过大量的教学案例,分析受多种因素影响的复杂的课堂现象,期望实现课堂研究的创新和突破。实践研究的成效证明这一探索是非常成功的。

静教院附校的案例研究,从宏观、中观和微观三个层面着手。在微观层面,在课堂教学的一个环节、一次研讨修改后,对教学的成果或一位教师的感悟和收获等进行分析;在中观层面,对同一类别的要素、一次循环实证研究过程,如课堂"学生先学"环节的多种方式、存在问题和解决策略等,进行比较、分析;在宏观层面,对学校层面开展后"茶馆式"教学研究的全过程归纳、分析和研究,最终从教学策略、教学方法到案例库,构建了有层次的教学行动系统。这个系统包括:"学生先学"、"引导暴露"和"共同解疑"三个环节的操作流程和十二条教学策略;基于学段特征、学科特征、课型特征的后"茶馆式"教学的课堂教学操作方法;创生了"循环实证"的研究方法,为课堂教学的转型提供了一个参考样本。

如,"后茶馆式"三个教学环节、十二条教学策略:

"学生先学"教学环节:

- 学生先学的引导性策略;
- 学生先学的完整性策略;
- 学生先学最大化策略;
- 独立学习与合作学习相结合策略。

"引导暴露"教学环节:

- 以教学目标为依据设计问题策略;
- 引导暴露最大化策略;
- 口头引导与书面引导相结合策略;
- 引导暴露与教学评价溶为一体"策略。

"共同解疑"教学环节:

- 学生先解疑,教师后解疑策略;
- 个别解疑、小组解疑和全班解疑相结合策略;
- 教师重点解疑策略;
- 预设性解疑和生成性解疑相结合策略。

（三）教学环节

市西中学开展的《优化教学环节的实证研究》，以教学五个环节为抓手，尤其对"上课"、"作业"、"评价"等环节的优化进行了深入的实践和研究。着重改变教学中教与学的关系和方式，真正体现课堂教学的教师主导、学生主体。不同学科、不同课程采取诸如讨论式、研究式、问题解决式、学徒式（专家引领下的项目解决）、辩论式、开放式（教学环境，如实验室教学）等不同的教学模式，创建了"自习自研，师生互动"的教学特色，打造"互动、高效"的魅力课堂。

1. 自习自研，探究中成为学习主人。课堂里多开展学生自主性学习活动，把更多的学习自主权交给学生，让学生在"自习自研"中探寻答案。这不仅加深了学生对知识的理解，使学生掌握了探索知识的方法，更增强了学生的学习主体意识，提高了学习效能，养成了良好的思维素养。

2. 师生互动，交流中增强合作意识。课堂追求"师生互动、生生互动"的交流氛围，在对话交流过程中，学生不仅开拓了思路，激发了表达欲望，培养了表达能力，更增强了团队意识、合作意识。

3. 倡导质疑，碰撞中提升思维品质。鼓励学生学会质疑、学会辩论，在辨析、判断的碰撞中产生思想火花，达成深度思考。这不仅增强了学生的成就感，增强了学习的自信心，更使学生的思维向高阶思维发展，提升了思维品质。

4. 少讲精练，留白中实现多元发展。在自主性学习的过程中，教师少讲精练，适当留白，学生在不断思考、引申、探索中更好地发现新的知识，发现自己的兴趣所在，进一步在课后发展，学生的多元化、个性化发展得以保证。

（四）教学改进思路与机制

青云中学开展了《课堂教学中的低效行为及其纠正策略研究》，从大量的数据中，梳理出存在于教师课堂教学中的"低效教学行为"，具体表现有：

① 师生关系的不平等——教师专制的低效教学；

② 观点强加给学生——不会倾听的低效教学；

③ 挤占学生时间——忽视效率的低效教学；

④ "讲授、观看"代替"讨论、实践"——不求方法的低效教学；

⑤ 贫乏的言语表情——不求教学艺术的低效教学；

⑥ 缺乏基本功和良好的授课习惯——不能以身作则的低效教学，等等。

为此，学校从教学低效行为的现实出发，提出了"课前预防、课中监控、课后再造"的教学改进思路，建立从课前到课中到课后的完整教学行为中克服低效的机制。各学科根据自

身学科教学的问题,提炼出各自的课堂教学纠正策略。以物理学科为例,针对物理课堂的7大低效行为,提出了7大改进策略:

① 在"演示"中寻求实验有效性;

② 在"讲解"中把控实验目标适切性;

③ 在"探究"中体验实验趣味性;

④ 在"提示"中打造实验最优化;

⑤ 改变"侧重维持纪律,忽视学生心理"的非人本管理;

⑥ 转变"简单的控制,手段单一"的非多样化管理;

⑦ 改善"乱用权威,缺少交流"的非民主性管理。

(五)"学得课堂"

朱家角中学开展的《新课程目标导向的课堂教学改进行动研究》,尝试探索从"教的课堂"转向"学得课堂"。

学得,是朱家角中学对"以学定教"的一种"草根式"解读,意即由学而得、学习之后有所得。"学得"的主体是学生,学生通过主动学习而获得,包括个人的独立学习与小组或同伴的合作学习。"学"与"得",既是过程的连接,包括思考、体验、探究等经历;又是结果的期待,即学务求有得,学必须有得,学也必然能有所得。这不仅体现在知识掌握方面,还体现在能力的提高与创新精神的培养方面。

学得课堂,即基于"学得"的课堂,指教师引导学生通过自己的学习获得知识、获得能力,最终目标是获得发展。它强调学生是学习的主体,教师的责任是教学生学知识、学本领、学做人。

表 5-2 "学得课堂"行为观察表

观察项目	学生行为	表现度			教师行为	呈现度		
		明显	一般	欠缺		明显	一般	欠缺
听了没有,听得怎样	1. 注意迅速集中,听课认真				1. 注重预学指导,设计有备			
	2. 学习目标明确,回应及时				2. 教学目标适切,实施有效			
	3. 努力学习新知,理解正确				3. 教学语言精准,生动简洁			
记得怎样,记住了吗	4. 备好课堂笔记,随时记录				4. 注重习惯培养,关注细节			
	5. 掌握已学知识,答问正确				5. 把握难点关键,突出重点			
问了没有,问了什么	6. 积极主动提问,敢于质疑				6. 创设问题情境,激活思维			
	7. 问题具有新意,思考力强				7. 鼓励不同意见,促进生成			

续 表

观察项目	学生行为	表现度			教师行为	呈现度		
		明显	一般	欠缺		明显	一般	欠缺
说了没有，说些什么	8. 踊跃参与交流,思维活跃				8. 参与合作互动,吸引力大			
	9. 话语表达完整,概念准确				9. 渗透学法指引,有启发性			
	10. 答辩有理有据,善于倾听				10. 及时反馈补救,针对性强			
用于何处，用得怎样	11. 完成课堂练习,正确率高				11. 坚持讲练结合,抓住效果			
	12. 应用所学解题,有创造性				12. 引导拓展探究,策略得当			
总体印象:								

表 5-3 "学得课堂"评价表

学生学习状态		评价依据	参照标准	评价结果		
				好	一般	需努力
学得了(了解了、经历了、思考了)		课堂教学内容能适合学生实际,关注学生需求	任务明确,时间适当;预学充分,合作交流;猜想反思,负担不重			
学得到(学到知识、获得感悟)		课堂教学目标达成须经学生自己努力	尝试探究,问题解决;体验感受,逐步积累;质疑析疑,领悟所学			
学得好	学得有趣	学生学习有愉悦感	气氛和谐,发言踊跃;媒体相助,多向互动			
	学得灵活	学生学习能力得到有效锻炼和有了提高	思维活跃,应对有据;大胆假设,小心求证			
	学得有悟	学生智力因素与非智力因素都得到发挥	理顺知识,感知经验;理解规律,积淀智慧			
	学后还想学	学生学习积极性得到调动、学习欲望得到激发	主动寻问,关注未知;潜心钻研,充满自信			

三、功能建构:探索"作业"如何设计

"作业是熟悉的陌生人"。作业,作为教学五环节中的一个重要环节,牵一发而动全身,其重要性不言而喻。它既是对备课、上课有效性的检验,也是辅导和检测的依据。然而,当下对"作业"的指责却不绝于耳。作业量过多,形式单一,指向不清,学生不喜欢做作业,这些已经成为各级普遍关注的问题。这些问题指向的就是作业的针对性和科学性不强。

聚焦作业的科学设计,已是迫在眉睫的问题。课程领导力项目中,把作业的研究作为子项目之一。五所学校聚焦作业的设计、批改、反馈,进行了探索,以进一步提高作业的有效性。这些研究是:《基于"合作·共营"的作业统整设计研究》(华东师大附小)、《基于标准

的学生个性化作业设计研究》（育才初级中学）、《小学数学作业设计和评价的研究》（北京东路小学）、《作业批改与反馈有效性研究》（青浦区实验小学）、《提升基于学案导学的作业有效性实践研究》（奉贤中学）。这些研究，涉及对作业功能、作业类型、作业设计的原则等方面的研究，将作业放在宏观的"课程—教学—评估"体系中来思考，将作业（练习）的功能重新定位。

华东师大附小《基于"合作·共营"的作业统整设计研究》，建立了"前后关照、层层递进"的研究架构，设计了"三个阶段、四种类型"的实践范式（见图 5-2），通过"科学有效、均衡发展"的作业实施，实现了"课前——有效预设，建立组织者；课中——适时关联，相互迁移；课后——及时反馈，多样变式"三个环节的贯通。

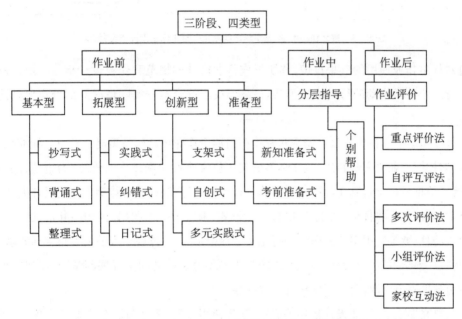

图 5-2　华师大附小"三阶段、四类型"小学中高年级作业实施范式

华东师大附小的作业编制，关注学生的个体差异，关注让每个学生在适合自己的作业中都取得成功。首先，作业量分层，根据个体情况和发展要求的不同进行增减；其次，作业难度分层，着重找准每类学生的最近发展区，针对不同层次的学生制定基础、发展、创造三个目标，让其自主选择，从而使不同发展水平的学生都能较好地参与作业，享受到做作业主人的快乐；最后，作业选择自主，设计多样化的作业类型，让学生根据自身兴趣选择适合的作业，能获得事半功倍的效果。

育才初级中学《基于标准的学生个性化作业设计研究》，主要经历了三个阶段，如 5-3 所示：前期以现状调研和文献回顾作为出发点，以课程标准的解读为立足点；中期推动的攻坚阶段，以小样本设计作为突破口，并基于教学目标分类学建构了作业设计的框架；后期，

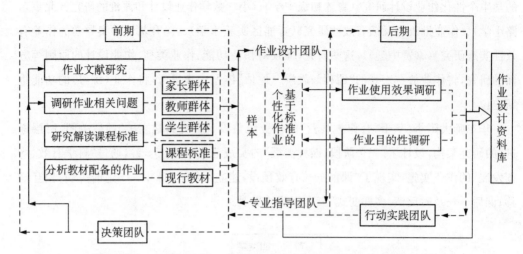

图5-3 育才初级中学《基于标准的学生个性化作业设计研究》框架

通过对样本作业使用的效果反馈，逐步形成作业设计的规范和作业设计指导手册。通过这样分三个阶段推动的行动推进策略，最终形成了符合本校实际情况的部分作业设计资源库。

育才初级中学在作业设计研究过程中坚持四个作业设计研发策略：个性化、标准化、学科性、多样性。如语文学科以"基于标准的初中语文个性化阅读作业研究"为主题开展；技术学科"信息科技学科基于标准的项目作业设计研究"围绕课堂合作型作业的设计展开；生命科学学科以"生物日记"为主题，以日记体形式，围绕某一主题（如植物的叶形，昆虫形态比较，校园植被等），用文字和图画进行纪实性地记录写生，体现个人的观察角度和心境；历史学科以"预学习"作业设计为主题，组织学生利用寒暑假时间来开展预学习，以问题为导向指引学生完成作业，突出了学科性与多样性。

其研究形成了《作业设计指导手册》、《学生使用手册》和学科教学作业资源库。《作业设计指导手册》主要是对学习内容和达成程度进行细化和分解，是教师解读教材、课程标准之后形成的文本，可作为今后教师进行作业设计的标准和依据。《学生使用指导手册》是对各个层次的学习内容做具体的说明，帮助学生明确作业的目的性，有针对性地选择适合自己的作业。同时，教师在学生使用手册中对部分学习内容提供了完成作业的建议。学科教学的作业资源库，是不同学科的教师开发的符合课程标准要求的作业库，主要是建立一种适合学科作业展开的样本资源，其他教师可以仿照该样本开发适合自己课堂使用的作业资源，具有可持续、可积累、长久使用的作用。

北京东路小学从数学学科入手开展作业研究，研究的课题是《小学数学作业设计和评价的研究》。他们的研究成效有四点：一是提炼了作业设计的策略，提出作业设计应关注的三个"度"，即达成度、差异度、愉悦度，并形成了与之相对应的操作方法。其中达成度是基础,确保学科内容的科学性,差异度和愉悦度则更多地从学生个性出发,体现因材施教的思想。二是构建作业模板。为了便于教师设计作业样式,提高项目研究的可操作性,他们建立了作业设计模板,包含作业目标、设计说明、作业内容、作业评价、使用建议、智慧之源这六个方面,其中智慧之源可以是作业样式实施后学生的反应,可以是教师实践后的反思,也可以是其他相关研究成果的汇集等。三是形成了三类作业样式,包括单课时作业样式,通过为学生提供跟进补偿的练习,注重达成度要求;单元课时作业样式,通过作业目标、学生自评、教师评价的方式,凸显差异度的要求;综合活动型作业样式,与学校的课程结合,如,快乐活动日、德育活动体验等,寓教于乐,体现愉悦度的要求。四是梳理出了作业评价的原则,即作业评价的内容安排应该凸显趣味性和过程性;作业评价的方式选择应该强调导向性和激励性。提出了具体的评价方法,包括,跟进发展评价法、三维综合评价法、分段多次评价法等。

奉贤中学《提升基于学案导学的作业有效性实践研究》,则主要侧重优化作业设计,实现减负增效。研究形成的主要策略有三:

1. 通过对原有作业建立"身份证",力求删减偏题、怪题等低效或无效的习题。建立基于课程标准的作业"身份证"制度,为作业结构的优化奠定基础。"身份证"是指以批注的形式对学案上原有习题的参考答案、测量目标(知识与技能、过程与方法)、难度系数、实施状况(如学生的错误情况及其原因)进行讨论和标注。对以往学案上的习题进行反思和筛选,让作业设计更科学有效。

2. 改进作业结构,凸显学案导学功能,体现课程标准要求。具体策略是作业分层和适当增加"实践体验类、阅读类、开放类、挑战类、设计类"等作业形式,满足不同学生的需求。

3. 通过设计"题组"训练,提升作业的品质。如,数学学科,在课堂例题中,针对基础知识编制横向关联式(平行型、对比型)题组,针对基本思想方法编制纵向递进式题组。课后作业,编制横向关联式题组加强基本题型解题能力;编制纵向递进式题组则培养学科思维能力,减少不必要的重复,又让不同层次的学生都能取得相应的发展。横向沟通式题组又可以分为归纳型、归因型、归法型。归纳型:针对同一知识点。这种题组训练有助于学生查缺补漏,扫清知识点盲区。归法型:针对同一方法在不同知识中的应用而设置。有助于"一解多题"能力的培养。归因型:主要针对平时作业中出现的错误进行题组训练。纵向递进式题组,从低起点设置台阶,达到高品质思维。

青浦区实验小学开展的《作业批改与反馈有效性研究》,另辟蹊径,针对单一呆板的作业批改与反馈的方式已经无法满足现如今教学改革的需要,学校积极探索作业批改与反馈的方法和改进策略。从学生差异、作业类型差异、批改主体差异、批改与反馈的时空选择四方面提出相应的方法策略。

1. 关注学生的差异选择不同的方法策略

从纵向来看，不同年段的学生年龄有别，所以在智力发育、习惯养成、自觉程度上都存在较大差异。从横向来看，同学段、同年龄的学生之间同样存在个体差异，主要是学生知识水平与学习能力水平上的差异，即学力差异。

● 关注学生的年段差异：逐步凸显学生作业批改和反馈过程中的自主性。低年级注重教师精细化批改，学生尝试自主评价。中高年级学生更多地采用自批、互批和集体反馈相结合的方式。

● 关注学生的学力差异：凸显作业批改与反馈中方法选择的分层与分类。对于学习有困难的学生重在采用激励式批改与反馈、渐进式批改与反馈和面批式的批改与反馈。对于一些学习能力较强或者学有余力的学生，教师应更加注重评语式的批改反馈和自省式的批改反馈。

2. 关注作业类型差异选择不同的方法策略

针对提高学生的学习能力而言，作业的功能定位在提高学生的识记、理解、综合分析、表达运用和尝试探究等方面的能力，因为功能定位的不同，因此与之相适应的作业类型也有所不同，不同的作业类型之间有难易度的差异，因此，针对不同的作业类型，教师也应该根据其要求和难易程度，选择不同的批改与反馈的策略。识记类作业：符号和评语相结合。理解应用类作业：优化符号批改和典型作业重点批改。

3. 关注批改主体差异选择不同的方法策略

● 以学生为主进行作业批改和反馈：采用竞赛式和辅导式批改相结合。竞赛式即放手让学生批改，然后统一标准，赛的是批改水平，辅导式由学习优秀的同学来批改一些学习有困难的同学的作业，以此促进学生间的相互帮助相互学习。

● 以教师为批改反馈的主体：重在优化评语，从泛泛而谈转向"突出优点、提出改进建议"，在评语中提出学生的两个主要优点或者进步并提出一个迫切需要改进的建议，这些反馈方式也被有的老师戏称为红绿灯法则等。

4. 关注批改与反馈的时空选择不同的方法策略

不同的作业其相应的批改与反馈的时空也有所不同，在批改和反馈的过程中要采用不同的方法和策略。

● 超前反馈：提出明确的评价标准并且强调学生一贯的优势，使学生充满自信地进入作业环节。

● 即时批改：对于课堂作业加强巡批，及时反馈。

● 延时反馈：对于有的学生允许他听取别人意见后完成作业再予以评价。

● 过程性反馈：主题类长作业，加强过程性指导与评价。

四、互动策略：探索"媒介"如何应用

洛川学校开展的《一对一数字化学习环境中课堂互动策略的实践研究》，是基于"一对一数字化学习"环境来开展的，基于此类新技术的课堂互动研究具有创新性。

所谓的"一对一数字化学习"，是指每人拥有一件数字化学习设备，并能够运用这一设备所提供的平台与资源，进行有效学习的理念、技术与方法。也就是说，在无线网络环境支持下，每个学生通过具有"一对一"特性的手持设备，直接、便捷地作用于互动生成的过程中，学生变得更加积极、主动、自主，从而使其学习得到增强，其学习方式和学习形态发生了改变。一对一数字化学习有四项特点：多维互动的学习、个性化的学习、协作共享的学习、跨时空的学习。

"课堂互动"是指教学活动的组成要素——教师、学生、教学资源和教学媒介之间的复杂互动，主要包括人与教学媒介的互动、教师与学生的互动、学生与学生的互动、师生与教学资源的互动等等。课堂互动中教与学双方交流、沟通、协商、探讨，通过调节师生关系及其相互作用，形成以学生发展为本，教师为主导，学生为主体的师生互动、生生互动、学习个体与教学中介的互动，强化人与环境的交互影响，以产生教学共振，达到提高教学效果的目的。

洛川学校的研究探索出在一对一环境下，以课堂互动为主要特征，以教学目标的达成为标准，聚焦学生学习的发生的五种"互动策略"：

- "前移后拓"交互策略。把学习从课堂学习前移后拓至学习前期和学习后期，整个学习活动都处于高效的多维互动中。学生通过一对一数字化移动学习环境对外界的多元数字信息进行筛选和分析，并通过学习前期、学习中期、学习后期的教学交互的策略的整合应用，开展创新思维能力的培养。

- "情境创设的感知体验"教学互动策略。教师在教学过程中注意创造合适的情景，使抽象问题形象化、具体化、直观化，学生学习由外而内、由浅入深、由感性到理性，使学生不断产生兴趣。可借助信息科技和工具软件，创设虚拟仿真的实验环境，为学生提供在现实中无法体验的情景。

- "框架问题的探究学习"教学互动策略。结合项目活动理念精心设计单元和课程，帮助学生发展他们的理解能力。教师在自己的项目设计中设计"基本问题"、"单元问题"和"内容问题"，把大量的知识进行重新组织，激发学生全身心进行探究学习，促进学生创新思维能力发展。

- "引学导练的分层学习"教学互动策略。教师在备课时考虑学生的差异性，运用多种媒体数字材料，根据学生的需求灵活地安排教学内容，让学生选择。在学生学习的

过程中运用数字化学习工具记录学生学习情况，对比学习前后的数据，用多种方法来评价学生。

- "融入生活的实践活动"教学互动策略。充分利用网络学习工具的便携性，为学生在网络环境中进行自然体验、社会亲历和交往活动提供技术保障和环境支撑。

源于课堂的教学有效性实践，无疑是研究课堂教学改革最直接、最鲜活的"第一现场"，这是提升课程领导力的一个非常关键的"切入口"。当然，其研究的命题还不止这些，但我们的实践探索突破了以往仅仅以一种单一模式，或某种策略来改变课堂教学低效的方式，而是分析受多种因素影响的复杂课堂现象，期望实现课堂研究的创新和突破。如，后"茶馆式"教学构建的课堂框架，将"低效"甚至"无效"的教师行为转化为"有效"的"课前预防、课中监控、课后再造"的教学改进思路等，立意深远，建立从课前到课中到课后的完整教学行为中克服低效的机制；以作业为载体的研究，更加具有开创性，提出的"类型丰富"、"层次选择"、"功能解释"的思考和要求，具有一定示范性。这些成果值得面上学校借鉴。

【实践案例】

后"茶馆式"教学案例研究①

　　静教院附校办学之初就提出"按学生最佳发展期设课,创学生最近发展区施教"的理念,十多年来,始终坚持课程教学改革,坚定不移探索提高教育有效性的途径。学校聚焦教育难题进行课题研究,其成果成为学校持续发展的推动力。尤为突出的是上海市教委重点科研课题《提高义务教育阶段学生学业效能的研究》,聚焦课堂教学,产生了以维果茨基"最近发展区"理论为主要理论支撑的后"茶馆式"教学。2010 年,后"茶馆式"教学获教育部颁发的全国基础教育课程改革教学成果"一等奖"。后"茶馆式"教学是静教院附校十余年对教育有效性探索的成果,也成为新一轮课堂教学研究的深厚基础。

（一）研究起点

　　后"茶馆式"教学是一个遵循学生认知规律,由教师帮助学生自己学习的教学。是在审视国际教学改革方向,分析上海、全国优秀教学的基础上发展起来的。

1. 后"茶馆式"教学深入研究遇到瓶颈

　　后"茶馆式"教学研究及成果产生了较大的影响,来校观摩的校长、教师同行普遍认同,而且有强烈的学习愿望。随着研究的推进,迫切需要寻求能够针对不同学段、不同学科以及不同课型的后"茶馆式"教学可操作的教学方法。一种教学模式概括所有课堂的改革,没有生命力。

　　后"茶馆式"教学的深入面对以下问题：

　　（1）"学生自己能学会的教师不讲",没有回答学生如何先学？ 有人学会,有人没学会怎么办？ 如何评价哪些学会？

　　（2）"尽可能暴露并解决学生的'相异构想'",没有提供如何暴露问题、解决问题等具体方法。

　　（3）后"茶馆式"教学对读、议、练、讲、做等方法,倡导三"不"：不确定用时；不拘泥完整；不规定顺序,同样没有说明具体操作。

　　（4）从理论层面解读后"茶馆式"教学。

2. 关于案例研究及案例作为证据的思考

　　始于美国的案例研究法,用于教育研究,一般回答"为什么"和"怎么样",归纳"理解特定情况或特定条件下行为的过程"。本项目试图提供一个学校的教学改革——后"茶馆式"教学"为什么"和"怎么样"实现的案例。

---

① 本文执笔人：丁亿,上海市静安区教育学院附属学校。

源于课堂实践的案例是研究最直接、鲜活的"素材"。借用案例研究概念，应用于教学研究，力图突破以单一模式实现教学改革的现状。以大量的教学案例，分析受多因素影响的复杂课堂，期望实现研究的创新和突破，构建后"茶馆式"教学的课堂框架和实施。

在此必须关注对研究证据案例的正确解读，把握个别与整体的关系，包括证据的内外部原因，出现"几率"的大小，以及因果关系等。

本项目属于多案例研究或跨案例研究，以教师撰写的教学案例为研究对象。这些案例，一般是个别的、基于特殊情境下的故事和感悟。但学校所有教师都撰写的基于后"茶馆式"教学的案例中，一定隐含某些规律，值得研究和发现。

3.《后"茶馆式"教学案例研究》项目的研究目标

以各学科、学段教师撰写的教学案例为对象，提炼、归纳后"茶馆式"教学的学段、学科、课型的特征，形成学科特征明显的后"茶馆式"教学操作方法，提炼教学策略。建构有层次的教学行动系统：教学策略、教学方法及与之相匹配的教学实例，以超越一种教学模式应对所有课堂的僵化，体现教师的风格和教学作为"艺术家所从事的科学"的本质。

(二) 研究过程

本项目既是上海市教育委员会"上海市提升中小学（幼儿园）课程领导力行动研究"的自选项目，又是学校已结题的上海市重点课题《提高义务教育阶段学生学业效能的实践研究》的深入研究的重点，更是学校课程教学改革的新起点。

在校长主持下，全体动员，将项目研究与课改推进紧密结合，与教师教育紧密结合，与学生培育紧密结合，与学校课程教学改革文化建设相结合。保证项目研究源于学校实际，其成果应用于学校发展。

研究过程：

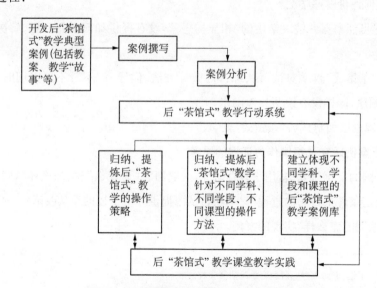

图 5-4 《后"茶馆式"教学案例》项目研究路径

158

研究过程不断重复和循环,初步得出的结论直接回到课堂,再次探索和实践,排除各种干扰因素,归纳一般结论。

1. 完善"循环实证"的研究方法,积累后"茶馆式"教学证据

"循环实证"是后"茶馆式"教学研究、推进而创新的方法。在同一年级几个教学班进行,课后进行检测(后测),教研组进行专题研修。

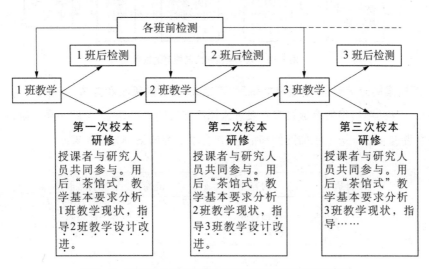

图5-5 《后"茶馆式"教学案例》项目"循环实证"的研究方法

最初,循环实证为了验证:当课堂教学结构被颠覆,课堂效能有否提升。认同了后"茶馆式"教学之后,重点研究后"茶馆式"教学具体的方法、策略。如"学生先学",每次"循环"分别关注情景、时间、内容、方式、要求和评价等。一次次"循环",一次次研究,不断聚焦问题,逐步向后"茶馆式"教学逼近,包括课堂教学的改变,也包括教师的认识、教学行为的变化。

"循环实证"不仅达成研究的目的,还收获了更多意想不到的成果。教师撰写教学案例,反思自己教学行为改进过程,而且清晰地呈现教师的顿悟,成为专业发展的新途径。

2. "对话式"培训教学案例写作,凝练案例研究精髓

循环实证研究后"茶馆式"教学的过程,是教师思想和行为产生变化的过程,一节节课、一次次研究、一个个鲜活的事例,引人思索、感叹,案例呼之欲出。

此时,校长领导的项目组对教师进行案例撰写培训,引导教师观察课堂的视角,引领教师提炼教学事件的方法,帮助教师把握文本写作的要素,提高案例写作的能力。然后对初步完成课堂教学案例的教师进行"对话式"培训,面对面指导修改、提炼。同时,项目组对丰富的案例凝练精髓,丰富分析框架。这既是项目研究过程,也成为教师培训过程。以课程领导力,将教学改革深入推进,丰富教师的策略智慧,提升教师的文化认同。

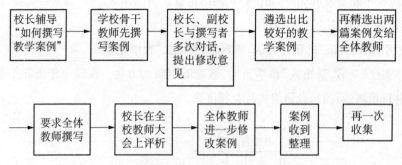

图 5－6　教学案例研究与撰写的过程

3. 架构案例分析的框架，精准提炼后"茶馆式"教学的策略和方法

校长领导的项目组所有成员都直接进入循环实证的研究课堂，实践、分析、研讨。项目组成员掌握课堂教学第一手的案例和信息，建立了研究的案例分析框架：

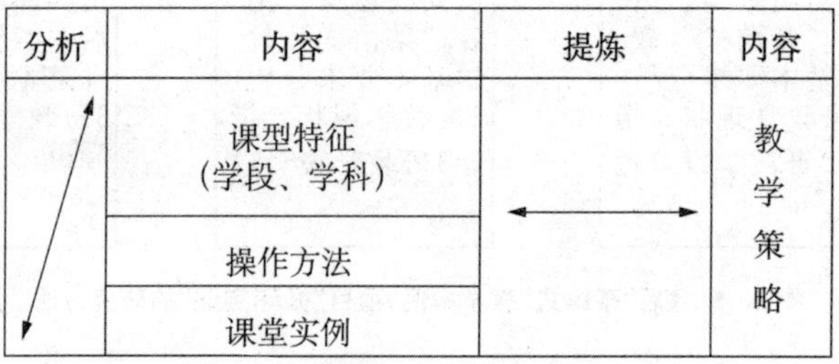

分析	内容	提炼	内容
↕	课型特征 （学段、学科）	↔	教学策略
	操作方法		
	课堂实例		

图 5－7　教学案例研究分析框架

明确针对所有课堂研究收集的相关信息和证据的分析，主要突破两个"关键干预因素"的实施策略、途径以及与之相匹配的课堂教学过程和环节的归纳、分析等。

4. 提炼实践研究案例，回归学科教研专业团队实践检验

本项目研究过程特点是不断重复和循环，其关键是教师团队的凝聚。学科教研组集中专业力量将初步得出的成果直接应用到课堂，再次探索和实践，排除各种不同的干扰因素，归纳出最一般的结论。

学校多年来以"茶馆式"研修为载体加强教师教育，后"茶馆式"教学研究又是"茶馆式"研修有效的切入点，也给教师提供了一种体验对话、议论的实践平台。各教研组将在后"茶馆式"教学研究和实践中遇到的问题和困惑作为"茶馆式"研修的主题，分别结合学科教学特征，研究了"学生先学"、"引导暴露"和"共同解疑"的操作性问题，不仅为学校整体项目研究提供了依据，也提升了教师对教学改革的文化认同。

（三）研究成果

近三年的项目研究，循着目标，收获了丰硕成果。从教学策略、教学方法到案例库，构建了有层次的教学行动系统。

1. 归纳了后"茶馆式"教学的教学策略

根据大量的课堂实践、大量的教学案例，课题组归纳了十八条后"茶馆式"教学的教学策略，并提供给教师应用。教师在实践探索中发现策略能指导具体操作，但是项数太多，不容易记忆，而且内在还有重复。课题组反复讨论，修订成十二条，继续回归实践检验，最后修订为八条。

> 独立学习与合作学习相结合策略；

> "书中学"和"做中学"并举策略；

> 学生先学引导性策略；

> 学生先学最大化策略；

> 以教学重点、难点为依据设计问题策略；

> 引导暴露与教学评价溶为一体策略；

> 学生先解疑，教师后解疑策略；

> 生成性解疑以教学目标为依据策略。

2. 提炼了后"茶馆式"教学的课堂教学操作方法

后"茶馆式"教学的学段特征、学科特征、课型特征的提炼，成为后"茶馆式"教学的教学策略进入每个课堂的基础。

● 对于年段特征的研究，关键培育学生的学习能力，从刚入学的儿童不会自己学，到完成义务教育学习任务的学生形成自我学习的习惯和能力。

起始年级——学习"先学"；中高年级——实践"先学"；高年级——发展"先学"。

● 后"茶馆式"教学高度关注学科特征，绝不以一种教学方法应对所有的课堂。以小学低年级为例，同是语言学科的语文和英语也是不同的，各有显著的学科特征。

语文学科——小学低年级语文学科的任务，主要是识字教学；英语学科——不是母语的语言，借鉴和模仿母语习得的规律：先听，先讲，再写。

● 不同课型特征的分析、梳理，使研究深入到课堂教学的操作层面，实践后"茶馆式"教学方向更明确，更具挑战性，项目组继续以点带面，引领研究深入。

3. 积累了丰富的教学设计文本和实例

项目研究过程中，每学期每位教师将实践后"茶馆式"教学的感受以教学设计、实施及反思记录的方式呈现，然后集结成册，既成为研究素材，又让教师看到自己的进步和发展。

学校印制了教学设计、教学案例和教学论文，汇集了一批优秀案例。

4. 后"茶馆式"教学成果持续对外辐射

（1）后"茶馆式"教学对外界的影响进一步扩大。不仅校长受到全国各地邀请，教师也到外省市做报告、上课。

2011、2012 年校长两次受新加坡教育部之邀，培训全体新加坡校长，反应强烈。《联合早报》连续三天报道后"茶馆式"教学。随后，新加坡教育部教师培训学院邀请李贞老师赴新加坡讲学十五天，培训数学教师。

后"茶馆式"教学得到世界媒体关注。《纽约时报》、《读卖新闻》，法新社等媒体先后报道。

后"茶馆式"教学成果多次在国际会议上得到展示。

慕名而来的校长、骨干教师轮岗、跟岗上百人次，同行听课、观摩上万人次。

（2）《后"茶馆式"教学》是上海市教师教育共享课程，第一期培训了全市二百多位教师。

（3）上海市及全国各地有六十余所学校自愿成为后"茶馆式"教学的实践基地，如浦江三中、铁岭中学等，这些学校与我校建立了紧密的教学研究联系，已产生一定效果。

（4）相关成果获奖和出版

《后"茶馆式"教学——"轻负担、高质量"的教学研究与实践》获得教育部基础教育课程改革教学研究成果一等奖。

《上海教育》和《现代教学》连载《后"茶馆式"教学》等论文二十多篇。

多家媒体和刊物多次报道后"茶馆式"教学研究，《上海教育》800期特别策划《静教院附校：课堂里发生的"哥白尼式"的革命》。

（四）研究成效

1. 我校"轻负担高质量"的效能进一步提高

后"茶馆式"教学研究实践效果明显，突出表现在学生学业质量提高，负担减轻。2007至2010年教育部"中小学生学业质量分析、反馈与指导"项目组学业质量评价，上海市教委"学业质量绿色指标"评价的结果提供了证据。

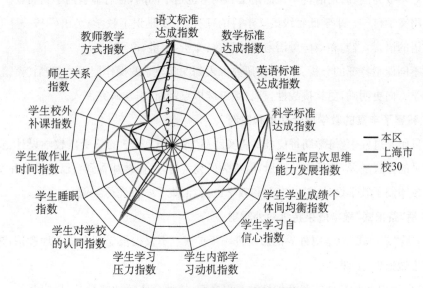

图 5-8　学校 30（本校）学业质量整体情况

学校的所有指标都超过了市、区的平均值。其中，"学生作业时间"少于市、区平均值四十个百分点，"睡眠时间"高于市、区平均值二十个百分点。"学生自信心"高，"学校认同度"高，"师生关系"好。同时，学业成绩"A 档"逐年增加，"C"、"D"逐年减少。

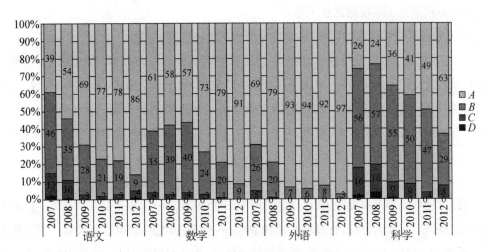

图 5－9　2007—2012 年"学业质量绿色指标"项目测试静教院附校学生在各学科各水平上的人数比例

2. 教师的课堂教学行为改变

教师专业发展效果显著。不但理念提升，而且逐步改变日常教学行为。"教学方式指数"本校表现十分突出（下图校 30 为本校）：高出区平均二十个百分点，高出市平均四十个百分点。

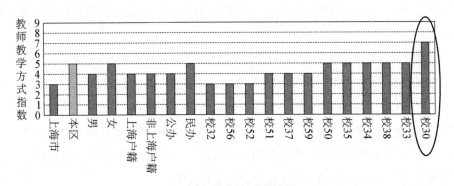

图 5－10　教学方式指数比较

绿色指标评价学生问卷的"教学方式指数"由"课堂教学中你有发言的机会吗？"是"经常"、"偶然"还是"几乎没有"等问题组成。学生发言、讨论多了，教师讲得自然少了。因此，"教师总体讲得太多"等弊端被颠覆，不仅公开课有变化，而且日常课堂教学都有变化。

3. 进一步提升了学校的课程领导力，深化了学校的课改文化

学校的课程领导力不是校长个人的领导能力，而是校长为核心的学校领导团队的整体办学思想、理念指导下的学校管理、执行能力。本项目的研究和推进，既反映了学校课程领导力，也不断提升了学校的课程领导力。

（1）项目策划聚焦课堂改革，是学校管理团队集体智慧的结晶

当后"茶馆式"教学获得教育部嘉奖，学校领导班子没有停止探索，敏锐地发现需要突破的问题，反复讨论确定方向，形成项目方案。研究中，对于教学模式，通过咨询专家、研读经典的乔伊斯的《教学模式》、文献研究，对教学模式的理解更加深刻。修正方案，将单一"模式"研究，修改为研究策略、课型、方法等更有层次特征的课堂教学行动系统。不断研究修正，始终把握研究的正确方向。

（2）项目推进使学校的课改实现"有研究的工作、在工作中研究"的境界

项目过程，重新审视发现：教育研究不同于一般的课题研究，也不是工作推进。以教育科研为逻辑起点，明确目标，有推进途径和策略，不断自我评价，审视研究成效。以工作推进为抓手，边研究、边修正、边推进；推进中的问题，作为新的研究起点；将研究成果，作为工作推进的动力。

（3）项目推进中凸显学校各层次专业团队的课程领导力不断提升和发展

学校的课程领导力，除了体现在校长领导的团队对学校课程的领导力，还体现在学校不同层次教师团队在课程改革中发挥的作用，以及所有教师对学校课程的创造性执行力。学科组在课堂研究、学科特征提炼中提升了能力，不同层次的团队专业能力、课程领导能力都得到提升，每一层次的教师团队都充分发挥各自的领导力，成为提升教师课程执行的持续动力。

（4）教师的课堂研究能力提升，教学行为转变，实现创造性地课程执行

本项目研究，学校全体教师参与，从个人的课堂实践出发，每个教师自己的教学"案例"成为"自己"研究的基础，为课堂教学操作提供策略、方法的选择，为教学行为改变提供实在的帮助，不仅使教师掌握了后"茶馆式"教学操作的方法，更提升了教师对教学改革的文化认同，达到了提升教师师德和教学智慧的根本目的。本项目研究，成就了从教师的文化认同到形成文化自觉的过程，是学校文化建设的重要载体。

（五）研究创新

本项目研究过程中，不仅关注后"茶馆式"教学的操作层面，而且继续从不同视角对后"茶馆式"教学作内涵分析。

视角一：评价与教学一体，既是后"茶馆式"教学的实践，也是教育理论的深化。

视角二：后"茶馆式"教学遵循"最近发展区"理论，以学生的学设计教学，实现独立学习与合作学习整合。

视角三：后"茶馆式"教学维护所有学生的学习权利，学生不仅有听的权利，还有讲、议、练等权利，体现教学过程公平。

本项目建立一种体现课堂转型正确方向，有特色，有操作性又有灵活性的教学。可供选择的操作策略、方法，可供借鉴的教学案例，可为教师形成自身教学艺术和风格提供发展空间。

1. 突破教学的"模式论"

后"茶馆式"教学的操作体系研究，反映出对课堂教学本质的理解，也反映出对课堂教学改革的研究深度。

2. 为课堂教学的转型提供了一个参考样本

课堂教学每天发生，直接影响学生的成长和发展，因此，课堂教学转型成为实现基础教育转型的核心。

后"茶馆式"教学是一项以学定教、以学论教的教学，是一项教学有法、教无定法的教学，是一项平等、和谐的对话式教学，是一项能够有效提高学生学业效能的教学。

【实践案例】

一对一数字化学习环境中课堂互动策略的实践研究[①]

（一）研究背景与意义

"一对一数字化学习"是指每人拥有一件数字化学习设备，并能够运用这一设备所提供的平台与资源，进行有效学习的理念、技术与方法。一对一数字化学习作为新技术环境下的一种崭新教学方式，在美、英、德、法，我国的台湾、香港等许多国家和地区的相关研究逐步增长，如法国的电子书包项目、德国的"笔记本大学"项目、伦敦城市大学的混合移动学习解决方案、英国的约克圣约翰大学的移动博客、日本德岛大学基于 PDA 的 u-Campus 项目等。上海市教委将开展电子书包项目的研究和实践列为基础教育的一项试验性工作，并计划在全国率先推广。

洛川学校一对一学习项目的研究有较扎实的基础和条件，在上海市"课程领导力项目"研究中，我们的研究扎根于以"多维互动"为特色的新技术环境下的课堂教学，注重课堂教学的师生参与度和课堂教学的时效性，设计基于不同学科的课堂互动策略，分享典型教学案例，建设师生培训课程，总结有效教学模式，旨在推动新技术与学科课程的深度融合，为不同学校促进教育信息化进程提供可借鉴和可操作的案例资料，为促进面向信息化的教师专业知能的发展提供可供借鉴和可操作的案例资料，为未来普及一对一数字化学习的应用提供实证依据。

（二）研究目标和内容

对一对一数字化环境与实际课堂教学应用深度融合中课堂互动策略进行研究和实践，完成一对一数字化环境中课堂互动的相关理论研究；完成不同学科、不同学习环境（包括技术环境、学习组织策略等）下，教师引导课堂互动的教学策略的归纳研究；完成一对一数字化学习环境中教师和学生的培训课程建设。研究的内容主要包括：一对一数字化学习的内涵和课堂互动的相关理论研究；一对一数字化环境中课堂互动策略的类型与特征研究；一对一数字化环境中课堂互动教学策略的案例研究；一对一数字化互动环境中教师和学生培训课程的建设。

（三）成果主要内容

1. 核心概念的理解和深化

（1）一对一数字化学习的特点

[①] 本文执笔人：刘爱武，上海市洛川学校。

第一，多维互动的学习。由于数字移动技术的介入，教学交互不受时空限制，可以实现人际交互、人机交互，单向、双向交互，实时（同步）、非实时（异步）交互，个别化、社会化交互，这极大地延伸了学习者交互的时间、空间，使交互活动更加灵活、丰富，同时也使学习者的交流更加便捷、高效。

第二，个性化的学习。"一对一数字化学习"的个性化不同于网络学习环境下的自由选择学习内容的个性化学习，它是一种具有动态化的个性学习。学生可以根据信息技术对自我学习的反馈不断地调整学习的方向，使得学习内容的个性化具有动态生长性。

第三，协作共享的学习。学生是信息的接收者同时也是信息的发出者。学生根据自我学习的需要选择适合自己的学习内容和软硬件、网络资源。同时，学生在具有典型个性色彩的学习交流中，完善已有的学习资源，实现学习内容在协作中创生的可能，从而能够在已有的共享资源的基础上不断形成新的学习资源。

第四，跨时空的学习。"一对一数字化学习"将传统的课堂学习、网络学习环境下的虚拟网络学习和社会化移动学习有机结合，是全时空的学习方式。

（2）一对一数字化课堂的互动

在传统课堂上，互动主要体现在教师、学生、教学内容三者之间。信息技术的介入，将互动扩展至教师、学生、教学内容和媒体。在这些互动对象之间，存在互动强度的大小、程度的深浅等差别。一对一数字化课堂旨在借助信息技术支持下的多媒体功能，提高学生思维品质。因而在研究过程中，学生借助媒体与其他因素的互动成为我们的重点关注对象。

首先，学生与教师之间的互动反馈迅速、及时。传统课堂中，教师传授学生的过程是强交互，学生回答教师的过程是弱交互。在数字化学习工具的支持下，所有学生能够在课堂上几乎同步反馈教师所提出的问题、对教材内容理解与把握等信息，教师随时发现问题、解决问题。

其次，生生之间的互动由个别互动变为全班互动。传统课堂上的有限时间内，学生之间的交流集中于学生地理位置之内，就算在小组合作中互动的对象也是组内个别学生。借助数字化学习工具突破地理位置的限制，学生可灵活地移动换位，更可以在虚拟网络中与全班学生互动。

再次，学生与社会化的网络交互资源之间的互动更加便捷和高效。一对一数字化课堂将学生的学习活动范围拓展至网络可及的领域，能够对学生的学习产生帮助的校外的资源得到极大扩展。

2. 实施策略

（1）案例设计：一个中心，两个突破点，两项实践设计

教师进行案例设计时，以培养学生的 21 世纪技能为核心，主要培养孩子的学习创新技

能、解决问题能力及信息媒体技术技能；以教学互动的改善和学生个性化学习和创新为突破点；以学科和项目体验为两项实践设计。

（2）策略设计：融合多种技术对学习共同体的支持

师生在面对数字化学习时都是学习者，教学相长成为了常态，也逐渐形成了稳定的学习共同体。师生首先对 Blog、Wiki、Rss、Moodle 等为代表的 Web2.0 教学技术和工具进行研究，理解技术中的实施理念，掌握实施方法。教师根据自身学科特点，审视课程标准、重组教学内容，设计教学活动和交互策略。师生在多维互动的数字化学习环境中享受到"随时、随地、随身"、"短、平、快"的学习体验。

（3）跟踪观察：注重过程性监测和评价，关注过程中的关键事件

跟踪观察是过程的发展性评价，每月 1 次，每次观察 2 位文理科教师和 4 名异质分组的学生。跟踪观察的过程分为课堂教学前、课堂教学中和课堂教学后三阶段设计，见图 5-11。

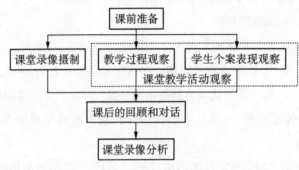

图 5-11 跟踪观察的过程

3. 主要观点

（1）"前移后拓"交互策略可应用于一对一环境中的各学科教学

在实践中，我们把学习从课堂学习前移后拓至学习前期和学习后期，整个学习活动都处于高效的多维互动中。学生通过一对一数字化移动学习环境对外界的多元数字信息进行筛选和分析，并通过学习前期、学习中期、学习后期的教学交互的策略的整合应用，开展创新思维能力的培养。教学的整个交互过程都基于一对一数字化技术提供反馈信息和过程性评价，具体的交互策略见图 5-12。

（2）以"主导—主体"为理念，在一对一教学组织环节中可设计不同类型的互动策略

我们通过个案研究，有针对性地设计和归纳出适合于典型教学环节的互动策略。互动策略除了在多元数字化信息中的多维互动外，以教师、家长为主导，学生、小组为主体的双向互动过程，成为促进学生创新思维能力的可行策略，具体包括：

● "情境创设的感知体验"教学互动策略的设计

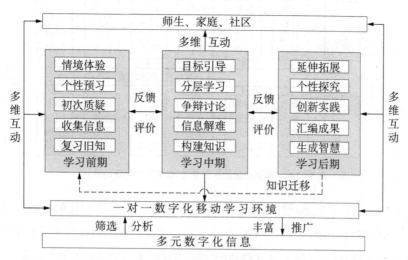

图 5 - 12　教学流程中的"前移后拓"交互策略

这类教学环节的特点是基于一对一数字化移动学习环境创设学习情境，充分利用网络信息资源，开展质疑、问难和想象，发展创新思维能力。教师在教学过程中注意创造合适的情景，使抽象问题形象化、具体化、直观化，学生学习由外而内、由浅入深、由感性到理性，不断产生兴趣。教师还可以借助信息科技和工具软件，创设虚拟仿真的实验环境，为学生提供在现实中无法体验的情景，使学生能在动态情景中观察现象、读取数据、探索和发现研究对象之间的数量变化关系，具体的交互策略见图 5 - 13。

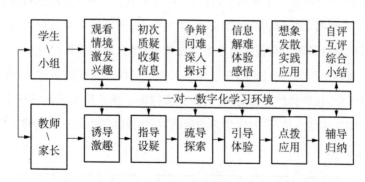

图 5 - 13　"情境创设的感知体验"教学互动策略的设计

● **"框架问题的探究学习"教学互动策略的设计**

这类教学环节的特点是教师结合英特尔未来教育的项目活动理念精心设计单元和课程，帮助学生发展他们的理解能力。教师在自己的项目设计中设计"基本问题"、"单元问题"和"内容问题"，把大量的知识进行重新组织，激发学生全身心进行探究学习，促进学生创新思维能力发展，具体的交互策略见图 5 - 14。

"基本问题"指向学科的核心，帮助学生从哲理高度来认识所学的学科知识，使学习与

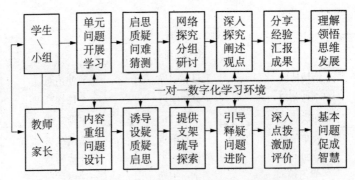

图 5-14 "框架问题的探究学习"教学互动策略的设计

人类历史、社会、自然相联系，使当前的学习联系到其他学科和更广泛的主题。由于"基本问题"指向学科基础和比较抽象的问题，学生要经历大量的实践和研究才能够理解和领悟，因此教师设计比较具体的、学生容易理解的"单元问题"来引导学生探索"基本问题"。"单元问题"结合单元教学展开活动，为"基本问题"提供了结合学习主题的具体通道。问题往往都没有明显的"正确"答案，这样能进一步激发学生学习的兴趣和思考。

● "引学导练的分层学习"教学互动策略的设计

向同一个班级中不同能力的学生同时传递相同的课程一般难以取得预期目标的成功，而对于同一班级中不同能力的学生同时传递不同的课程在现实教学实践中又很难操作。基于学生笔记本创设的一对一数字化移动学习环境正能较好地解决这项难题。学校在学生机中安装了 E-learning 教学互动平台、多媒体考试系统。师生可以进行抢答、在线问卷调查、多媒体试卷练习、评测反馈、分组交流、个别指导、网络多用户监控等高效互动操作。这类教学环节的特点是教师在备课时考虑学生的差异性，运用多种媒体数字材料，而不是单一的课本。教师让学生选择作业，根据学生的需求灵活地安排教学内容，并且教师用多种方法来评价学生，这种评价是及时的，有数据支撑的。在学生学习的过程中运用数字化学习工具记录学生的学习情况，对比学习前后的数据，根据学生的进步来确定成绩，具体的交互策略见图 5-15。

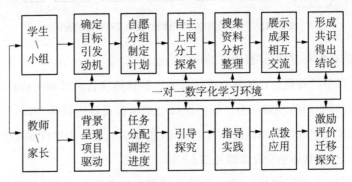

图 5-15 "引学导练的分层学习"教学互动策略的设计

● "融入生活的实践活动"教学互动策略的设计

这类教学环节的特点是充分利用网络学习工具的便携性，为学生在课外开展融入生活的实践活动提供支持。学生笔记本电脑具有小巧轻薄携带便利、无线上网稳定、电池待机时间长等特点，还有支持手写输入、摄像头拍摄和 180 度旋转触摸屏幕等人性化的设计和易用的操作，这些都为学生在网络环境中进行自然体验、社会亲历和交往活动提供了技术保障和环境支撑，具体的交互策略见图 5 - 16。

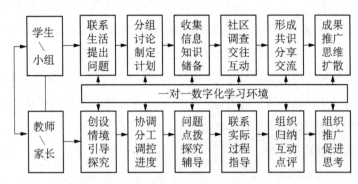

图 5 - 16 "融入生活的实践活动"教学互动策略的设计

（3）数字化学习工具能够有效支持课堂教学交互策略的实施

我们认为一对一数字化学习的核心是如何进行学习活动的设计和学习策略的设计，使学习由被动变为主动，由禁锢变为自由。如果仅把课堂教学搬上网络，那数字化技术只能成为教学的辅助手段。我们的理想是把有效的学习策略把技术消融在学习活动设计中，在基本教学流程和四类典型教学环节中应用适当的数字化学习工具支持策略的实施。

① "前移后拓"的泛在学习

学生拥有了个人数字化的学习工具后，教学超越了课堂内外的时空界限，任何时间、任何地点都可进行学习。应用 Moodle、优学网等平台创建适合"前移后拓"的网络学习社区成为了支持一对一数字化学习的关键。

Moodle 是指模块化面向对象的动态学习环境，它是一个可以引导学习者不断地洞察和创造的过程。Moodle 平台除了聊天、作业、投票、论坛、测验、资源、专题等基础模块外，还纳入了 Wiki、Blog、RSS 等 Web2.0 系统。Moodle 平台是具有综合功能的课程平台，突破了时间、地域、规模的限制，实现网络学习社区的多样性、灵活性、自我管理等学习优势。优学网是适合 5～15 岁孩子自行建网的教育社区类网站，我们可以称它为"孩子的Facebook"。

② 情境创设的感知体验

师生可以应用 JAVA、Flash 等小游戏和虚拟实验室平台创设情境进行实验和创作。如，在音乐学科"学做小小作曲家"的教学中学生应用"打谱软件"进行音乐创作的体验式学习；在"温室效应"的研究性学习中学生应用 PHET 在线仿真实验，实践操作，自设参数，调整实验现象，在感性上体验温室效应的成因；在地理学科的"时区和区时"教学时，学生应用"WinGlobe 桌面地球仪"进行问题情境的创设；在数学学科中学生应用几何画板进行几何题的论证；在英语的听说训练中，学生应用"说宝堂"和"高效英语"进行对话练习等。

③ 框架问题的探究学习

框架问题是探究学习的学习动力，学习组织形式以小组协同学习为主，"脑力激荡"是伙伴进行探究的好方法。应用 Google 文档、Zoho 办公套件等 Web2.0 技术创设可协同学习的在线 OFFICE 教室。这类工具支持多人协同编辑和制作文档、表格、幻灯片、问卷调查和项目管理等。学生可以管理自己的知识，也可以小组合作并与他人分享。

框架问题是探究学习的思维线索，应用 Intel K12 在线高级思维工具激发深层思考。在线高级思维工具使团队的智慧能得以充分的体现，学生隐形思维过程显性化。在线排序工具可以帮助学生进行优先级比较和决策；在线因果图应用于解决复杂问题；论证工具可以引导学生多角度地思考问题。

④ 引学导练的分层学习

应用问卷星、按按按等即时反馈工具进行前测和后测的效益比较。前测可以帮助教师正确了解学生已经拥有的认知经验；对后测结果的分析，可以帮助教师检验学生对知识的掌握水平，及时改进教学。

应用电子教室软件、多媒体考试系统等工具进行引学导练的分层学习。教师应用数字化工具根据学生的需求灵活地安排教学内容。学生可以选择学习内容、练习量和练习难度。教师应用工具进行网络多用户监控，实时了解学生学习情况，并进行个别指导。

⑤ 融入生活的实践活动

应用摄录等媒体功能和数据采集、统计、分析等功能创设第二课堂。师生可以通过流媒体视频进行远程教学，可以利用即时视频、语音聊天工具进行答疑；可以利用笔记本电脑直接参与现实的自然体验、社会亲历和交往活动，应用摄像头拍摄照片，绘制实践分布图；应用录音功能记录调查信息，整理成文；应用电子表格进行问卷调查的统计和分析。这些工具的应用创设了在日常活动中实现意义生成或构建的"第二课堂"的情境，鼓励学生把学习触角伸入家庭和社区，让学生在更真实的环境中开展研究和学习。

(四) 实践效果

1. 以"能力本位"为核心，建设了学生数字化学习培训课程，全面提升学生的 21 世纪技能

学生在一对一数字化环境中进行有效的学习的前提条件就是新技术的学习，学习的核心指向 21 世纪技能的全面培养。首先，我们为学生提供展示技能的机会。随后，教师把学生视为技术专家，在情感上认同学生的技术和付出。接着，教师和学生一起开发创新的课程,创造性地使用技术,合作探讨基础设施的建设以支持有意义的技术应用。最后,为支持学生成为技术专家提供新技术应用的培训和 21 世纪技能的理念学习。

学生数字化学习培训课程中包括十几种技术类应用课程和相应的学习方法的技能培训,课程实施采用混合教学、项目学习和听讲—实践操作相结合的教学方式。我们重点关注课程中学生的主体性、实践性和创新性的落实。培训课程的建设和实施促进了学生的自我指导能力、问题解决能力和信息媒体素养等 21 世纪技能。我们可喜地发现一批"技术专家"类的领军学生在课题研究和实践中脱颖而出。

2. 以"互动教学"为核心,建设了教师数字化学习培训课程,全面提升教师的数字化教学设计能力

基于校本特色的教师数字化课程建设注重以交互策略为重点的学习,体现了对一对一数字化学习中的迫切问题的关注。交互策略的实施可能是整体案例中的一个或多个重要事件。它既有独立存在的价值,也可引导学习者进行整个案例的学习。

每个参与培训的教师既是成功的实践者,又是课程资源的建设者,在共创和共享中,真正形成实践研究共同体。课程开发与利用互促互补,案例资源建设进入良性发展轨道,建立了提升教师数字课堂专业掌控能力的快速通道。

教师在课题实践中也由以往单纯考虑自身的"教"为主,迅速转变为考虑学生的"学"为主。在教学内容上,由以"书本为中心"的"封闭式"教学,迅速向以"资源为拓展"的"开放式"教学转变。突破单一的课本教材,向多元数字化信息方向转变。在教师教学方式上,突破了传统的"灌输式"教学,向"启发式"教学转变。这些转变使教师的教学方式产生了突破性进展。

【实践案例】

基于"合作共营"的作业编制与实施研究[①]

(一) 背景与意义

1. 时代背景

2010 年《国家中长期教育改革和发展规划纲要(2010—2020 年)》出台,其中要求把促进人的全面发展作为衡量教育质量的根本标准。而长期以来,我国的教育实践中更注重教师的"教",注重"评价"当中"考"的功能,常"以分数论英雄",造成学生的学业负担越来越重。特别在传统教育观中,只是将作业看成独立封闭的一个环节,单纯地视其为完成学习任务而服务,为提高学生应试分数而服务。因此,当前我们的小学语文、数学、英语学科正试图改变以上的现状,突破作业功能的局限,变革过于注重知识传授的倾向,强调在作业过程中引导学生学会学习与合作,激发学习兴趣,能运用积极主动的学习态度,获得基础知识与基本技能。

2. 研究意义

现代教学理论认为,学生学习是一个现实的体验、理解和反思的过程。作业练习是学科教学过程的重要环节,是学生学习活动的重要形式。而小学生的作业更应该成为一种活化的教学资源,成为促使其认知、能力、情感协调发展的重要途径。因此,我们将作业放在宏观的"课程——教学——评估"体系中来思考,将作业(练习)的功能重新定位,使得课程、教学能真正促进学生的发展。我们通过优化作业设计,探索并实施多样化的作业形式,在学生完成学习任务的过程中,培养学生的主体意识,激发学生的创新意识,进而逐步改善学生的学习方式,让学生成为作业的主人、学习的主人。

(二) 目标与内容

1. 研究目标

本项目在以学生发展为本的现代教育理念指导下,将作业放在宏观的"课程——教学——评估"体系中来思考,结合"轻负担、高效益、多课程、宜发展"的学校课程目标,有机整合现代教育资源,探索构建"合作共营"的作业编制与实施体系,包括理念、内容、架构、范式、策略等,在整体提升学校教育教学水平的同时,最终让学生在互动、合作、体验、分享的学习中收获快乐,减轻学业负担,提高学习效率。

2. 研究内容

(1) 通过"合作共营"的语、数、英作业编制和实施研究,探索符合新课程理念下的作业

[①] 本文执笔人:严玮懿,华东师范大学附属小学。

形式和内容,使之更为科学,符合学科知识特点与学生认知特点。以师师、师生、家校的合作共营机制充实学习共同体的内涵和组织形式,促进学校的育人特色的发展和提高。

(2) 通过"合作共营"的语、数、英作业编制和实施研究,给每个学生创造学习机会、拓展平台,挖掘学生的学习潜能,关注每一个学生综合学力发展。同时兼顾学生的个性,通过有效的作业设计,增强其学习内驱力,提高学习效率,使其个性闪亮、智慧闪光。

(3) 通过"合作共营"的语、数、英作业编制和实施研究,推进教师专业化发展的进程,鼓励其以科学的方式进行教学活动,设计有效的作业,提高教学教育的效率。

(三) 过程与策略

1. 研究过程

第一阶段(2010.6～2010.12):根据学校研究现状,制定方案,形成实施框架。

第二阶段(2011.1～2012.5):展开三到五年级的语、数、英作业编制与实施研究。

第三阶段(2012.6～2012.8):完善项目研究,适度调整,整理素材,撰写研究报告。

2. 实施策略

从"合作共营"角度探讨作业设计与实施的研究并不多见,而在小学教育领域内的相关研究更少。因此,在研究过程中我们注重文献的积累和学习,将行动研究贯穿整个实践过程。

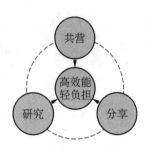

图 5-17 实施策略图

(四) 研究成果

1. 实施理念——遵循"课程标准"与"学校文化"的有机融合

本项目中将作业放在宏观的"课程——教学——评估"体系中来思考,视其为反映学生学习程度的有效证据。由此产生的实施理念是:让每个孩子在体验、分享中收获学习的快乐。其基本内涵包括以下两层:(1)作业设计的目的是以新课程标准为指导,有效统整学科的全册、单元的知识点,归并梳理学习的重点和难点。通过教师间的相互合作、师生间的互动交流、家校间的互补合作,编制有效的作业内容,设计恰当的评价手段,以减少作业的机械重复为前提,使学生在作业中达成综合学习能力的提高。(2)作业设计的形式兼具灵活性,增加趣味性,使学生在开放互动的作业中,感受学习的乐趣。作业形式兼顾差异性,设置分层制,让学生在多元化评价中,发掘自身的学习优势和潜能。

2. 研究架构——聚焦"前后关照"和"层层递进"的有序整合

本项目的研究起点是在深入解读课程标准后,精心梳理了三至五年级语、数、英三门学科教材中呈现的知识点,分析总结形成了序列。由此,帮助教师能在教学之前,明确教学设计的原则——围绕着年段、单元需要训练的目标,前后关照、层层递进,确保三维目标的有效落实；帮助学生在学习之时，建立新旧知识之间的阶梯，认识到自己头脑中原有的与当前所学内容有实质性联系的那一部分认知结构，为其提供清晰的关于上位知识的框架。

由此，根据我国学者何克抗提出的"主导—主体"教学模式和美国认知心理学家奥苏伯尔（David. P. Ausubel）的"先行组织者"理论，项目组在实践研究的基础上，最终形成了本项目的研究架构（见图 5 - 18）。这种模式强调既要发挥作业编制与实践中的教师的主导作用，又要充分关注学生的认知主体作用。这里的认知主体只有一个，就是学生。这种"主导—主体"设计不论是从理论基础还是从实践方法上看，都是以"教"为主和以"学"为主这两种系统相结合的产物，取长补短、优势互补。它具有如下特点：

（1）课前根据教学目标和学生的认知结构确定教学起点，设定课前预案（包括作业设计）；

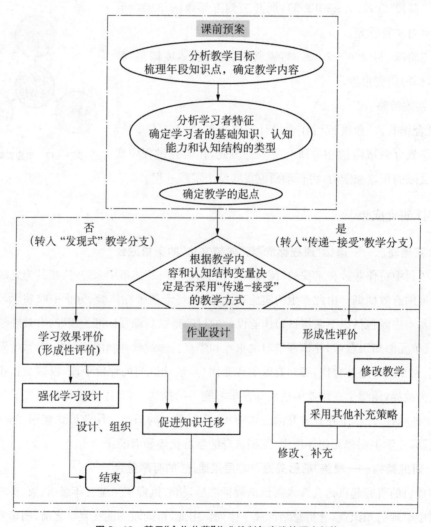

图 5 - 18　基于"合作共营"作业编制与实践的研究架构

176

（2）课中根据学生的生成，可以灵活选择"发现式"或"传递—接受"教学分支；

（3）在作业的设计上，可以根据学习效果评价环节（左分支）或根据形成性评价结果所作的教学修改环节（右分支），通过讲评、小结、激励等手段促进学生三种内驱力的性成与发展（视学习者的年龄与个性特征决定内驱力的种类）。

由此可见，学生是主动的学习者；教师是教学过程的组织者、指导者，意义建构的帮助者、促进者；教材所提供的知识不再是教师灌输的内容，也不是学生知识的唯一来源，而是学生主动建构意义的对象之一；作业也不仅是帮助教师传授知识的手段，而且是用来创设情境、进行合作学习、讨论交流即作为学生自主学习和合作式探索的认知工具与情感激励工具。

3. 实施范式——落实"三个阶段"和"四种类型"的有效互补

基于"合作共营"的作业编制与实践研究架构是在正确分析教学目标、学习者特征分析等作用的前提下，从师生在学习过程中的互动关系出发，确立教学起点，关注知识的运用，创设各种条件，从而根据教学内容和学生认知结构来设计作业以达到更佳教学效果的方式。

项目组根据研究架构的要点——课前预设、课中生成、形成性评价结果，实践形成了"三阶段、四类型"小学中高年级作业的实施范式（见图5-19）。范式中除"基本型"作业外，着重研究的是"拓展型"、"创新型"、"准备型"作业的实践。同时在"作业前"——"作业中"——"作业后"三阶段中着重研究"分层指导"和"作业评价"的方法。

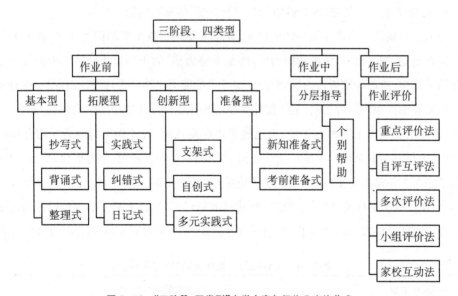

图5-19　"三阶段、四类型"小学中高年级作业实施范式

实施要点1："以学定教"的价值定位

让教师在教学初期阶段，明确学生已有的知识水平、个性特点和发展潜能来设计实施教学和作业,是本项目的价值定位。

实施要点 2:"基于实证"的编制选择

通过与不同年级学生座谈、问卷,了解、汇总、梳理出他们感兴趣的作业形式及内容的排序,使得作业编制更有目的性和系统性。

实施要点 3:"因材施教"的分层指导

首先,作业量的分层,根据个体情况和发展要求的不同进行增减;其次,作业难度的分层,着重找准每类学生的最近发展区,针对不同层次的学生制定基础、发展、创造三个目标,让其自主选择,从而使不同发展水平的学生都能较好地参与作业,享受到做作业主人的快乐;最后,作业选择的自主,设计多样化的作业类型,让学生根据自身兴趣选择适合的作业,能获得事半功倍的效果。

实施要点 4:"多样生动"的评价制度

首先,重视评价主体:由单纯的教师评价拓展到学生参与评价;由单向评价拓展到多向评价;其次,重视评价过程:由单一的终极评价拓展到关注过程的评价;由一次评价转为多次评价;再次,重视调动学生学习主动性,保护其创新思维:由客观评价转为激励评价,由批改式评价转为对话式评价;最后,重视多样化互动评价:学生自评互评——挑选有代表性的作业,讨论合适的评价观;师生多次共评——多次分析反馈存在的问题,设置评价标准;家校互动联评——以形象性、对话性的评价激励进步。

4. 心理机制——关注"扬长避短"和"取长补短"的有利均衡

项目组归纳出了中高年级小学生语文、数学上不同层次水平的问题所在,针对其不同问题进行梳理,制定出"以失配策略为主,匹配策略为辅"的干预措施。虽然失配策略下学生开始学得慢,难以理解学习内容,但因针对学生的能力欠缺处进行设计,有助于弥补因认知方式差异而产生的学能欠缺,最终能使学生心理机能和学业能力均得到发展(见表 5-4、表 5-5)。在进行失配策略教学时,也适时运用匹配策略,关注学生对原有学习环境的需求,教学中尽可能做到与学生偏好或长处相一致,使学生扬长避短,学得更快、更多。此外,在教学中两个策略也会交替运用。因为研究策略的最终目的是使更多的学生能掌握学习策略,但如果依靠学生自发地学习,不仅需要花费大量时间,而且大部分学生难以靠自己的力量获得。通过教师的策略教学,使学生在较短时间内掌握学习策略,从而提高质量与效率。

表 5-4 有意失配的教学策略(语文学科)

学习风格类型	有意失配策略
沉思型	小组学习中及时发表自我见解;积极参与组内活动。
冲动型	鼓励认真细致阅读;听完别人的讲解,思考后再发表自己观点。
符号表征	看图写短文。

学习风格类型	有意失配策略
具象表征	运用点、线、圈等批注抓关键点理解。
视觉加工	多朗读课文；鼓励在小组内发言、评点。
听觉加工	鼓励多阅读文本；把听到的内容记录下来，勤做课堂笔记。
辐合思维	多参与小组合作学习；多质疑；参与头脑风暴。
发散思维	多进行精加工推理。

表 5-5　有意失配的教学策略（数学学科）

学习风格类型	有意失配策略
沉思型	小组学习中快速判断对错；积极参与组内活动。
冲动型	鼓励认真细致计算；听完别人的讲解，思考后再发表自己观点。
符号表征	为图表做口头语言解说。
具象表征	运用简要文字写解题思路。
视觉加工	多鼓励在小组内发言、评点；多做听力判断练习。
听觉加工	把听到的答案、方法记录下来。
辐合思维	多参与小组合作学习；多质疑；参与头脑风暴。
发散思维	多进行精加工推理。

（五）特色与创新

1. 生成"共营·共赢"的学校课程互动共生文化

项目组在研究中不断使学生在共享合作的学习氛围中，与教师、同学、家长共营，共同实践着学习的共同体。项目组不断探索这"共营·共赢"的课程互动共生文化，通过多元互动的行动研究提炼生成具有可持续发展的研究架构、实践范式，运用"经验＋反思＋行动＋再反思"的研究方式，把理念形成的课程转化为学生习得的课程知识，以此来促进学生学习方式的变革、教师专业化发展的提升，从而达成"共营实现共赢"的最终研究目标。

2. 提炼"有效·务实"的作业设计和编制策略

有效而务实的作业设计和编制策略对于推进基础教育的实效，对学生创新意识、创新精神和创新能力的培养起着重要的导向作用。

（1）完善了作业设计的预案

小学作业设计的预案是在教学充分准备下的一种预案，核心是帮助解决学生探究时遇到的问题。因此，预案强调问题的情景，重视课前访谈（调查），重视学生学习前的经验和需求。这是基于"合作共营"作业编制与实践的成功之本。

（2）强化了作业与教学的关系

作业研究遵循的是"以学定教"的思想。如何让学生通过作业练习的过程，暴露学习中的问题,让教师找到每个学生的"最近发展区"? 教师如何准确、及时地了解学生的问题所在并能适时、有效地进行引导? 这些都是本项目在实践研究中所着力探讨的。

(3) 建立了更多的家校联系新途径

在研究中,把家庭看作是学校教学的一种助推器,一种转化器,学生学习过程的帮助者。家庭与学校的沟通有更实质性的内容,更具体的操作和联系机制。

(4) 拓展了跨学科的作业统整设计

在研究中,把有效的作业设计策略与方法推而广之,拓展延伸到部分学科的"作业统整设计"上,践行着小学阶段知识的融合贯通,达成着"高效低负"的目的。

第六章

课程资源建设：
创生与共享^①

① 本章执笔人:李召存,周洪飞.基于课程资源开发与利用提升学校课程领导力的行动研究[J].基础教育课程,
2014(1).

突破瓶颈　提高效率

在资源建设方面,目前上海中小学和幼儿园面临的"瓶颈":

一是虽拥有丰富的社会教育基地资源,但多数停留在科普教育和主题活动教育层面上,未能充分发挥教育基地所蕴含的丰富课程资源对学校课程的支持功能,特别是学生的学习几乎都在学校内完成,缺乏在校外真实情景中学习和探究的经历。

二是学校的课程资源多数停留在学校独立建设阶段,既浪费人力、物力,收效也甚微。能否将散落在学校、社区的课程资源进行区域化建设,如何让一些有价值的课程资源发挥更大作用值得去探索和实践。

三是随着学校教育改革的不断深入,单一的数字化课程优质资源不能满足需求,如何将基于信息技术平台,使丰富的课程教学资源共建共享成为面临的新问题。

四是学校在不同类型的课程资源开发和利用上,缺少结构性思考,即不能平衡基础型、拓展型与研究型课程之间的关系,使三类不同课程的资源开发与利用形成内在联系和结构性效应。

五是教师在课程资源开发与利用中的主体性得到了一定程度的重视与加强,但是学生在课程资源开发和利用中的主体地位有待提升,课程资源开发与利用中缺少对学生资源的关注。

基于上述问题,本章将结合课题组三年来在中小幼课程实践领域中所深入展开的行动研究,从以下三个角度来探讨课程资源的开发与利用问题,即如何从学校课程的整体架构出发来考虑课程资源的开发与利用,如何在课程资源的开发和利用过程中丰富学生的经历,如何建立与完善课程资源的共建共享机制。

一、整体架构：基于学校发展

（一）理论观点

课程资源的开发与利用，并不是"捡到篮子里都是菜"，也不是应付一时的权宜之计，它需要课程管理者和实施者有整体的眼光和可持续发展的意识，从学校课程发展的整体架构和实施方式出发，通盘考虑，优化设计，以期形成教育的合力，优化教育的效果。

（二）现实问题

第一，在课程资源的开发与利用上，学校普遍没有从学校课程架构与实施的整体出发，进行课程资源的开发与利用；

第二，在不同课程类型的课程资源开发和利用上，缺少结构性思考，即不能平衡基础型、拓展型与研究型课程之间的关系，使三类不同课程的课程资源开发与利用形成内在联系和结构性效应。

（三）实践探索

1. 明确学校课程发展的整体思路，寻求课程资源开发和利用的着力点

课程资源的开发和利用，想要形成一种可持续发展效应，使课程资源建设不断完善成熟，形成体系化，就必须对学校课程发展的整体思路有明确的认识。高位设计，宏观引领，把课程资源的开发与利用纳入到学校课程发展的整体规划思路之中，以寻求本校课程资源开发和利用的重点难点和突破点，这是"课程领导力项目"学校的共同经验。

上海市杨浦高级中学，抓住了学校将进入改造与修缮的机遇，盘点了学校与社区存在的资源，根据提高以"三性"（基础型课程有效性，拓展型课程多样性，研究型课程过程性）为标志的新课程实施到位度的需要，确定了具体开发利用的项目，然后落实到相关教研组，由项目核心组人员分头深入联系，项目组统一研究引领。经过近三年的努力实践，形成了不少具有创意和亮点的实践成果。比如，建成了包含电子图书和能阅读影像资料的综合性、多功能、开放式图书馆，"中外名著导读室"和"英语原版情景视听室"，"趣味物理实验室"、"化学课外实验室"和"生物观察实验室"等。

上海市体院附中项目研究的实践从两个层面展开，即学校根据学生培养目标，构建有体育特色的学校课程体系；另一方面通过开展整合课程资源的研究和实践，形成支持学校的特色办学资源框架系统。

资源整合的路径，一是对校内资源的整合依托教材，对学科资源结合问题情境，整合师

生资源；二是对校外资源的整合，以主题活动为载体，整合高校资源，如每年学校团委都会开展"走进体院，感受体育"的主题实践活动；以体育项目为载体，整合区域资源，如集聚与整合足球联盟、青少年乒乓球校园联盟资源；通过联盟成员间的智力支持、资源共享、交流合作，在课程与教学、训练与培养、师资培训等方面，形成大中小学的有效对接。创新资源整合方式上，学校与高校体院"手拉手"，做到资源共享，优势互补。

2. 理清三类课程的基本特点，确立不同课程资源开发的基本策略

基础型课程、拓展型课程和研究型课程，三类课程有着不同的功能定位，因此，在课程资源开发和利用的基本策略上应有不同。

上海市体育学院附属中学在三类课程的资源开发和利用上，提出了不同的策略。对于基础型课程，强调要"整合教材资源，尊重学生差异"，其开发与利用的重点是研究和处理教材，将不同学科的相关内容整合在课程的学习中，开发利用与教材内容相关的、对学生学习有意义的材料，经筛选整合后，构成互动资源网。同时，根据体育生与普通生兼有的学情，在基础型课程的实施中，积极关注并尊重学生差异，因材施教，个别辅导，对教材进行二次开发，设计与学生最近发展区所匹配的课堂教学内容及教学模式。对于拓展型课程，则提出了"整合高校资源，开发体育特色课程"的策略，积极推进学校对高校教育资源进行校本化整合，开设了诸如"体育新闻"、"体育英语"等多元的、可供选择的高校衔接性选修拓展课程。对于研究型课程，则提出了"整合区域资源，成立干预研究实验室"的策略，利用"杨浦区学生体质健康测试中心——上体附中干预与研究实验室"落户该校的契机，与区学生体质健康测试中心建立数据资源共享关系，整合区域内体育、医疗卫生、心理干预等资源，创新利用、整合校外的人力资源与环境资源的途径。

上海市杨浦高级中学深入分析了三类课程的不同功能特点，明确了相应的课程资源开发和利用策略。对于基础型课程，提出了学校要创造性地实施，处理好统一性和选择性之间的关系，根据国家课程总体要求和本校学生的个体差异，细化教学目标，实施有差异的校本化教学。既有统一的目标要求，又有个性化的目标要求，使学生的个性特长有所发展。对于拓展型课程，一方面积极挖掘学科资源，开设了各类与学科接轨的兴趣课、活动课，关注科学学习方法的训练，重视学生良好学习方法的培养；另一方面积极发挥教师特长，因人设课，提倡有专业特长的教师开设拓展课程，为学生根据自己的兴趣分领域提供可以选学的各类课程资源。而对于研究型课程，学校则努力开发社会资源，向周边的大学聘请导师，和本校部分教师一起，组建由专家学者为指导、本校教师为主体的课程导师团，学校定期邀请专家学者为学生作科学、人文报告，让学生了解不同学科领域中的新思想、新成果，激发儿童的好奇心和兴趣爱好。同时积极发挥学生在资源开发中的主动性，引导学生以开发的头脑和心态从平时生活、学习环境中发现、产生各种感兴趣的问题和值得探究的问题。

可见，在三类课程的资源开发中，要明确三类课程功能特点的不同侧重，寻求与之适切的策略,从而提升资源开发与利用的实效性。

二、开发利用:基于学生发展

(一) 理论观点

《上海市普通中小学课程方案》第一条课程理念就是课程要为学生提供多种学习经历,丰富学习经验。因此,树立课程要为学生提供多种学习经历的观念,通过课程体系的构建与实施,为学生提供品德形成与人格发展、潜能开发与认知发展、身体与心理发展、艺术审美、综合实践等方面的学习经历,帮助学生实现知识传承、能力发展、积极情感形成的统一,这是课程资源的开发和利用中重要的价值导向,即课程资源开发与利用要为丰富学生的学习经历服务。

(二) 现实问题

第一,现在虽拥有丰富的社会教育基地资源,但多数停留在科普教育和主题活动教育层面上,未能充分发挥教育基地所蕴含的丰富课程资源对学校课程的支持功能,尤其是学生的学习几乎都在学校内完成,缺乏在校外真实情景中学习和探究的经历;

第二,在课改中,教师的课程资源开发与利用中的主体性得到了重视与加强,但是,学生在课程资源开发和利用中的主体地位仍然比较薄弱,或者在课程资源开发与利用中缺乏对学生资源的关注。

(三) 实践探索

1. 开发研究型课程资源,增加学生主动探究的学习经历

在课程资源的开发中,要多为学生的主动探究学习提供空间和条件,让学生在发现问题、确立问题、解决问题活动中亲历探究过程,体验发现的乐趣,体验成功的快乐。

上海市尚文中学在开发和利用社会教育基地资源的过程中,并不满足于让学生走马观花式地"看一看"这种简单了解一下的表层做法,而是充分考虑到社会教育基地资源对促进学生研究性学习的深层作用。引导学生在调查、考察、实验、探究、设计、体验、制作等活动中发现和解决问题,引发思考,激发思维和探究欲望。在具体的展开过程中,分活动前的准备课、活动中的指导课、活动后的交流课三个环节进行。其中,准备课,重点对学生进行学科教材知识的传授、校外教育基地的基本信息介绍,为活动顺利开展进行知识、方法的铺垫;指导课,重点对学生在活动过程中的知识性进行指导、活动流程进行调控,组织纪律进行监控,对学生在活动中的兴趣及能力表现进行观察;交流课,重点是通过课堂教学中对在

教育基地活动中所探究的问题和获取的知识进行梳理、归纳、提炼，并通过师生、生生的交流来检测教育基地活动的成效。这些做法既保证了教师指导和引领作用的发挥，又为学生在教育基地中的自主探究和合作学习提供了充分的空间。

上海市平凉路第三小学结合《构建百个儿童家庭科技实验角的实践与研究》，充分用好教材资源，挖掘适合学生探究的课程内容，为学生的主动探索学习提供支持。对《科学与技术》十册教材内容，整理出以教材为依据的 145 个学生实验和学生活动，补充相关学生实验 68 个，甚至还为学生的探究活动编制了指南，形成了小学阶段适宜学生操作的实验，为学生提供活动来源，启发思路。同时，挖掘社会生活中的课程资源，展开探究活动。比如讲"神舟"载人飞船的发射、磁悬浮列车的运行、高速铁路的建造、纳米技术的应用，等等；还有将与我们的社会生活息息相关的，如举办奥运会、世博会、建设节约型社会也都融入了科技元素，作为引导学生开展探究活动的好素材。

上海市晋元高级中学，充分开发网络信息化课程教学资源，积极创建易班学习平台，推进网络育德活动，加强学生思想疏导和文化熏陶，不断满足师生网络时代交流思想、展示自我的热切需求，提升新时期学校德育工作水平。易班网以组织时事热点话题讨论、报道校园文化生活为己任，采取组建网上社区，发布讨论专题，提供学习资料等方式，促进师生敞开心扉地互动交流，从而增进师生沟通、观点碰撞，有效地助力学生成长。这些做法使得学生在道德发展中体验到了道德知识主动建构的学习经历

2. 发挥学生在课程资源开发中的主体作用，增加学生学习的自我管理和规划的经历

著名的教育心理学家奥苏伯尔曾说"教是为了不教"，教学过程不仅仅是传授知识发展能力的过程，还是逐步增强学生自我教育能力的过程。因此，如何转变学生被动接受教育的局面，获得学习的自我管理和规划的体验，也应是课程资源开发与利用时需要考虑的问题。

比如，我们都知道时间是一种重要的条件性课程资源，一般而言，在中小学中，学生的课程学习时间都是制度化地规定好的，什么时候上什么课，什么时候上课什么时候休息，等等，都是事先规定好的，学生只需按部就班地遵守就可以了，无需自己去规划学习时间。针对这种情况，上海市普陀区武宁路小学在"小学课程资源开发与管理的对策研究"中，进行了尝试性探索，在学校生活中时刻渗透和引导学生珍惜时间和自主管理的意识。如语文组教师开展"给学生自由阅读的时空"的实践，数学组教师开展"数学课堂中'留白'的教学方式"的尝试，英语组教师开展"巧妙利用零散时间学记英语单词"的实践。另外，学生们还在老师和家长的指导下，通过制定作息时间表，合理地分配学习和休闲时间。不少学生还通过给自己设定阶段目标的办法，提高时间利用的效率。一部分孩子自主支配时间的尝试已获得初步成效。

再比如，课堂学习的规则和纪律也是一种重要的条件性课程资源，良好的规则和纪律

是课程实施有效展开的重要保障。但是在传统教育中，学生往往是规则和纪律约束的对象，而不是规则与纪律制定的主体和参与者。青浦佳佳幼儿园在建设资源活动室的研究中，却探索突破这一困局，探索了资源活动室规则建立中发挥儿童主体性。在资源活动室正式使用之前，引导教师们组织孩子们共同商讨、制定某一资源活动室的使用守则，并让孩子们用他们自己能读懂的方式表达出来，张贴在活动室内，姐妹班成员进入该资源活动室活动，需首先学习、解读陈列的相关规则，共同遵守。这一发挥幼儿主体性建立守则的方式，在孩子与孩子、孩子与教师、孩子与资源活动室环境互动中，让孩子们更加深刻地了解了相关的使用规则，也让孩子们感受到了资源活动室是真正属于他们自己的活动场所。

三、共建共享：基于辐射增效

（一）理论观点

随着课改的深入推进，课程资源的开发和利用越来越受到重视，不同的学校都在进行着不同程度不同范围的课程资源开发，但如何增进课程资源开发和利用的优势互补、合作共建、优质共享，一方面要进一步提升课程资源利用率，让一些有价值的课程资源发挥更大的作用；另一方面，也可以在合作共建优势互补中提高课程资源建设的质量。

（二）现实问题

第一，课程资源开发实践中在不同程度上存在着重复低效的现象，既浪费人力、物力，收效也甚微。

第二，随着学校教育改革的不断深入，课程优质资源不能满足需求，对如何实质性地推进课程资源的共建共享，缺乏机制与制度上的研究与经验。

第三，课程资源共建共享的技术平台（基于信息技术平台）有待进一步研发。

（三）实践探索

1. 充分发挥信息技术媒体的作用，构建课程资源共建共享的平台。相对较大范围内校际层面上的课程资源共建共享信息平台的建设而言，校内范围的课程资源共建共享信息平台更容易操作。在本项目的实践研究中，上海市晋元高级中学专门探讨了"基于信息技术平台的高中课程教学资源共建共享研究"。

首先，加强了硬件建设，提升校园数字化环境建设成果。构建了"一环境四平台"为主的数字校园系统，即，课程资源共享平台、网上走班学习平台、易班德育平台和教学管理平台等四大平台，以及"开心英语"、"快乐物理"等学科特色教学平台。依托信息技术媒体，促进课程资源的共建共享。

其次，设计了课程资源共建的基本思路及明确"两条"开发思路、采取"三种"策略、组建"四支"队伍、落实"五项"措施，来保障资源的有序开发。明确"自上而下"（从盘活学校现有平台、现存资源看资源建设需求与方向）和"自下而上"（从教学一线资源需求状况看资源开发目标与水平）"两条"开发思路。采取"三种"开发策略：一是重视课程资源开发的系统性，从学校课程规划与教学安排的实际出发开发资源；二是注重课程资源开发的即时性，从社会发展和知识更新的角度出发组建资源；三是强调课程资源开发的实效性，从课堂教学转型和学习方式变革的要求出发生成资源。组建"四支"开发团队，一是由各教研组首席教师牵头的研发团队；二是由骨干教师和学生组成的攻关团队；三是由学生自发组成的合作团队；四是由学校外聘专业机构与学校骨干教师组成的开发团队，保障了资源开发的及时高效。落实"五项"开发措施，一是建立资源生成的规范程序，把资源开发建设的主动权交还广大师生；二是发布阶段性的开发主题，促进师生自主设计和动态生成资源；三是坚持以教学教研引领，鼓励广大师生在教学实践和资源分享中生成资源；四是建立资源评价标准，吸收优质资源充实和更新资源库；五是及时开展新增资源质量评价，激励师生的资源开发动力与活力。另外，还设置专门程序、安排专人加强资源的筛选与整合，确保资源的结构化与体系化，不断优化课程资源库。在以上的建设思路下，目前已形成了包含68类素材性、条件性和活动性的优质课程资源体系。其中，重点建设了素材性资源体系，在翻新存量资源和开发增量资源的基础上，整合形成了素材及课程资源库，包括视频资源1573项，备课资源4527项，辅导平台资源2165项，作业平台资源5012项，评价资源1138项，极大地提高了资源的实用性和结构性。

再次，推行网上走班制，实现课程资源的共享。依托电脑网络，学生在教师的指导下按照自己的学习水平、意愿和需求选择学习数字化课程，师生处于同一网域空间，主要利用数字资源进行同步或异步的教学活动，或学生根据自我需求自主进行个性化学习活动。

2. 加强机制制度建设，保证课程资源共建共享的顺利展开。课程资源的共建共享是一个集体活动，需要有合理的机制和规范的制度来保证它的顺利进行。上海晋元高级中学在这方面的经验是，确立了四大共建共享的机制：一是项目管理机制，校长牵头成立管理网络，带动全体教师，组建层次清晰、分工明确的研究团队；二是队伍建设机制，以培训引领教师研修，做到以四支团队为核心带动其他团队的资源开发，以试点学科先行先试带动网上走班教学探索，以研究成果示范推动其他学科共建共享研究；三是程序规范机制，以目标统领研究活动，以共建促共享，以共享带共建，促成共建与共享相互渗透和双向互动，形成共建共享一体化机制；四是评价激励机制，组建领导、专家、技术人员和骨干教师的专业评价队伍，定期对资源共建与共享的内容与水平进行评估论证。而在共建共享规章制度上，为推动共建共享深入发展，该校以建章立制来加强过程管理，先后制订了《晋元高级中学实施共建共享指导意见》《晋元高级中学试行网上走班教学管理办法》等规章制度,规范行动研究管理,提高了研究活力和创新动力。

再比如,上海市青浦佳佳幼儿园在"幼儿园课程资源环境创建与利用的实践研究——互动·共建的资源活动室"中,为保证各班级能共享资源活动,幼儿园制定了"三重"机制。第一个是共享机制,利用网络和文本同步呈现的方式,保障已有的制度安排及前期经验人人知晓。第二是考核机制,将资源活动室的使用与教师的考核挂钩,促使教师重视资源活动室活动的组织,关注资源活动室环境与材料的改善以及资源活动室活动的常态落实。第三是联动机制,通过多层面的了解互动,给予研究与实践及时的支持保障。联动内容包括每日巡视、每周请购、每月例会等,保障资源活动室"互动共建"的落实。

3. 调整课程资源的利用方式,优化课程资源共享。在很多时候,尤其是对于实验室、图书馆、活动室等硬件设施等课程资源,对它们的共享也就意味着资源是有限的,而需要共享的学生是很多的,因此,在这种情况下,如何调整课程资源的利用方式,以优化课程资源共享,就成为一个重要问题。在这个问题上,教师需要清楚的是,课程资源共享并不是对课程资源搞平均主义,而是应该根据课程活动的内容、学生的年级水平等因素进行合理的调整。

上海青浦佳佳幼儿园在"幼儿园课程资源环境创建与利用的实践研究——互动·共建的资源活动室"中,就在这方面作了有益探索。这里的资源活动室是指凸现专用功能的、各班共享的活动室。幼儿园共设置了诸如美术室、探索室、结构室等17间资源活动室,分别有侧重地指向新课程中的学习、游戏、运动、生活4个领域。为保证这些资源室的合理共享,该幼儿园在跟踪观察以及与师生的互动中,对进室安排时间表也在不断地调整和优化。从原先一刀切,每天轮换进室,逐步根据活动室的特点,统筹安排进室方式和时间。另外,在已有环境设置的基础之上,鼓励教师除了园方的安排以外,还可根据孩子兴趣、实际需要,自行调节,不拘一格,灵活运用不同的方式设置和利用资源环境。以使得资源活动室的设置真正成为孩子活动所需的课程资源。如采用混班式使用的方式,也即多个资源教室面向多个班级同时开放,孩子们根据自己的兴趣、需要选择进入资源教室,并共同协商、明确任务、形成计划、制定规则以保障活动的开展。

三年来,项目学校遵循"学习理论、研发实践、应用反馈"的行动原则开展项目研究,所取得的成果以及项目成果运用的直接效果至少体现在以下几个方面:

(1) 从项目组对研究过程的设计、组织实施以及最后形成的众多项具有一定特色的成果中体现出,学校在思想力、组织协调力、发现并解决新课程实施中遇到问题的能力等方面都有提升,这就是学校课程领导力的提升。

(2) 学校和教师的课程整合意识、课程资源开发与利用的意识与课程系统的管理水平都有提高,尤其在基于课程资源进行校本课程的有效开发方面更为明显。

（3）学校已经形成了资源开发与利用的有效机制。包括校长团队工作机制——结合学校育人目标为课程体系架构的方向决策；中层服务团队——为课程资源开发提供支持和服务的工作机制；教师实践团队——联合同行、社区教育者、学生开发活动课程的工作机制。还有拓展、探究活动与基础型课程联系、整合的机制，课程的共享共建机制，资源开发的联动机制，等等。

（4）实践表明，由于课程资源得到有效开发和利用，三类课程实施的到位度有了一定提高，学生自主发展空间变大，课程的丰富度在提高，学生的人文素养和科学素养也都在提升，还涌现出一些个性发展优异的学生。总而言之，三年的研究取得了"学生发展、教师提升、资源丰富、制度建立"四位一体的成果。

【实践案例】

整合校内外资源 推进学校课程建设①

课程是学校内涵发展的核心。二十多年课程改革的历程中,尚文中学在课程结构改革、课程内容建设、课程管理与评价等方面,探索和积累了一定的经验。但随着上海市二期课改的不断深入,学校课程建设发展出现了瓶颈:教师在教学设计以及实施过程中由于教学资源欠缺,导致教学方法没有根本性的改变,学生的学习几乎都在学校内完成,缺乏在校外真实情境中学习和探究的经历;学校课程实施的形态依然比较传统和单一,有限的校内课程资源制约了学校课程向纵深发展,使得课程的规划与实施不能满足社会对优质教育的期盼及学生、家长对学校课程的憧憬和向往。

如何在传承学校优良传统的基础上,不断完善学校课程结构,创新推进学校内涵发展?始于2009年的《上海市提升中小学(幼儿园)课程领导力三年行动计划》提出了"学校要充分发挥本市资源优势,建立社会教育资源与学校课程资源的整合机制"的要求,以此为契机,我校开展了"社会教育基地资源有效利用的研究"项目的行动研究,作为进一步完善发展和推进学校课程建设的突破口。

一、遵循"三个整合""四项原则",深入研究校外教育基地的课程资源,引导教师建立大课程资源观

课程资源有丰富的内涵和宽广的外延,教材虽是课程资源的核心和主要组成部分,但绝不是唯一的课程资源。课程资源有形形色色的存在形式,如图书馆、科技馆、博物馆、网络资源、自然资源等。

校外教育基地资源以其生动情境和学生能够亲自参与等特点,给学生多方面的信息刺激,能够调动学生多种感官参与活动,在愉悦中增长知识、培养能力、陶冶情操。因此,学校积极帮助教师提高对开发和利用校外教育基地课程资源必要性的认识、掌握开发和利用校外教育基地课程资源的方法和方式,借此弥补校内课程资源的不足,从而有效地利用教育基地课程资源,丰富教学内容,发挥教育基地资源对学校课程规划与实施的重要作用。

通过重新认识教材与教育基地课程资源的关系以及对基地资源的梳理,各教研组总结了在课程资源开发中遇到的问题,并在重新学习学科课程标准、课程指南的基础上,积极探索社会教育基地资源开发的方法和途径,明确了在开发利用教育基地资源时要注重"三个

---

① 朱晓薇,上海市尚文中学.整合校内外资源:推进学校课程建设[J].基础教育课程,2014(1).

整合"：第一，熟悉各教育基地的结构性特点，寻找与课本相关知识的对接点，实现基地资源和学校课程资源的整合；第二，理解各教育基地的功能性特点，寻求相关知识的关联拓展和实践探究，实现基础型、拓展型、探究型三类不同课程目标实施的整合；第三，明确各教育基地资源的横向广域性，寻找同一情境不同领域知识的交叉呈现，实现不同学科综合学习的整合。

我们考虑到校外教育基地资源具有实物性、广博性、直观性、情境性、开放性等特点，学生在实践学习过程中可能会出现一些不可控的因素，从而影响课程资源的开发进程和效果，不利于形成长效机制。为此，我们要求教师在利用校外教育基地课程资源时必须遵循以下原则：第一，目标性原则。教师要根据课程学习的内容选择不同的教育基地资源，针对不同的教学目标开发与之相应的校外教育基地资源，并认真分析与课程目标相关的各类教育资源。第二，针对性原则。在开发和利用教育基地资源的过程中必须充分考虑学生的认知能力和知识结构。第三，实践性原则。使用教育基地资源时，尽量调动学生的视、听、闻等感官，多角度、全方位地获取知识，在调查、考察、实验、探究、设计、体验、制作等活动中发现和解决问题，激发学生的思维和探究欲望。第四，适切性原则。对校外教育基地资源的开发要适度，数量要适当，突出重点，根据学校、学科实际进行有重点的开发；教育基地资源的开发和利用必须因地制宜，容易操作，省时、高效。

二、探索校外教育基地资源与校内课程资源有机结合的途径和方法，形成校外教育基地开发和利用的工作机制

教师是学校课程发展和课程资源开发的主体，组织教师以行动研究为基础，通过研究提升课程开发和实施能力是项目研究的重要目标之一。为此，学校组织教师边学习、边研究、边实践，在实践中探索建立社会教育基地课程资源开发利用的实施机制和组织学生进行校外学习的管理机制，使校外教育基地资源和学校课程资源的整合具有针对性、可操作性。

（一）针对教材样本，形成研究模块

以教研组为单位，全面开展校外教育基地资源利用的研究。在基础型课程中，先选取某一册（或某一学年的教材）某一章节的内容作为研究的样本，重点分析在预设的教学目标下，需要补充哪些方面的教学内容和课程资源？需要在教与学两方面作什么改变来提高教学的有效性？然后根据教学需要，选取合适的、有一定相关度的教育基地，寻找教育基地中可供学生开展活动的内容，对活动的目标要求、过程方式等进行有一定科学性、可行性的预设和规划，即教师：确立主题→基地考察→方案制定→组织实践→课堂教学→交流评价；学生：基地实践→考察记录→体会感悟→课堂交流→成果展示；初步形成某一学科的研究模块。

(二) 开展实践活动，完善模块实施

根据预设的研究模块，在学生实践活动和教师课堂实践中完善研究模块。整个学习实践活动分活动前的准备课、活动中的指导课、活动后的交流课三个环节进行。准备课重点对学生进行学科教材知识的铺垫和校外教育基地基本信息介绍，为活动顺利开展打好基础；指导课重点对学生在活动中进行及时指导和活动流程的调控，对学生在活动中的兴趣及能力表现进行观察；交流课重点是利用课堂教学对实践活动所获取的知识进行梳理、归纳和提炼，并通过师生、生生的交流来检测教育基地活动的成效。同时，学科教师要进一步理清相关教育基地的资源结构和内容特色，将教育基地资源与学科教学内容进行整合，并巧妙地运用到课堂教学中，如利用教育基地资源创设情境、完善教材、拓宽内容等等。

(三) 设计活动项目，整合学习方法

经过第一轮的实践活动，我们发现，不少教育基地的资源呈现方式单调，学术性较强，互动性不够，缺乏学生自主学习和探究学习的空间，难以达到预期的目标。经过不断研究，我们认为，要充分考虑相关教育基地的资源结构特点与学科教学的结合，设计有针对性和适用性的学习单，设计学生乐于参加的体验活动和探究活动，组织学生围绕一定的问题进行观察、实验、探究等学习活动，形成丰富多彩的、学生喜欢的实践活动项目。每个项目都以此框架结构来设计（表6-1），使基础型、拓展型课程的学习内容与探究型课程的学习方法得到有效整合。

表6-1　教育基地学习项目设计框架

项目名称	根据实际可罗列多个活动项目
资源配合	教育基地的资源内容
学习目标	依据学情分析和教育基地实际确定
内容和要求	根据学科课标要求和基地资源的结合点
适合学生、课时	年级、课时等
活动建议	针对学科教师的实施建议
体会收获	学生学习活动的交流与评价、感悟和收获等

(四) 统筹各类活动，"必选""自选"结合

每学年学校对学生的实践活动进行统一的规划和安排，分"必选"和"自选"两组活动基地。"必选"是指每个年级什么时候到哪个基地是相对固定的，明确分工，以避免校外教育基地活动的无序和盲目。项目组要求学校德育处将教育基地实践活动和班团队活动、科技节、艺术节等有机结合，并对学生利用寒、暑假去教育基地进行的实践活动等进行整合研究，使我校学生的教育基地活动成为序列化、长效化的工作。学校还鼓励班级、学生、家庭等积极参与"自选"的活动，节假日在家长带领下开展自主学习，这样辐射到学生家长和教

育基地教师,形成了"校内引领—实践体验—活动反馈—校外延伸"的良性循环。

(五) 激励评价措施,形成工作机制

学校把校外基地资源开发利用背景下提高教学有效性的内容纳入听课、评课、教师专业水平考核指标中。在教师的课堂教学中,加强对课程资源尤其是校外教育基地资源的开发和利用评价,如,课程资源开发利用和有效落实教学目标的相关性评价,对该项目研究中有突出贡献的教师进行表彰等,激励教师乐于贯彻"拓展学习时空,丰富学习经历"的理念。学校还建立了促进学生全面发展的综合评价措施,如,利用学生成长手册来评价学生的实践活动,利用校园网的班级空间来评价学生的实践活动的过程和成果,强调过程性评价和结果性评价相结合,通过学生的自评、同学的互评、教师的评价、基地老师的评价等来保证评价的公平和公正,激发学生积极参与、勤于思考、勇于实践、乐于探究。

学校通过"统筹工作安排、统筹各类活动、统筹校内外资源"的工作步骤,在明确各级人员工作职责的基础上,建立了良性的校外教育基地资源开发利用的工作机制(图6-1)。

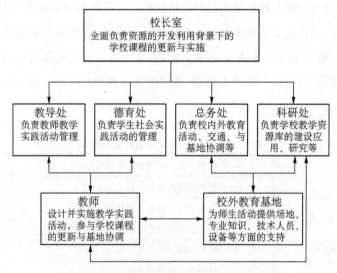

图6-1 校外教育基地资源开发利用的工作机制图

三、梳理校外教育基地资源开发和利用的案例,建设教育基地教学资源信息库

为保证校外教育基地资源利用的科学性、可操作性和可持续发展性,以利于形成学校课程建设和实施的长效机制,我们分类研究和理清了教育基地的基本信息。

第一,分类梳理基本信息,编制教育基地资源"地图"。遵循"就近选择"的原则,梳理各教育基地在各区县的位置分布情况;遵循"内容整合"原则,在了解各场馆的内容和布局特点的基础上,依据学科课程标准和教材内容的要求,梳理与学科相关的教育基地资源情况,将学科知识点与社会教育基地的相关资源进行整合;遵循"注重体验"的原则,在全面实践的基础上，依据初中学生的知识结构、年龄特点和学科教学的需要，梳理部分适合初中学生参加的教育基地的门户网站。

第二，编制不同学科校外教育基地资源一览表。不同的教育基地所涉及的内容领域不同，因此必须研究教育基地的内容结构和特色，寻找与学科教学的结合点。各学科以教研组为单位，如语文、科学、生命科学、地理、思品、历史、美术等学科研究并编制了学科校外教育基地资源一览表。

第三，编制教育基地人力资源名录。各教育基地的专业技术人员是学生实践活动中重要的人力资源，他们有着丰富的专业知识和研究经验，是课程资源开发和利用的重要力量，在对于教育基地资源的了解方面，与学校教师相比有得天独厚的优势，有利于提高课程知识内容的深度和广度，开阔学生的视野。在进行与教育基地有关的课程教学时，教育基地的专业技术人员有着自身独特的人格魅力，其严谨求实的态度会感染学生，带来意想不到的学习效果。将这些专业人员纳入到课程资源的建设中，将对教育基地资源的开发和利用起到重要的作用。

四、在实践中完善学校课程体系，促进学生、教师的发展，推进学校的课程建设

学校充分关注不同课程的功能和教育内涵，关注教育基地实践活动与基础型课程、拓展型课程、探究型课程之间的互补作用，不断对课程计划进行调整和优化。在基础型课程校本化实施的过程中，通过引入校外教育基地资源，可以弥补教材中有的不足，丰富教学内容，提高课程实施质量；拓展性课程中，结合学校的办学特色和所在地域特色，可利用社会教育基地资源，探索以主题为模块的课程。如，学校利用上海昆虫博物馆、上海博物馆、上海公安博物馆、上海民防教育科普馆的资源，先后开发了《昆虫王国》、《青铜器纹饰》、《防灾减灾》、《法制讲坛》等四门新的拓展型课程，形成学校特色课程；探究性课程中，通过合理的探究活动的设计、组织和引导，引领学生在基地内实践探究活动的有效开展，激发学生发现问题，形成探究小课题。三类课程的实施目标各有所重，基础型课程重在传授知识，拓展型课程重在开阔视野，探究型课程重在探究学习。利用社会教育基地资源，设计学习实践活动项目，落实三类课程的整合，提高了学校综合开发与利用课程资源的意识和能力，进一步增加了学校课程的选择性。

教育基地课程资源的开发促进了学校和教师在教育观念上的改变和创新，教师树立了大课程资源观，突破校内教育资源的局限，积极挖掘校外教育基地的课程资源服务于课堂教学，为学生、教师、学校的共同发展提供了一个新的平台。

教育基地课程资源的有效利用，满足了学生多样化发展的需要，为陶冶学生情操、提高实践能力、形成个性特长，搭建了探索的平台。教育基地实践活动丰富了学生的学习经历，改变了学生的学习方式。

开展项目研究以来，教师仔细研读课程标准和教材，认真研究学科教学、学生的认知规律以及相关教育基地资源特色，研究学科课程与基地资源的有效结合，用基地活动的内容来充实学科教学资源，丰富自身的知识结构，丰富课堂教学内容和教学方式，找到了自身专业发展的突破口。同时学校引领广大教师以"社会教育基地资源的有效利用的研究"为载体，带动一大批教师投入到教育基地资源开发和实施的建设中，不仅有效帮助学校突破了课程发展和实施的"瓶颈"，而且还为课程更新引来了"活水"，完善了学校课程结构，提高了学校三类课程建设的质量，提升了学校课程领导力。

【实践案例】

选择教育背景下的数字化课程资源共建共享①

近三年来，晋元高级中学全面推进"选择教育背景下的数字化课程资源共建共享"（以下简称"共建共享"）项目研究。该项目在构建数字化课程环境、推动课堂教学转型、提升学校课程领导力、促进教师专业化发展和学生个性化学习等方面，均取得一定突破与成效。

一、共建共享的学校背景

多年来，学校坚持"选择教育"思想和"学会选择、主动学习、卓越发展"的办学理念。学校认为，"学会选择"是选择教育的教育观。它是学生自身权利的使用、内在动机的激活和自我抉择行为的具体体现。"主动学习"是选择教育的学习观。它是学生能动意识的觉醒、学习驾驭的策略和个体行为品质的主动彰显。"卓越发展"是选择教育的成才观。它是学生对自身发展目标的追求、自我能力的超越和自我价值实现的最高境界。为此，学校营造一种充满选择的教育文化，推行"套餐式课程、走班制运作、学分制管理"的教育形态，以"基础型课程、拓展型课程、研究型课程和生活经验课程"，为学生提供丰富的课程体验和学习经历。

自 2005 年以来，学校提出以教育信息化推动教育现代化构想，围绕信息技术与课程整合主题，每年一个主攻点，持续开展了"探索有效整合，转变学习方式"、"构建数字学习时空，促进学生卓越发展"等六轮探索攻坚，有效地推动了基于信息技术的课程建设与教学改革。但是，随着信息技术及网络通讯技术的迅速发展，学校课程内容及实施方式已不能全面适应师生多元化、个性化的需求，也显示出一些问题。如，数字化课程资源及精品课程的丰富性和高选择性亟待充实提高，课堂教学形态及学生学习方式亟待多样化发展，等等。我们认为，教育信息化是选择教育时代发展战略的体现，而共建共享又是学校教育信息化的重要历程，因此，唯有以教育信息化带动学校课程改革，开展共建共享，才能突破这些瓶颈问题。

二、共建共享的内涵思路

共建共享是指以校园信息技术平台及网络环境为支撑，由学校校长、课程专家、教师团队、技术人员多方合作，共同开发整合符合学校课程规划、适应教师教学和满足学生选择学

---

① 王丽萍,邵荣,上海市晋元高级中学. 选择教育背景下的数字化课程资源共建共享[J]. 基础教育课程,2014(1).

习需求的数字化课程资源体系,并激励促进学生、教师和教学管理人员有效利用资源开展学习、教学、教研与管理活动的全过程。它是数字化课程资源共建过程与共享过程的统一体。共建过程就是对校园网上存储和传输的存量资源的翻新、改建和再组合,以及在需求分析基础上对亟须课程资源按一定标准的开发新建、存储管理和开放利用的过程。共享过程就是把课程资源高效地运用于学习、教学和教研,并在分享中动态生成、迭代更新的过程。在晋元,网上走班教学是最重要的共享形态与方式。由此,形成共建共享过程的逻辑架构(图6-2)。

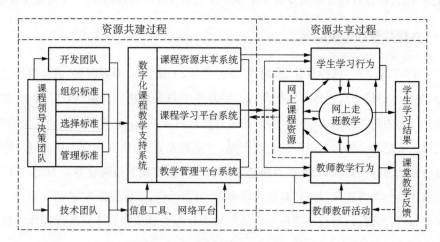

图6-2 共建共享过程的逻辑架构图

基于此,学校提出以下共建共享目标:一是设施建设目标,即提升基础设施能级,优化信息化平台,提高运行效能。二是课程建设目标,即研究课程资源合理共建形态,建设生成性课程资源库。探索课程资源有效共享方式,推进网上走班教学实践。建立共建共享良性机制。三是教师发展目标,即强化教研、研发资源、优化教学,提升课程开发力和执行力。四是学生发展目标,即参与共建、学会分享、主动学习,提高学习生活品质。

学校根据研究目标,扎实推进四项内容行动实践:一是数字校园开发及运行机制研究。二是数字化课程资源共建策略与途径研究。三是数字化课程资源共享形态与方式研究。四是数字化课程资源共建共享长效机制研究。

三、共建共享的实践行动

(一) 建立机制制度,保障良性发展

对于共建共享这一系统工程,建立良性运行机制和管理制度,才能实现共建共享的一体化和高效性。因此,学校由校长牵头组建研究团队,形成有层次的研究网络。并以共建共享研究目标为导向统领研究全过程,在不断认识、实践、再认识和再实践的研究过程中建章立制,先后制订了《晋元高级中学课程资源共建共享指南》和《晋元高级中学网上走班学

习指导手册》等要求和制度,不断完善行动研究过程和实践运作方式。

(二)凝聚师生合力,推进合理共建

资源共建的做法是通过调研摸底、需求分析,盘活存量资源,明确"两条"思路、采取"三种"策略、组建"四支"队伍、落实"五项"措施,保障资源有序开发。

1. 明确"两条"开发思路。一是"自上而下",是从盘活学校现有平台、现存资源看资源建设需求与方向。二是"自下而上",是从教学一线资源需求状况看资源开发目标与水平。

2. 采取"三种"开发策略。一是重视课程资源开发的系统性,从学校课程规划与教学安排的实际出发开发资源;二是注重课程资源开发的即时性,从社会发展和知识更新的角度出发组建资源;三是强调课程资源开发的实效性,从课堂教学转型和学习方式变革的需求出发生成资源。

3. 组建"四支"开发团队。一是由各教研组首席教师牵头的研发团队;二是由骨干教师和学生组成的攻关团队;三是由学生自发组成的合作团队;四是由学校外聘专业机构与本校骨干教师组成的开发团队。

4. 落实"五项"开发措施。一是建立资源生成的规范程序,把开发主动权交还广大师生;二是发布阶段性开发主题,促进师生自主设计、生成资源;三是坚持教学教研引领,鼓励师生在教学教研中动态生成资源;四是建立资源筛选体系,以优质资源充实更新资源库;五是及时评价新增资源质量,激励师生资源开发动力。

(三)探索网上走班,促进有效共享

资源共享就是把共建的课程资源高效地应用于学习、教学和教研的过程,而网上走班教学是我校最重要的资源共享和开发方式。网上走班教学是以信息技术平台为支撑,以实体走班教学①和"网络教学"整合融通为组织形式,以数字化课程资源为学习内容,在教师有目的、有计划、有组织的指导下,学生按照自己的学习水平、意愿和需求选择学习数字化课程内容,主动建构知识、掌握技能、提高素质、发展身心的教学活动。它是数字时代实体走班教学的重要补充,它进一步适应了数字时代的教学要求,也丰富了晋元的教学形态,满足了广大学生对优质资源、名师授课和个性化学习的选择愿望。为此,学校构建"混合学习,导学一体"的网上走班教学模式,通过抓住需求分析、教学设计、组织实施和反思改进等教学环节,推进网上走班教学实践。

1. 适应学生三类学习需求。学校确定将 1/4 的课时用于网上走班教学,并合理配置

---

① 实体走班教学,也称走班教学,它是我校"选择教育"背景下课堂教学改革的一大特色。它是打破固定班级界限,把几个班级、一个年级、几个年级乃至整个学校看成一个教学整体,根据学生不同的学习水平和目标,设置不同教学内容的教学教室,学生按照自身的学习需求和发展需要,选择学习不同水准的课程,开展流动式上课的教学形式。

好实体走班与网上走班教学内容。这样适应了学生三类学习需求：一是基于学生基础知识的弥补性学习，满足学生强化基础和复习巩固的需求；二是基于学生学业素养的充实丰富，满足学生知能拓展性需求；三是基于学生个性特长的优势发展，满足学生的个性化需求。

2. 落实三种教学组织形式。网上走班教学有课内、课外共三种组织形式。课内的网上走班以实体课堂教学为主，师生在实体与虚拟兼顾的课堂情境中开展教与学活动，其组织方式有"同时、同地学习同一学科不同层次的课程内容"和"同时、同地学习不同学科或拓展性课程内容"两种。而课外的网上走班学习则以学生网上自主学习与协作交流为主，表现为"不同时间、地点选择学习不同课程内容"的组织形式（表6-2）。

表6-2　网上走班教学对象、内容及组织形式一览表

教学对象		高一、高二学生
教学课时		各类课程近四分之一的教学课时量
教学内容		1. 学业水平考试相关学科的基础课程内容（含学科导学课程内容） 2. 部分拓展课程内容（含学生创新素养培育课程内容） 3. 初高中衔接课程内容
组织形式	课内网上走班	同时间、同教室学习同学科不同层次的基础课程内容。学生走进不同老师的网上课堂，选择学习不同老师的视频课，并随时接受跟班老师的现场指导或视频课老师的网上答疑
		同时间、同教室学习不同的拓展课程内容。学生根据自身学习需求选择视频课程等开展弥补或拓展学习，并随时开展师生间、生生间的讨论交流
	课外网上走班	不同地点，同步或异步学习不同的课程内容。学生根据自身学习需求选择视频课程等开展自主学习，并通过网络同步或异步地开展师生间、生生间的讨论交流

3. 采取三种内容呈现方式。学校探索以网络化课件、视频及专题学习网站等形式来构建微课程、呈现教学内容。在学生自主学习平台中，一是运行讲解演示的师生共享网络课件；二是通过网络表征呈现教学内容及实施教与学活动的教学视频；三是以专题学习网站渗透助学意图、创设任务和虚拟情境，使教学内容有机织入网络形成学习环境。

4. 设计三项课堂教学策略。学校推进"自学·授导式""自学·助学式"和"自学·协作式"等教学形式，同时推行三项教学策略。第一，开展数字课程资源利用分享，让学生在走班学习中拓展知识信息与时空。第二，开展网上问题情景教学，让师生在同步协作中解决问题。第三，开展网上课程自主学习，让师生在异步互动中解决问题。

5. 主动改进学生学习行为。为改善学生学习行为，学校对学生网上走班学习情况进行跟踪调研（表6-3），专门针对这些问题组织培训与指导，并对学生课内、课外的走班学习时间、内容与方式提出建议，提升了学生的学习规划能力、学习自控能力、信息处理能力，促进学生课内外学习相互协调，群体学习与个性化学习互为补充。

表6-3 师生网上走班教学优劣认知分析表

对象	网上走班优势	网上走班劣势
学生	1. 资源丰富、信息来源多、搜索快 2. 学习选择性、自主性、个性化增强 3. 学习氛围多样而宽松 4. 学习内容丰富、视野开阔 5. 信息流量增大、互动交流机会多 6. 多样化的学习方式利于提高学习效能	1. 知识信息来不及整理提炼 2. 异步学习时氛围不好,注意力易分散 3. 异步学习时与教师互动少 4. 学习计划性不强,自控能力不够 5. 学习评价与激励的即时性不够
教师	1. 知识信息超越教材范畴、能促进教学 2. 教学组织形式及策略多样化 3. 同步、异步交流对话增多、渠道多样 4. 课堂情境与氛围富于变化 5. 调动了学生学习探索的积极性 6. 增强了目标意识、提高了教学效益	1. 对学生的学法指导不足 2. 学生学习情况反馈不及时 3. 学生学习过程管理面临困难 4. 教学更加复杂,富有挑战性 5. 增加了平时工作量

教学实践研究表明,实体走班的优势在于:师生当面对话、交流讨论生动、指导反馈即时、情感沟通直接、群体氛围浓烈,适合教师系统讲授知识、开展集体活动和训练指导。而网上走班的优势在于:学习环境宽松、知识信息丰富、随时随地随需、学习主体突出、学习个性鲜明,适合开展自主探究、个性学习与互动交流。两者各有优势,互为补充。

四、共建共享的成效成果

(一) 优化了数字校园系统及资源库

学校全力加强数字校园环境与课程支持平台建设,形成了"一环境四平台"为主的数字校园系统(图6-3),优化了课程资源共享、学生自主学习、"易班"德育和教学管理等四大平

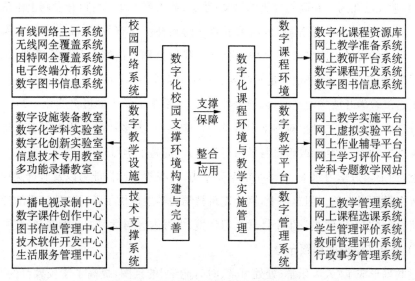

图6-3 晋元高级中学数字化校园建设情况

台，为高效教学、自主学习和减负增效提供了保障。两年来，我校开发了 68 类数字化课程资源。其中，视频资源 1573 项，备课资源 4527 项，辅导平台资源 2165 项，作业平台资源 5012 项，评价资源 1138 项，这些新增资源与存量资源相整合，形成内容广泛、类别丰富的课程资源库。

（二）开发了一批精品数字化课程

共建共享丰富了学校"套餐式"课程的内容结构。三年中，学校着力开发了一批基础学科网上走班课程，如，英语听说课程、快乐物理课程、化学释疑课程、地理导学课程、历史文明史话课程、生命科学网上社区课程等一批基础课程。最近，又陆续开发了初高中衔接课程、学科概要课程、会考导航课程，以及学生创新素养培育专项课程。与此同时，学校还组织本校教师开发学科类视频课 697 节，拍摄创新类专家视频课 104 节，引入校外各类精品课 251 节。这些课程为高效地教与学奠定了扎实基础。

（三）打造了"易班"德育学习平台

为拓展数字时代学校德育途径，深化学校"生活经验课程"建设，学校创建"易班"学习平台，并以组织时事热点讨论、报道校园文化生活和开展学习方法指导为主要内容，采取组建网上社区、发布讨论专题、提供学习资源等方式，促进师生交流互动，增进师生情感沟通和观点碰撞。同时，平台上还组建科技、艺术、心理与生活等网上群组，引导学生发表观点、参与讨论，满足了网络时代师生思想交流、情感沟通和生活指导等需求，推进了网上生活经验课程建设。两年来，易班平台已拥有 24 个实验班级和 22 个网上社团，注册师生 1624 名，师生发帖数近 16031 篇，日均点击量 1607 次。

（四）推进了网上走班教学形态

目前，学校已在高一和高二年级的语文、数学、英语等 13 门学科，开设网上走班教学课 598 节。这些课与实体走班相融合，确保了教学的互补性与有效性，满足了学生课外随时随地网上学习的需求。比如，2013 年寒假期间，我校分别推出网上各类视频课 110 节，累计在线学生数 8733 人，较好地满足了学生远程学习需求，也受到广大家长的好评。

网上走班教学开放学习空间、倡导个性化学习，带来了学生的可喜变化。2013 年上半学期学校调研显示，高二学生对网上走班学习反响良好，大多数学生认为网上走班增强了学习兴趣和主动性，有利于改善自身学习行为方式，提高了学习效率。

当然，网上走班学习水平，与学生的基础学力、自我规划调控能力以及所选课程的类型和难度等多种因素有关。但总体上，网上走班教学为学生提供了随时随地随需的课程体验和学习机会，并在不断解决学生个性化学习环境、学习内容与学习方式的选择问题。

（五）提升了学校课程领导力

共建共享形成了"人人乐学、处处可学、时时能学"的氛围，提高了学校教育的开放性、课程的选择性和教学的高效性，进一步释放了"选择教育"课程文化的强大力量。第一，增强了校长的文化自觉意识和课程领导意识,推动了校长对学校教育教学改革发展的深度探索,提升了校长指导学校课程改革与教学创新的实践水平。第二,激发了教师共建共享的巨大动力,增强了教师对学生学习需求的分析和教学情境的建构,也提高了教师的专业能力。第三,增强了学生以自我需求为导向的课程选择和学习方式的选择,提升了学生自主学习的热情与动力,促进了学生学习观念与行为的变化。

五、共建共享的经验分享

(一) 创新"套餐式"课程内容结构

一是确立学校"套餐式"课程发展目标,即提供适应学生基础性学力的课程,促进学生有选择、主动而全面的发展;提供适应学生发展性学力的课程,促进学生有差异、健康而持续的发展;提供适应学生创新性学力的课程,促进学生有个性、独特而卓越的发展。二是统整学校课程结构,提出"人人建设资源,人人享有资源,人人善用资源"的建设要求,建立起基于信息技术平台的"套餐式"数字化课程资源体系,初步形成满足师生随时随地随需教学要求的课程资源库,逐步实现从普通课程资源到特色课程资源,再到互动课程资源的有机整合。

(二) 构建"一体两翼"走班教学形态

一是加强学科教学内容梳理及学生需求分析,实现实体走班和网上走班教学内容的科学配伍,促使线上线下教学内容互补融合。二是落实实体走班和网上走班的课程选择、教学策划、学法指导,以及选课、实施、管理及资源共享等工作。三是重点构建"混合学习,导学一体"的网上走班教学模式,加强"自学·授导式""自学·助学式"和"自学·协作式"等课型设计,构建不同水平层次、课堂形态与风格的教学形态。四是瞄准未来课堂完善走班教学形态,促进实体走班和网上走班教学"两翼"统整,推进课堂教学转型与学习方式变革。

(三) 完善学校教育教学管理模式

一是构建"三建三促"共建共享推进模式。"三建"即共建过程中建环境、建队伍、建资源;"三促"即共享过程中促设计、促分享、促再生。二是落实共建共享六项行动策略。即以基础设施建设实现环境优化,以机制制度建设调控行动研究,以核心开发团队引领资源共建,以网上走班教学推进资源共享,以学生自主学习深化资源分享,以教师网上教研促进资源再生。三是建立共建共享标准流程。即形成数字化课程资源合理开发、优质资源统合、标准化建设和规范化管理的良性机制,解决智能检索、个性使用、资源生成、教学互动等技术难题,构建资源开发、应用、再生,以及咨询、服务、管理的一体化知识管理体系。四是健全共建共享管理制度,同步完善学校教学管理、科研管理和校本研修等一系列机制和制度。

区域推进特色课程共享的实践与探索①

近年来，"上海市提升中小学（幼儿园）课程领导力行动研究项目"引领我区展开中小学特色课程建设的实践与研究，将研究的视角聚焦于特色课程资源的共享。我们认为，增加选修课程是当今世界中小学课程发展的主要方向，发展多样化课程是我国基础教育中长期发展的诉求，特色课程是构建多样化课程体系的重要内容。因此，2009 年，上海市黄浦区提出了"办学生喜欢的学校"的区域办学方向，近 1/3 的学校参与了"办学生喜欢的学校——建设学生喜欢的课程"的实践探索过程，为区域推进特色课程共享工作奠定了基础。

一、厘清特色课程概念，制定区域推进目标

我们对特色课程内涵的阐述是：特色课程是在学校独特的课程哲学引领下，基于本地区文化，从学生实际需求和教师兴趣特长出发，在长期教育教学实践中形成的独特的、优质的一门课程或者课程体系。特色课程包括三种类型，即较为宏观的学校独特的课程模式、中观层面的特色课程集群，以及微观层面的某个特色课程。特色课程应具有独特性、优质性、典型性、整合性和实践性五大特征。

课程学家派纳（William F. Pinar）把课程（curriculum）理解成为"存在经验课程"（currere）。他认为 currere 不强调"跑道"，而是强调在跑道上的动态过程和跑的经验，它成为一个过程、一种活动、一种内心的旅行。[1]受派纳课程思想的启发，我们在原有基础上进一步丰富特色课程的内涵，认为特色课程是一条个性化的"跑道"，是师生在"跑道"上奔跑的独特经验和内心感受。

区域推进特色课程共享，是基于学校、尊重校长在学校课程建设中的决策和领导定位，发挥区域性业务指导机构的研究、指导、服务和管理功能，从区域层面为学生和教师提供多样化课程，促进全区中小学（幼儿园）在课程教材改革领域实现高水平的均衡化、信息化和国际化。为此，我们研制了黄浦区中小学特色课程的区域化建设政策；指导中小学（幼儿园）构建本学校独特的课程建设模式；深化学生喜欢的课程要素的研究，并围绕学生需求培育学生喜欢的特色课程，建设特色课程区域资源库；搭建平台，让特色课程走出校园，走进更多学校，从区域层面构建特色课程共建共享的机制。

我们还根据全区课程教材的客观现实，进一步规划区域推进工作的行动路径，即"整体

---

① 韩立芬，上海市黄浦区教育学院. 区域推进特色课程共享的实践与探索[J]. 基础教育课程. 2014(2).

设计—点上深化—多端切入—综合聚焦"，具体见图6-4。

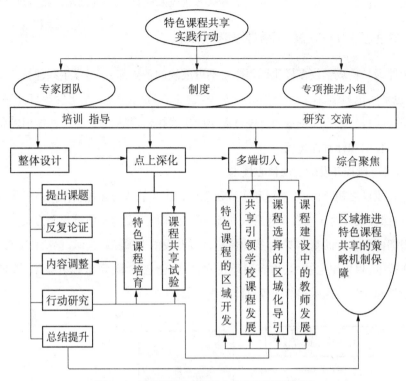

图 6-4 区域推进特色课程共享实践的行动路径

二、基于学生的课程需求，展开实践研究行动

首先，我们对学生喜欢课程的要素进行了调查。选择了20所学校，包括7所中学、5所小学、8所幼儿园，对2000多名学生进行了问卷调查与访谈，发现学生期待的课程是：(1)贴近生活实际、能拓展知识面、利于身心健康的课程，如健身活动、心理、生命教育等；(2)提高个人气质和修养的课程，如艺术与人文类的综合课程等；(3)体现社会责任感的课程，如社会实践课程、社团课程等；(4)能自由参与探索和创新、展示自我才能的课程；(5)有特长的教师所执教的课程。

其次，我们对部分发达国家选修课设置开展了文献研究。我们发现在美国、日本、澳大利亚、芬兰等发达国家，课程多元化设置最为显著，他们将必修课和选修课紧密结合，为发展学生个性和培养创新人才起了很大的保障作用。

再次，我们对本区中小学现有特色课程资源的利用情况进行摸底。收集与梳理了来自22所中学和26所小学的学校课程实施方案，从学校的课程理念、课程结构、课程实施等方面，对我区中小学特色课程资源的种类和数量进行了初步统计。调查发现，全区中小学所开设的特色课程门类齐全，覆盖了自然、科学、人文、社会、科技、艺术、生命、健康八大领域，其中个性鲜明的特色课程有《上博印象》《网络文明》《仰望星空》《经典哲学》《低碳生活》《法语与文化》《性格色彩》《形象设计》《弄堂游戏》《科技发明》等等,特色课程数量近 200 个。

三、关注学生个性发展,加强课程培育指导

特色课程是构成学校多样化课程体系不可或缺的重要部分,是学生兴趣特长发展的基础平台,也是实现教学、课程转化的有效途径,它能够为教师的专业化发展打开一扇窗,引领教师发挥课程想象力和创造力。经过多年的实践探索,我们总结了一些能引领特色课程建设的核心技术和针对性建议。

(一) 特色课程开发的七项核心技术

在课程建设之初,首先要学习和实践课程设计。我们认为课程设计相当于学科课程的课程标准,课程设计对于发挥课程育人功能和规范课程开发与实施过程尤为重要。课程设计主要根据课程开发的基本要素,提出特色课程开发的七项核心技术,包括背景分析技术、愿景构建技术、目标厘定技术、内容设计技术、实施创意技术、评价跟进技术、管理介入技术。基于教师开发特色课程的课程设计路线如图 6-5 所示。

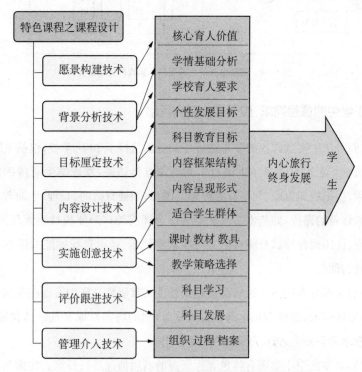

图 6-5 基于教师开发特色课程的课程设计技术路线图

背景分析技术。一般说来,课程设计背景可分为内部环境分析和外部环境分析。内部环境分析,是对学生的兴趣指向和课程需求,教师的兴趣、特长及专业背景,以及学校的办

学目标、课程设置、资源状况等进行分析。学校外部环境分析，是对学校所属地域文化资源、社区资源和时代发展的潮流等进行分析。学校、教师可根据课程背景，进行课程设计，保证特色课程开发的针对性和适应性。

愿景构建技术。课程愿景是根据学校现状对特色课程未来发展的一种有远见的预设或期待。我们可以将特色课程愿景与其核心育人价值、教师特色发展和学校文化建设相结合，以简洁的、意象性的语言表述。

目标厘定技术。课程目标是课程设计中的一个核心要素，它从课程活动期望学生所能达到的结果加以思考，包括有价值的学习经验、全部的学习结果。课程目标表征应是多元的、综合的，可包括知识与技能、过程能力与方法、情感态度与价值观。课程目标设计要遵循一定的原则，如：(1)可行性原则，即在学生已有的知识和能力基础、学校资源及可供的时间内顺利实现；(2)具体性原则，明确、具体，符合学习者的实际需求；(3)层次性原则，循序渐进，不能期望学习者一下子达成教育的最终目标。

内容设计技术。课程内容是特色课程的"骨架"，是一个重要的课程要素。课程内容与课程目标应保持一致，应成为落实课程目标的载体。课程内容的选择体现了三种取向：课程内容即教材，即学习活动，即学习经验。对这三者关系的理解与处理，绝不能采取非此即彼的思维方式，应结合具体课程的特点，做到合理综合，以保证比例关系的协调，发挥其综合效用。

实施创意技术。特色课程的独特性不仅体现在课程内容，更重要的是体现在课程实施过程。有创意地实施特色课程，学生方能获得独特的经验。课程实施可以从形式整合、内容整合、方法整合等方面展开创意，充分利用原有的已经积淀下来的各种资源，系统地发挥这些资源的效能，实现课程资源、实施途径的集约化，实施学科渗透、特色课程教学、综合实践活动、班队活动、社团活动五位一体。教学中可根据学生需要对课程内容进行选择、加工、重组，让学生自主选择学习途径、学习内容和方法，保障学生更多个性化体验的时空。

评价跟进技术。课程评价包括课程学习和课程建设两个维度的评价，且伴随课程开发全过程。包括特色课程实施前的评价，也是"原型评价"，评价课程目标的科学性与可能性、课程实施的可行性、课程资源的可获得性等问题。具体采用的评价方法有：系统分析、调查、访谈、座谈、诊断性测验、文献法等。特色课程实施中的评价，也指"过程评价"，主要是确定或者预测课程中存在的问题。特色课程实施后的评价，也指"成果评价"，主要是测量、解释和判断课程实施成效，可采用档案袋评价、问卷法、观察与访谈、360度评价法等。

管理介入技术。特色课程管理包括学校、教师两级管理。学校对特色课程管理主要包括组织管理、制度管理和人员管理，通过民主、科学决策，确定特色课程管理目标与方案、制定制度或管理条例、确定课程开发团队等。教师对特色课程的管理包括提供选课内容、组织课程活动、整理学生档案等。

运用七项核心技术，目前已经开发与设计 500 多个课程，在过程之中，我们还注重课程的科学性、规范性与实效性的指导。

(二) 特色课程建设的十条建议

"基点在学校、关键是引领、核心是共享"是我们推进特色课程共享的行动准则。我们提出特色课程建设的十条建议，旨在加强特色课程的基础培育工作，为实现特色课程的区域共享奠定基础。

第一，学校课程方案的研制。每一所学校应该结合学校实际情况研制学校课程方案，其内容包括课程背景分析、课程理念和目标、课程设置、课程结构、课程实施、课程评价和管理等相关要求。学校根据课程方案制定年度课程计划，在实践中不断完善学校课程方案，逐步形成彰显学校文化的特色课程体系。

第二，课程资源的利用。树立教师、学生、家长都是课程资源的建设者和提供者的理念，充分调动教师、学生、家长，以及大学、科研机构和社会其他人员的参与热情；进一步利用学校空间、设备资源以及文化资源，拓展学校课程设置；充分利用校外资源，如科普基地、博物馆、青少年活动中心、社区、街道等社会资源，丰富课程内容途径，增强课程的选择性和实践性。

第三，特色课程的设计。特色课程的设计既要遵循促进学生发展规律，又要体现课程特色的基本原则，将学生的需求和学校地域特征相结合。特色课程的设计要从研制课程纲要入手，包括课程育人目标、课程结构、课程实施策略、教学时间安排、适合的对象、课程评价方法、课程特色与创新等方面。可以设计为"微型课程"、"短课程"、"长课程"、"课程群"等课程形态。

第四，特色课程的实施。关注课程实施过程中学生的情感体验，如兴趣、感悟、体验、实践、分享等；关注信息技术在课程实施中的作用。特色课程实施过程应与基础型、拓展型、研究型课程相融合，采取课程统整方式，体现课程的综合性、实践性、在地性等特征。

第五，特色课程的评价。特色课程是以学校为主体的课程样态，课程评价的主体是多元的，校长、教师、学生、家长，以及其他相关人员都可以是评价的主体。评价内容包括对学生的学、教师的教和课程自身方面的评价。尤其对学生学的评价，应采取过程性评价方式，如描述性评价、故事评价、个案评价等，在评价中关注学生的兴趣和个性差异。

第六，特色学科的建设。定期调查研究区域学科建设的现状及特色学科的发展规律，根据学校实际情况和办学特色，每所学校培育若干个特色学科，并以促进特色学科为目标，完善教研组发展目标、教研制度、教研环境等。

第七，特色课程的研修。学校应建立一支由校长领衔、组织健全、分工明确的特色课程研修队伍，有计划、有步骤、有主题、有针对性地开展活动，聚焦特色课程建设中的真问题。在这种有专业引领的课程研修过程中，促进教师专业化发展，促进教师课程建设中的文化自觉。

第八，特色课程的审核。成立区、校两级课程审核委员会：区域特色课程审核委员会对特色课程进行审核，让一些特色鲜明、易于实施、具有普适性的课程为全区学生所共享，同时对特色课程的科学性、安全性和教育性等内容进行审核；校特色课程审核委员会对特色课程的开发、试验、实施、评价和完善等方面进行审核，促进特色课程进一步适应学生发展，并把有一定教育价值的特色课程纳入学校课程计划。

第九，特色课程的共享。区域课程建设的重心是提供课程资源，促进学校课程的共建共享，让学生跨越时空分享课程建设成果。学校应加大对本校特色课程的推荐力度，为区域层面课程共享提供条件；同时还要不断引进特色课程资源，为学生提供丰富的课程经历。

第十，特色课程的保障。校长是特色课程建设的直接领导者，要凸显校长在特色课程建设中的地位和作用，学校要有相应的课程建设制度和课程经费，充分发挥校长的主观能动性；学校应运用信息化平台，并在实践中创建自己的特色课程网站；教师参与特色课程建设应列入绩效考核、职称评定的加分项目；校长领导特色课程建设应列入校长绩效考核的加分项目。

四、服务学生的课程选择，创建区域共享机制

特色课程共享是基于需求的共享、基于选择的共享、基于个性发展的共享。实践证明，我们可以从课程认定、平台建设和运行机制等方面为实现课程共享创造一定的条件，让学生能够找到自己喜欢的个性化课程。

(一) 特色课程的区域审核与认定

特色课程认定过程是共享的前提，我们采取区校两级认定办法，从特色课程共享性出发，对特色课程的普适度、丰富度和成熟度进行综合分析，对课程设计、讲义或教材、教参、实施案例和评价工具等内容进行审核，考量特色课程能否"移植"到其他学校，能否保持课程的特色与活力。基于共享的特色课程配套教材或讲义的审核标准如表6-4所示。

表6-4 基于共享的特色课程配套教材或讲义的审核标准

一级指标	二级指标	三级指标
教材内容标准	政治性标准	对于有争议的内容，如民族、宗教、领土等，要客观把握和使用
	科学性标准	不存在知识性错误，不使用公开发表或者网上的图片和文字
	实践性标准	利于学生进行体验式学习，关注学生间的差异
	普适性标准	具体普遍适应性，不受制于特定的环境与条件
	教学性标准	能体现教学的逻辑性和引领性
	适应性标准	形式适合学生年龄特点，能引领学生公平参与和自主实践
	兴趣性标准	形式活泼，有学生感兴趣的活动栏目
	艺术性标准	整体表现美观、和谐、悦目

一级指标	二级指标	三级指标
设计创意标准	先进性标准	能体现当前发达国家课程建设的理念
	独特性标准	具有鲜明的个性化特征，形式与内容都具有一定的独特性
内容容量标准	适中性标准	字数适量，符合区域整体要求，字数以两万至三万为宜

2008 年进行第一次特色课程认定，全区 19 所学校申报 70 门课程，《网络文明》、《上博印象》等 23 门课程被认定为区域共享的特色课程。2012 年再一次进行特色课程认定，全区 37 所中学申报 458 门课程，120 门课程通过认定，列为共享课程，其课程数量、门类以及课程质量发生很大变化，使学生可以选择的课程更加丰富了。

（二）特色课程的"123"共享模式

特色课程建设的核心是共享，我们在区域内选择《网络文明》等课程进行跨校共享实验，把特色课程"移植"到其他学校，我们从中发现课程共享是有一定的"范式"，可以将此概括为"123"共享模式。

其中"1"表示共享课程的教育价值，每一门特色课程都有一个核心的育人目标，如《网络文明》的核心育人目标是做学生网上的领航人。

"2"表示共享有两种类型。一种类型为"资源共享型"，就是"需方"直接利用"供方"所提供的课程资源，它适用于普通学校和教师；另一种类型是"资源参与型"，"需方"使用教学视频、讲义和教材等资源自主组织教学，对课程资源再开发，它适用于课程开发能力较强的教师。

"3"表示共享的三项改造。第一项是课程内容进行"普适化"改造，让课程更有可操作性，便于"需方"理解与把握；第二项是对课程进行"具象化"改造，让其呈现方式与学生的认知水平和生活经验更接近；第三项是"供方"与"需方"一道进行课程的"本地化"创新，让课程成为教师乐于传播、学生乐于体验，同时还不失去其个性化特征的课程。

实践证明，共享课程"供需"双方可按照"123"模式展开实践，但它需要一些基础条件，如共享平台、共享资源和教师的理解与包容。为此，我们开发建设网络平台 www. kegai. hpe. cn，呈现特色课程的静态资源和动态资源。

（三）特色课程共享的保障机制

让学生喜欢课程、张扬个性，发展能力、提高素养是区域推进课程共享的总目标，构建特色课程的区域共享机制是实现共享的必然选择。特色课程共享机制如图 6-6 所示。

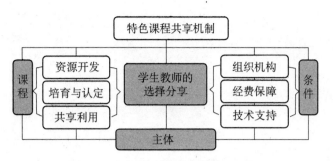

图 6 - 6　特色课程共享保障机制的结构图

　　特色课程共享机制是由特色课程资源、保障条件、共享主体三部分相互作用所形成的课程共享与运作系统。其组织机构、经费保障和平台支持均是区校两级结构，主要由区课程教材改革办公室统一组织与管理，以项目形式推进课程共享进程，大部分学校和教师积极参与共享过程。

　　特色课程共享之路是一条艰辛漫长的路，接下来，我们仍然需要进一步实践与创新，从专业角度提供课程指导和技术支持。我们的理想就是以专业服务引领师生有个性的发展，以特色课程建设为载体，扩大区域化特色课程建设的范围，为广大师生提供丰富的课程园地，让特色课程文化润泽"师生心田"。

第七章

课程管理与评价：
促进学生学习[1]

① 本章执笔人：金京泽，上海市教委教研室.

促进学生学习与发展

　　上海市二期课改实行三级课程管理政策,既体现国家对课程建设的基本要求,又为各地自主开发课程资源留有空间。进入新世纪后,随着基础教育课程改革发展步伐的加快,调整现行课程管理政策,实行国家、地方、学校三级课程管理,成为我国新一轮课程改革的基本思路。学校课程管理是学校课程领导的重要组成部分,学校课程管理的好坏直接影响着学校课程领导执行力度。在课程管理方面,需要我们值得关注的问题是:学校课程管理中要体现以学生发展为本的理念,管理要为学生学习服务。

　　课程评价是指依据一定的评价标准,通过系统地收集有关信息,采用各种定性、定量的方法,对课程的计划、实施、结果等有关问题作出价值判断并寻求改进途径的一种活动。新课改在指导思想上,重视对学生学习潜能的评价,立足于促进学生的学习和充分发展,为"适合学生的教育"创造有利的支撑环境。在评价的主体上,调动学生主动参与评价的积极性,实现评价主体的多元化。在评价的方法上,由定量评价发展到定量和定性相结合的评价。课程评价是学校课程持续发展的重要组成部分,能有效提高学校课程评价力。

一、问题分析：课程管理与课程评价

深化二期课改，实施国家、地方、学校三级课程管理制度已经有 10 多年了，但学校在课程管理和评价等方面还存在不少问题：

第一，促进学生全面发展的课程管理理念尚未落地。尽管很多学校非常重视课程管理，在课程管理方面进行长期的探索，积累了经验，但从课程领导背景下看课程管理还存在不少问题。经过多年的努力，很多学校致力于推行精细化管理，以管理促规范，以管理促发展，特别是在基础型课程管理方面，学校不断细化备课、上课、作业、辅导、评价教学五环节的管理，逐渐形成了教学流程管理机制和配套系列管理制度。在精细化管理下，学校基础型课程的实施效益逐步提升，教学质量显著提高，管理效果十分明显。然而很多学校还存在着三类课程发展不平衡的问题。虽然学校已形成了较为完善的基础型、拓展型、探究型课程结构，然而学校重基础型课程，轻拓展型、探究型课程的情况也是不争的事实。这种重分数、轻能力的传统观念，是与二期课改强调以学生发展为本、促进学生全面发展的理念相背离的。我们急需改变观念、改变管理理念和策略，来改善目前不平衡的局面，以学生需求和实际为出发点，加强拓展型、探究型课程的建设，让这两类课程发挥其应有的作用。

第二，课程评价的主体和价值判断方面存在一些问题。现实教育教学中，学生、教师成为被评价的对象，被动地参与评价。尽管，很多学校以学生发展为本，但是在评价的目的上不是很明确。

第三，在课堂教学评价方面存在问题。课堂教学评价标准是进行课堂分析与评价的标尺，但现在不少评价标准存在着"千人一面"、"拿来主义"、"陈旧过时"、"过分柔性"、"不切实际"等问题。另外，课堂评价应始终贯穿于课堂教学，但在课程实施中却存在课程评价滞后的问题，教师对课堂评价也感到比较陌生，甚至有点"敬而远之"，认为这是"管"教师的一种方式，存在一些误区。

第四，存在如何把学生思维可视化的问题。在学校课程推进中我们深切地感到：思维能力是学生重要的学习能力，也是学生终身发展所必备的能力之一。但我们对学生头脑中思维的黑箱缺乏了解，评价项目设计与实施主观性较大，能否有客观性、定量化的评价工具和方法来评价学习能力？怎样能跟踪学生思维过程和思维策略的变化，更科学、更有效地培养学生的思维方法？这些问题值得我们探索研究。教育评价要重视学生过程性评价研究，关注学生学习的过程表现，积累学生过程性学习证据，促进学生学习过程改进。但是，长期以来，我们对学生的思维过程缺少必要的技术和方法，也没有适切的量表来科学评价学生思维过程，更无法对学生解决问题的思维过程的优劣和特征做出正确判断。因此，研究评价学生解决问题思维过程的评价有重要性、必要性和现实意义。

总之，在课程管理和评价方面，我们值得关注的问题是：学校课程管理中要体现以学生发展为本的理念，管理要为学生学习服务；课堂教学评价，要为课堂教学改进服务，为教师专业发展服务；要提高学生思维培育的有效性，首先要了解学生思维，然后在课堂教学中落实，有时甚至需要干预。

二、模式创生：课程管理的实践探索

（一）课程领导背景下的课程管理

1. 课程管理与课程领导的逻辑关系

"课程管理"与"课程领导"，到底是什么关系？前者指"强调标准化的课程管理"，后者指"革新的课程领导"。管理强调的是正确地做事，而领导强调的是做正确的事。

传统意义下的课程管理侧重于对课程方面的安排、执行，侧重于自上而下的"监管"和"监控"，较多地考虑管理中的技术因素，是一种分层组织式的管理模式。罗伯特·G·欧文斯认为，"课程管理"具有如下的特征：(1)坚持等级式的管理和对低层人员的监管；(2)确定和保持适当的垂直交流；(3)制定明确的书面规章和程序，以确定标准和指导行为；(4)颁布明确的计划和日程，以供参与人员遵守；(5)在组织等级体系下增加监管人员和行政人员，因为有必要这样来解决组织在不断变化的条件下所面临的问题。

显然，课程管理把"组织视为一个权力和信息集中于高层的等级体系。因此，一些首创性的好主意从这里传递到低一层次去落实"。可见，课程管理倡导的是统一化、层级化、秩序化的理念，在这种理念导引下，课程就是一个具有一定秩序的系统，最高管理阶层是这一系统的管理者，学校和教师是忠实的执行者和实施者。

由于"领导"强调领导者与追随者以相互影响的方式来实现共同的目标，课程领导逐成为一种改造线性的、单向的、强制的课程管理的普遍主张，而"课程领导"则偏重于对课程以及跟课程有关的人、财、物方面的决策、指挥、创新，较多地考虑管理中的人文、价值和发展动力因素。

"课程领导"不是在"控制"别人，而是在"引导"别人作出高层次的判断与"自我管理"（self-governance），激励相关人员投入持续成长的生活方式。美国课程专家兰姆博特提出，课程领导具有以下几点涵义：(1)一个团体，而非个别的领导者（如校长），且组织内的每一个成员都有成为领导者的潜能和权利。(2)团体内的所有成员一起学习、一起合作地建构意义和知识。领导可以促进建设性转变的学习，学习具有共同的目的。(3)透过成员间的交谈，价值观、信念、信息和假设表面化；一起研究和产生意念；在共同信念和信息的情景下，反思工作并给工作赋予意义；促进有助于工作的行动。(4)要求权利和权威的再分配，共同承担责任或共享学习。从兰姆博特提出的几点涵义中，我们可以概括出课程领导的以下特征。

课程领导所倡导的管理新理念，注重和谐环境的塑造和相互作用过程的创立，注意发挥下级领导和全体教职员工的积极性和能动性，充分依靠教职员工的智慧，切实发挥教职员工的潜能，让教职员工分享权力，民主参与，跟教职员工建立互相尊重、互相信任的合作伙伴关系；强调合作和团队精神，强调课程不是一个人的独权领导，而是专家、教师以及相关人员在平等的基础上，参与讨论，发表意见，共同解决问题，共同承担责任。它体现的是一种民主的、合作的、互动的、和谐的、开放的、多元的、宽容的思想。这种思想致力于摆脱保守僵化的管理理念，关注真实的教育情境，回应知识的革新和社会变迁的需要，整合个人、群体、组织、社区以及文化的需求，并重视教师的专业发展和学员的学业发展。它能够使各成员在课程政策的制定和课程领导的决策上发挥更大的作用；使各成员在一个教育团体中构建知识、达成共识，并朝着一个共同的学校目标前进。

2. 课程领导背景下课程管理的探索：立足于学生学习

如何建设有效的课程组织管理与制度？课程组织管理与制度建设，为什么要立足于学生学习？如何开展机制研究？中山中学提出了基于"学生学习"的课程组织管理与制度建设，包括学生选课、课程筛选、课程评价、反馈、奖励等机制与制度。

对学校课程产生影响的主体都是课程领导者。从这个视角而言，校长是课程领导者，教师是课程领导者，学生也是课程领导者。学生是课程的受益者、体验者、实践者，他们对课程有亲身体验和感悟，对课程有发言权。没有学生参与的课程领导，缺乏生命力。

（二）学校课程管理模式探索

提升学校课程领导力背景下的课程管理，与传统的课程管理有所区别。中山中学的课程管理研究，提炼出四种具有课程领导内涵的管理模式：

1. 以学生发展为导向的管理模式

课程管理目的就是为了学生发展，促进学生发展是课程管理的核心理念。在这种理念下，学校的管理制度等不是一成不变的，而是根据学生发展需求不断进行调整。

中山中学通过对学校拓展型、探究型两类课程的调研以及其后的针对性改革与实践，认识到学校满意的课程未必是最科学、有效的课程。学校在课程建设方面必须充分考虑家长（社会）、学生的需求和期望，否则就是一厢情愿，就会以偏概全，脱离学生与社会。

基于"学生学习"的两类课程管理，核心机制主要有三个组成要件："学生需求评估机制"、"学生选择机制"、"学生参与机制"。

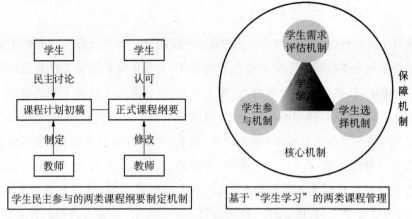

图7-1　中山学校以学生发展为导向的课程管理模式

2. 自上而下和自下而上相结合的管理模式

课程领导视角下的课程管理,并不是单向的,更不是完全自上而下的,应该是自上而下和自下而上相结合的双向的,两者是互相影响、互相弥补的关系。

尽管,中山学校的两类课程框架设计机制还没有充分体现双向互动性,但是多多少少体现了学校育人目标与课程需求相融合的意识。

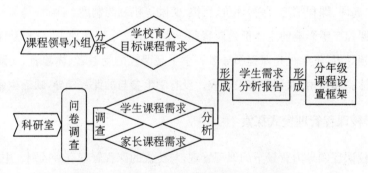

图7-2　基于"学生学习"的两类课程框架设计机制

3. 专业领导团队管理模式

拓展型、探究型两类课程资源的多元开发,就是要充分挖掘教师、家长、社会资源。为此中山中学建立了依托学校理事会的课程资源多元开发机制。学校理事会成员在学校课程框架下,为学校提供适切课程资源,以拓展学校课程领域,丰富学校课程量。

中山学校的多元两类课程开发机制给我们的启示是:课程开发是非常专业的事情,所以需要课程领导小组来进行领导,不是学校某一领导能独立承担的;课程开发不仅仅是学校内部的事情,还需要听取区、社区等方方面面的意见;课程管理是团队,不是个体;课程决策,多元主体。

218

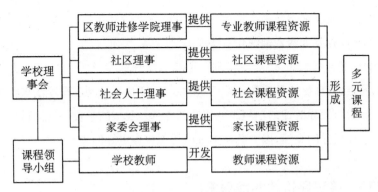

图7-3 多元两类课程开发机制

4. PDCA 动态发展模式

课程管理不是孤立的，而是围绕着自成系统的主题有计划、实施、检查和调整等。中山中学围绕着两类课程的设置、选择、实施、评价环节形成了学生发展需求综合评估机制、学生自主选课机制、学生参与的过程管理机制、学生参与的课程评价机制。下图是两类课程筛选机制，某种程度上反映了课程 PDCA 循环模式。

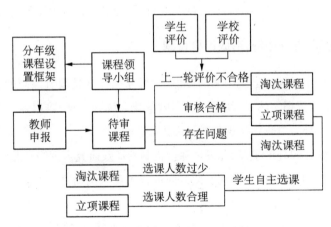

图7-4 基于"学生学习"的两类课程筛选机制

（三）课程管理实践研究的启示

学校领导往往担心教师和学生能否发现课程中的问题。其实这种担心是多余的，只要给师生课程参与权利，他们就能做到课程领导者。

项目推进过程中觉察到，课程领导与课程管理都涉及一个有效地达到目标的过程，课程改革不仅需要课程领导，还需要课程管理。若以办学质量或办学质量的提升来衡量课程管理或课程领导水平的话，不同阶段或处境的学校，在课程管理和课程领导的动态平衡上是不一样的。处于动荡环境之下而又复杂的学校要求高水平的领导和管理,面临重大变革而又相对简单的学校要求领导多于管理,在稳定环境下的复杂学校要管理多于领导,稳定环境下的简单学校则要求两者都淡化一些。

课程改革不仅需要领导,还需要管理。领导与管理都涉及一个有效地达到目标的过程,但是有不同点:管理提供秩序的一致性,领导产生变化和运动。管理注重的是照章办事和日常运作的维持,领导关注的是组织的创新和变革。我国的学校一直按科层制进行组织管理,阻碍了学校领导的发展,因而总体上难以涌现更多更好的领导。

三、机制建设:课程评价的实践探索

有 5 所学校开展课程评价研究,其中幼儿园 3 所,初中 1 所,高中 1 所,具体研究内容如下:芷江中路幼儿园,教师课程质量自我监控与管理的研究;思南路幼儿园,基于"思优"价值的保教质量评价机制有效运作的实践研究;朱泾东风幼儿园,幼儿发展评价机制的实践研究;新黄浦实验学校,课堂教学评价标准的实践研究;大境中学,基于 IMMEX 的优化高中学生思维的教学与评价研究。

这些项目学校对评价改革中的核心问题进行了实践探索,取得了显著成效。

(一) 基于标准进行评价,形成评价机制

上海市普通中小学课程方案中明确提出,学科课程标准是教材编制的依据、课程实施的依据,课程评价的依据。然而,幼儿园课程质量缺乏统一标准、难以监控与实施,是园长在试图建立课程领导力过程中所遇到的最大挑战。

金山区东风幼儿园开展了《幼儿发展评价机制的实践研究》,围绕幼儿终结性评价工作的客观性方面、幼儿形成性评价的常态性方面进行了深入的研究,并建立了相应的组织保障和制度保障加以实施。

幼儿发展评价机制主要包括幼儿发展评价的运行机制、对幼儿发展评价运行的再评价机制及幼儿发展评价的保障机制。其中,幼儿发展评价的运行机制是主体,包括幼儿发展的形成性评价运行机制和终结性评价运行机制。各机制之间相互作用,以运行机制为主导,再评价机制为监控,保障机制为依托,最终实现幼儿发展评价的常态运行,促进幼儿全面发展。

1. 幼儿发展形成性评价机制的构成

幼儿发展形成性评价机制主要包括明确评价目的、掌握评价技术、确定评价内容、实施评价方法和运用评价信息等要素,以循环的模式进行运作。其中明确评价目的是运行方向,掌握评价技术是运行保障,确定评价内容是运行前提,实施评价方法是运行重点,

运用评价信息是运行宗旨,确保教师常态、有效地开展幼儿发展形成性评价。具体见图7－5。

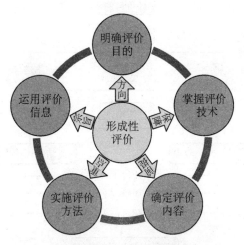

图7－5 幼儿发展形成性评价机制构成图解

2. 幼儿发展终结性评价机制构成

幼儿发展终结性评价机制主要包括明确评价目的、构建评价指标、掌握评价技术、实施评价方式、分析评价信息和调整计划方案等要素。其中,评价方式包括内评与外评,按照一定的流程与技术方法进行运作,力求幼儿园客观、有效地开展幼儿发展终结性评价,实施教育质量监测。具体见图7－6。

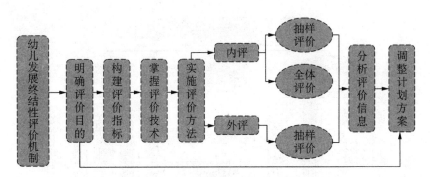

图7－6 幼儿发展终结性评价机制构成图解

3. 幼儿发展再评价机制构成

幼儿发展再评价机制主要包括明确再评价目的、实施再评价方法、确立再评价内容和分析再评价信息等要素,主要对幼儿发展形成性评价机制和幼儿发展终结性评价机制的诸要素及运作方式进行再评价,保证幼儿发展评价运行机制有效运行。具体见图7－7。

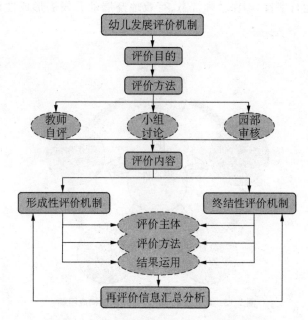

图 7-7　幼儿发展评价再评价机制构成图解

4. 幼儿发展评价保障机制构成

幼儿发展评价保障机制主要包括组织保障、培训保障和制度保障，其中，组织保障是基础，培训保障是前提，制度保障是规范。通过保障机制的建立，体现幼儿园课程领导力，确保幼儿发展评价的常态运行。具体见图 7-8。

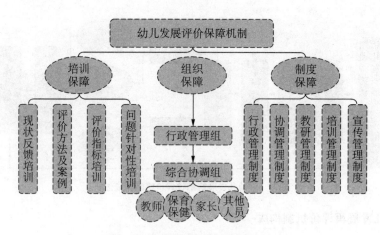

图 7-8　幼儿发展保障机制构成图解

（二）基于信息化平台的评价

学校教育已迈入大数据时代，因此，如何把学校课程教学评价中的大量数据进行汇总分析,是学校课程评价中面临的新的难题。

思南幼儿园以信息平台系统设计为依据,对原有保教质量评价机制运作进行了调整和突破,在一个平台上进行统整,形成贯穿各个条块的、常态化的运作制度。通过这个平台,将实证资料数据化,实现对幼儿园保教质量全员、全程、全面的质量监测和工作改进。

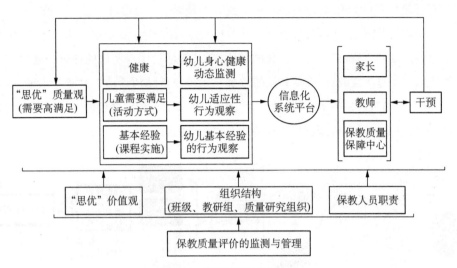

图 7-9　保教质量评价框架图

通过保教质量监测平台,达到:(1)信息积淀。大量的观察记录在幼儿园各个保教质量管理层面流转,成为有价值的信息,将观察、评价中有效信息的收集、分析与实践改进建立联系,不断强化教师诊断问题、改进教学、创新实践的课程意识,从而提高教师的课程驾驭能力和把握保教质量内涵的能力。(2)自动分析。将评价的实证数据化处理,整合到一个系统、一个界面中,系统会根据需要自动进行数据处理,生成各种统计图表,不仅能了解全园的情况,也能细化到各年龄组、班级和个人,能够及时地发现问题,反映班级、年级,乃至全园的保教质量,不仅能看到当前的状态,也能分析发展的趋势。(3)扩大自由参与面。引入了家长、社区等幼儿园保教质量的密切相关者参与幼儿园的保教质量评价;邀请了部分家长和社区人士参与幼儿园保教质量相关的监督和评议,不断地增加参与内容的广度和深度,并从不同的视角来对保教质量作出判断并提供建议;积极地运用社会力量的外部推动,形成了多方合作的社区保教质量评价组织。

(三) 教育质量的教师自主的评价

与二期课改的宏观背景一脉相承,闸北区芷江中路幼儿园在历年研究幼儿园园本课程的过程中,逐渐构建起了"三四四"支持性班级管理制度,其中提出了"三个转化"(变管为导、变规定的课程安排为弹性的课程安排、变行政检查评估质量为教师自主监控调整)和四个"放权"(给教师组织一日活动的教学自主权,课程内容选择权,适度的计划、记录权,教研自主管理权)四项制度等。但是在传统的外控式管理向内控式管理过渡中,教师个人因素的不确定性凌驾于课程本身的框架与内容之上,极大地左右着课程实施质量,课程监控与管理上显露出一定的缺陷,保教过程与管理过程若即若离,课程质量难以确保。如何处理现代教育思想与课程实施质量的关系,是学校必须要解决的问题。

芷江中路幼儿园在《教师课程质量自我监控与管理的研究》中解决了多个矛盾:求全与聚焦低结构活动的矛盾;自主与标准化的矛盾;低结构活动课程实施的评价。通过三年的实践探索取得了显著成效:为支持和保障教师自主提高低结构活动中的专业水平,研究并设计了"学习地图",这是基于教师在低结构活动中的能力设计的帮助教师快速提高的学习路径图,同时也是每一名教师在低结构活动中的学习规划蓝图。

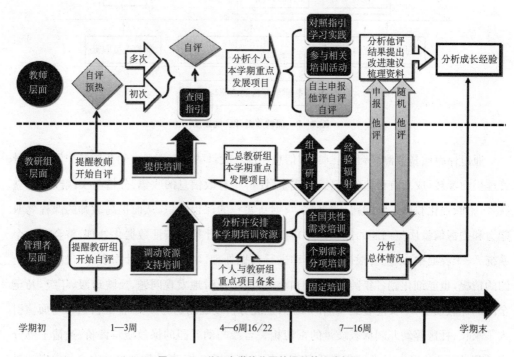

图 7 - 10　芷江中学幼儿园的课程管理路径图

监察与管理的核心不再是评价,而是凸显评价过程的意义,重视课程实施评价对于教师的自主管理能力提高为核心的评价过程,将评价指标和操作指引合二为一。从监察教师到教师自我监察,不仅是评价视角的转变,也是把教育理念转化为实践指标的突破,对于解决评价的瓶颈问题是一种新的创举。

(四) 教师自主的课堂教学评价

课堂教学是课程实施的主要载体,课堂质量决定了学生在校学习的质量。近几年来,怎样提升教学质量和有效性更是成为一个"常论常新"的主题。

课堂教学评价标准是进行课堂分析与评价的标尺,但现在不少评价标准存在着"千人一面"、"拿来主义"、"陈旧过时"、"过分柔性"、"不切实际"等问题。另外,课堂教学是课程实施的主阵地,课堂评价应始终贯穿于课堂教学,但在课程实施中却存在课程评价滞后的问题,教师对课堂评价也感到比较陌生,甚至有点"敬而远之",认为这是"管"教师的一种方式,存在一些误区。

新黄浦实验学校在课堂教学评价中也关注教师的自主性。该校评价有以下特点:从评价量表结构来看包含"规定评价项目"、"任选评价项目"和"自报评价项目"三大板块,给教师提供自主权。采用三级评价体系增强可操作性,一级评价指标、二级评价指标和三级评价指标之间呈逐级分解和细化的关系。筛选相对评价指标,把相对评价指标转化为若干个具有行为特征的评价指标;保留最重要、最主干的评价指标,删除次要的、细枝末节的评价指标。

(五) 学生思维可视化评价

学生学习过程既是一个复杂的认识过程,又是一个复杂的心理过程、思维过程、行为过程等。思维是认知的核心成分,思维的发展水平决定着整个知识系统的结构和功能。思维能力对高中生而言,是最重要的一种学习甚至生活能力。在学科教学中,把思维能力放在重要位置,不仅体现学科育人的价值,而且体现全面育人的作用。

大境中学为了提高学生问题解决的思维能力,引进美国 IMMEX 系统,开展了基于IMMEX 评价优化学生思维的教学研究。在信息技术的支持下,设计以评价为中心的教学环境,探索发现学生 4 种思维特征(思维混沌状态、思维谨慎状态、思维跳跃状态、思维敏捷状态)、4 种问题解决策略状态(策略缺失状态、策略依赖状态、策略复杂状态、策略可行状态),提炼出 5 环节(发现、优化、干预、稳定、深化)课堂教学范式。详见后面的大境中学的研究报告。

项目专家指出:(1)参与实践研究的教师经历了对系统认识、理解、接受、运用的过程,这个过程是教师观念转化、教学能力提高的过程,体现了学校的课程领导力。(2)作出了日常教学与系统教学的比较,形成了系统教学的基本范式。(3)提供了教师在系统教学中进行干预的一种设计。(4)将 IMMEX‑C 先进技术与数学、物理、化学等学科整合,构建了系统思维课程,并成为学校特色课程中的一门科目,并已提供学生选习。(5)化学、物理、数学都编制了系统问题集,为进一步研究提供了资源。课题在深化评价工具和评价技术,基于信息技术的学习方式变革等方面作了有效的探索实践。

大境中学基于 IMMEX 系统探索高中学生思维品质的提升,引导教师形成正确的教育质量观,积累学生思维品质提升的鲜活案例,并以新的评价方式优化课堂教学。

课程评价是课程的有机组成部分，课程评价中要强调基于标准的评价，通过评价保障教育教学质量。课程评价中要给教师自主权，激励教师探索真实性、过程性、发展性评价，以评价改进教学。要提高评价的有效性，在思维能力的评价方面有所突破，需要借助现代化的信息技术。

【实践案例】

基于"学生学习"建设让学生满意的课程①

一次在学生及家长中开展的课程满意度调查显示：学生对"热热闹闹"的拓展型和探究型课程的满意度不及"规规矩矩"的基础型课程。这个结果让一向对学校的课程无论从开设数量还是学生获奖数量都充满自豪的学校管理层陷入沉思。我们为学生提供了丰富的课程选择，为什么学生还不满意？对这个问题的追问，引发了我们对课程的新的探索。

一、我们该提供给学生怎样的课程

通过对学校课程进行的调研以及其后深入的分析，我们认识到，学校自我满意的课程未必是最科学、有效的课程。课程的建设要回归到教育的本质。教育的本质是"育人"，学校教育的终极目标是促进学生的健康成长。因此，我们的课程建设目标就应当促进学生快乐、健康、全面地发展。由此我们提出了基于"学生学习"的概念。

基于"学生学习"，是指立足于学生学习，以学生的学习基础、学习能力、学习内驱力、学习兴趣、学习需求等学情为出发点和依据，开展与其相适的学校教育，规范教师的教学，激发学生的学习兴趣，培养学生良好个性，推动学生自主学习，从而实现学生的终身、全面、可持续发展。

学校随即开展了基于"学生学习"的拓展型和探究型课程组织管理与制度建设的探索研究，建立了"立足学生需求"、"尊重学生选择"、"学生全程参与"的管理机制。

二、基于"学生学习"的拓展型和探究型课程管理机制

（一）以"需"定"课"的学生需求评估机制

"学生需求"包括：学校育人目标所体现的有利于学生全面、健康、终身发展的课程需求；家长对学生个性成长期望所反映出的课程需求；学生自身成长愿景所体现的课程需求。

1. 学生发展需求全局性评估

在课程建设改革之初，我校就组织开展了关于学生发展核心素养的全校性问卷调查。我们试图了解教师、学生、家长是如何看待学生全面发展所需的核心素养的，又是如何看待我校学生所具备的素养以及所欠缺的素养的。通过这次调查，我们对学校课程培养的倾向有了一个客观的认识。针对学生的实际情况，我们归纳拟定了我校学生所需的十大核心素养，包括：学习方法、逻辑分析能力、表达能力、多元思维方法、创新思维意识、科学精神、团

---

① 马园根，上海市黄浦区教师进修学院附属中山学校. 基于"学生学习"建设让学生满意的课程[J]. 基础教育课程，2014(2)

队合作、毅力品质、人文精神、审美情趣。围绕十大核心素养，我们构建起学校的拓展型和探究型课程结构（表7-1）。

表7-1 拓展型和探究型课程结构表

类别		课程名称	主要培养素养
A类	科学学习类	数独、英语习字等	学习方法、逻辑分析能力、科学精神
B类	生活技能类	立体绣、丝袜花的制作与装饰、青少年美劳、现场初级急救护理等	生活技能、生活情趣
C类	体育健身类	灌篮高手、乒乓、羽毛球健身运动等	团队合作、毅力品质、运动技能
D类	社会科学类	探索人道法、国宝荟萃等	人文精神、多元思维方法
E类	科技探索类	机器人应用及探索、业余电台、生活中溶液的酸碱性测定、钟摆的奥秘、电子模拟世界等	创新思维意识、科学精神
F类	文化艺术类	火花收集、纸艺花卉、与大师对话——油画临摹与创作、漆画、体验陶艺、舞蹈天地等	审美情趣、艺术技艺

2. 学生阶段性需求调查

每学期末，学校会向全校学生和家长发放问卷，了解他们对下学期课程的需求情况，学校课程领导小组在综合分析课程开设的合理性和可行性后，设计形成具有各年级特色的拓展型和探究型课程。根据学生的意见，学校还调整了部分课程的开设周期和年级。例如一些受学生欢迎的科技探索类课程，开放为六至八年级都可以申请的跨年级课程；而一些生活技能类课程由于小范围授课的效果更佳，则缩短为半学期的短课程，使其一学年可以开设四个班，在保证授课质量的同时也保障了学生的参与面。

（二）以《选课指导手册》为核心的学生自主选课机制

保障学生的课程自主选择权是"满足学生需求"的一个重要举措，是使学生产生浓厚学习兴趣、促进学生主动乐学的重要保障。学校曾经有过一位"差评手"小周同学，每每上拓展课就与教师"对着干"，在学期末的学生评价中也总是给任课教师差评，让教师们叫苦不迭。但是深入了解之后我们发现，原来一切的症结都是由于班主任总是把他调剂到他不喜欢的课程，于是他就把自己的怨恨发泄到了任课教师身上。这让我们深刻地体会到了要让学生自主选课的重要意义。当然发生以上事件是有一个故事背景的，那就是这位小周同学只喜欢体育类的课程，其他拓展课都被他列到"不喜欢的课程"行列。这让我们不禁想，他的这种"钟情"是否具有合理性呢？是否应该加以引导呢？班主任的"总是调剂"是希望他能涉猎其他课程领域，促进全面发展，但是，这种强制调剂的措施显然起到了适得其反的效果。于是，我们的《拓展型和探究型课程学生选课指导手册》（以下简称《指导手册》）酝酿产生。

《指导手册》对学校的课程结构、特色课程、选课方法等进行了全面介绍。此外，在《指导手册》上还开辟了学生个人选课意愿、教师建议、家长建议的互动沟通平台，以此来加强对学生的选课指导,帮助学生学会对课程的自我规划。

《指导手册》试用的第一个学期,听闻学校取消了班主任的调剂大权,小周同学难抑喜悦之情。班主任根据《指导手册》的相关内容建议他,选择课程一方面要考虑自己的兴趣爱好,另一方面也要考虑拓展自己的知识领域,丰富自己的各方面能力。当然他的课程意向还是体育类的,小周的爸爸在他的《指导手册》上写道:"你喜欢运动,而且确有特长,支持你的选择。"小周得到了爸爸的支持十分高兴。然后他看到了班主任的话:"在运动方面你有广泛的兴趣爱好,老师觉得通过拓展课的学习来发展自己的特长是不错的选择。不过老师也觉得如果能获得一些其他方面的知识和技能对你的成长也是很有帮助的,所以老师建议你在选课时不要每次都报体育类的课程,而错过了其他你也感兴趣的课程,你说呢?"看到班主任中肯的建议,小周显得很平静,没有像以前那样面露不悦。到了选课的一天,班主任带领学生们到电脑房通过学校的选课系统软件进行选课。每位学生可以按照自己的喜好程度依序填报三项课程意愿。班主任善意地提醒小周,体育类课程名额有限,而且很热门,所以最好填报两个体育类的课程,再填报一个其他类别的自己也感兴趣的课程比较合理。小周听从了班主任的建议,而且再也没有做"差评手"。

(三) 注重发挥学生主体作用的学生参与机制

学生的全程参与,对课程各环节的有效控制起到非常关键的作用。无论是开设的课程,还是课程的实施环节,如果不适应学生的实际,不能被学生所喜欢、所认同、所接受,那么就会影响到课程实施的最终效果。因此我们形成了学生民主参与课程建设的机制,以倾听学生心声、尊重学生意愿、满足学生需求。学生除了参与到课程设置的决策以外,还参与到课程纲要的制定以及课程评价的环节之中。

1. 学生民主参与课程设置决策

在完成课程申报后,学校课程领导小组要对课程进行审核,而学生也是领导小组的成员。每班可以选派两名学生代表参与本年级的课程审核。在听取了课程纲要介绍之后,他们可以对开设的课程提出意见和建议,并对课程进行投票。学生投票过低的课程将被取消或者要求进行重新设计。审核中,学生对课程提出的意见和建议将与其他课程修改意见一起反馈给教师。这种审核机制首先是在学校六年级试行的,当时我们还担心六年级学生是否能担当起这样的职责。当审核会议进行到民主评议环节时,学生代表发言出乎意料的认真和理性。他们对一门《趣味棋类》课程提出了异议,指出这门课程设计得不成熟,只是让学生们在课上下下棋而已,没什么"教育意义"。在随后的民主投票环节,学生代表给这门课程投了超低票,最终这门课程被取消。

2. 学生参与课程纲要的制定

课程开班后的第一节课,授课教师要向学生介绍课程安排、课程内容等课程信息。在听取学生意见和建议之后,教师要对课程纲要进行调整,以更好地满足学生需求,调动学生学习的主动性和积极性。在我们第一次试点的一门名为《南昌路探寻》的探究课上，学生将大量的问题抛给了教师："作业的形式是怎样的"、"怎么评价学习成果"、"去南昌路到底去探索它的哪些方面"、"按照怎样的步骤去探索"、"老师在课上会不会安排有趣的活动"……在这样的对话过程中，学生对课程的目的、内容、形式等都有了非常深入的认识和了解，也让教师对课程各环节的思考愈发具体化、合理化。

3. 学生参与课程评价和激励

课程评价由学校课程领导小组进行，评价分为四项：课程设计、实施情况、课程成果、学生评价。其中，学生评价占到了 25%。课程评价结果直接影响到课程的评价等第和绩效奖励。学生评价明显偏低的课程，如没有明显改进将不能在下一学期开设。

三、课程管理改革的实践效果

通过行动研究的反复实践，学校制定了《拓展型和探究型课程管理制度手册》，以此为保障使课程的管理日趋规范化、精细化。问卷调查显示，学校拓展型和探究型课程的满意度有了明显提升，课堂教学日趋规范有序，学生根据自我需求自主选择课程的权利得到保障，教师在课程建设方面的自信心、投入度都得到了有效提高。

（一）学生对课程的满意度明显提升

在学校开展的全体六至八年级学生对拓展型和探究型课程的满意度调查中，设计的调查项目共为 5 项，分别为课堂纪律、课程内容、上课形式、课程吸引力、总体的满意度，满分为 5 分制。表 7-2、表 7-3 为前后两次课程满意度的调查情况。

从以上数据可以看出，学生对课程的各项满意度都有提升且较为明显。而且，各年级开设的课程数日趋均衡。

表 7-2　2010 学年第一学期两类课程满意度情况

年级	课程总数	课堂纪律满意度均分	课程内容满意度均分	上课形式满意度均分	课程吸引力均分	总体满意度均分
六年级	14	4.5	4.57	4.66	4.45	4.55
七年级	18	4.73	4.72	4.71	4.68	4.70
八年级	10	4.63	4.44	4.56	4.36	4.46

表 7-3　2011 学年第二学期两类课程满意度情况

年级	课程总数	课堂纪律满意度均分	课程内容满意度均分	上课形式满意度均分	课程吸引力均分	总体满意度均分
六年级	15	4.9	4.97	4.96	4.95	4.98
七年级	17	4.79	4.79	4.71	4.68	4.8
八年级	14	4.89	4.92	4.93	4.92	4.94

（二）学生课程的自主选择率明显提升

对比 2010 学年和 2011 学年两次调查反映的学生在拓展型和探究型课程的自主选择上的情况，2010 学年各年级课程由教师指定的占大多数；2011 学年调查显示，学生的自主选择率明显上升，六至八年级分别达到了 85％、80.6％、71.3％。教师指定的比例（包括一些招收特长学生的体、艺类课程，由教师指定招收）下降到 12％ 以下。学生的课程自主选择权得到充分保障，让学生从自身的兴趣、全面发展需求出发，自主地选择、安排自己的课程结构，形成适合自己发展的课程组合。

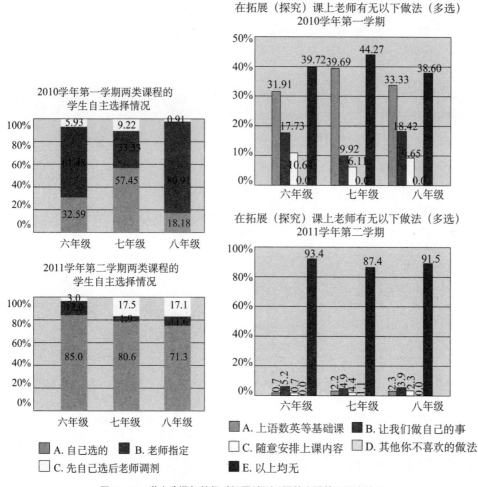

图 7-11　学生选课与教师对拓展（探究）课的安排情况调查结果

（三）教师课堂教学行为日趋规范

对比两次关于教师在拓展（探究）课上有无随意安排课程内容的情况调查发现，2010 学年调查显示大多数教师都不重视两类课程的教学，课堂教学随意性大，且挪做基础型课程教学之用的情况十分突出；到 2011 学年调查，六至八年级选择"以上均无"的比例分别上升为 93.4％、87.4％、91.5％，教师对拓展型和探究型课程的教学重视程度明显上升，课堂教学的规范有序性得到保障。

经历了基于"学生学习"的拓展型和探究型课程组织管理模式的探索研究，学校对课程有了更深刻的理解。课程是为学生服务的，只有从学生需求出发，发挥学生的主体作用，才能建设出让学生满意的课程。只有让学生满意的课程才能发挥出其应有的效能。学校的发展与学生的发展是相辅相成的，只有真正做到"以学生发展为本"，才能实现学校与学生的双赢发展，才能办学生、社会满意的学校。

【实践案例】

基于 IMMEX‐C 优化学生思维的教学与评价研究①

一、研究背景与意义

1. 研究背景

大境中学是上海市二期课改实验基地学校，多年来，学校坚持"引领学生更好发展"的办学理念，构建起了"学科成绩＋学能评价＋学分管理＋学习档案"组成的学生学业多元评价。其中"学能评价"是一种质的评价，它着重反映学生在教育教学活动的每一个环节中学习能力的提升和变化，也是我校学生学业评价的核心，努力实现从重知识评价向重能力评价、从重结果评价向重过程评价的转变。

学校也积极深入开展"以培养学生'学习素养'为核心的学校课程建设"实践探索，从"学习意识、学习能力、学习方法、学习理想"四大板块整体设计有鲜明价值取向和学校特色的课程，旨在推动学校课程内涵功能、结构、管理、教学、评价等变革，让学生在学习中力求通过课程突破学习的接受性复制，重在学生"学习素养"的螺旋式提升，实现课程的育人价值。

为了进一步深化我校"学能"评价研究和"学养"课程建设，2010 年起，我校积极引进IMMEX 项目，深入开展了"基于 IMMEX‐C 优化学生思维的教学与评价研究"，进一步关注学生问题解决的思维过程，通过教学与评价的改革，促进学生思维发展。

2. 研究意义

IMMEX‐C(Interactive Multimedia Exercises-China)即"多媒体互动测训"国内研发平台。它通过创立一个激励学习的环境，借助于先进的教育技术手段将学生隐含在脑海中的解决问题的思维过程，通过直观的手段展现出来，并通过数学模型进行有效的量化来进行评估。

IMMEX 以思维科学理论为基础，由同质异形的多种变式组成问题集，基于问题解决的探索训练，运用计算机多媒体技术、神经网络算法、项目反应理论、聚类等科学手段，分析评估学生问题解决的思维过程，给予学生进一步的学习指导。

（1）真实记录学生问题解决的思维过程

IMMEX 通过创设一个问题情境，激活学生思维，让学生运用所学知识来解决问题，并

---

① 执笔人：姚晓红，上海外国语大学附属大境中学。

借助于先进的技术手段,真实记录学生解决问题的思维过程。学生每点击一次按钮,点击的先后顺序、花费的时间长短等,系统都将毫无偏差地加以记载,以真实反映学生脑海中不为人所知的解决问题的思维过程,为教师洞察学生思维过程提供技术支持。

(2) 科学评价学生问题解决的思维过程和思维策略

教育评价要重视学生过程性评价研究,关注学生学习的过程表现,积累学生过程性学习证据,促进学生学习过程改进。IMMEX 通过思维回路图、思维策略图等信息项选择和曲线走向,可以清晰再现学生解决问题的思维路径、思维策略,帮助教师对学生在问题解决过程中"怎样思考分析"、"选择什么方法"、"存在什么问题"、"是否优化、稳定"等做出科学分析。

(3) 优化促进学生问题解决的思维能力

发现、分析、研究学生问题解决的思维过程,可以让教师了解学生在解决问题时的思维特征,对学生的思维差异性有更全面的认识,对学生在学习中存在的思维障碍和思维局限能更深入洞察,对学生在解决问题中存在的主要问题也能更有针对性地把握,对分析辨别学生的思维变化趋势也能给予一定判断,使教师能根据学生的思维特点,及时调整教学方式方法,向学生提供个性化的教学干预,不断改进和优化学生的思维方式,促进学生思维向更优化、更科学方向发展。

二、研究与实践过程

(一) 研究过程

1. 研究目标

将 IMMEX－C 先进技术与数学、物理、化学等学科整合,研究构建 IMMEX 思维课程,创设以 IMMEX 评价为中心学习环境,研究基于 IMMEX－C 的思维过程评价方法和教学范式,促进学生改进、优化、稳定的思维过程和思维策略,深入推进 IMMEX 校本化、学科化的实践研究。

2. 研究方法

(1) 文献研究法。通过查阅 IMMEX 国内外文献,深入理解美国 IMMEX 理念,全面了解 IMMEX 功能和国内外研究和使用的现状,在充分认识 IMMEX 理念和技术基础上,开展基于 IMMEX－C 国内研发平台基础上的应用研究。

(2) 案例研究法。本课题是研究案例教学与评价的行动研究,通过学科问题案例的评价分析与教学应用研究,对 IMMEX－C 在高中学生思维过程和思维策略的评价设计进行科学性、可行性、有效性的实证研究。

(3) 统计分析法。把得到的大量数据进行统计分类,以定性与定量相结合的分析研究,找出这些数据分布的特征和规律,以求得对所研究的评价数据做出科学分析。本课题对学生思维回路图中的"步长"、"回路"进行统计分析,并对学生解决问题的思维策略进行聚类分析等。

3. 研究设计

(1) 以化学、物理、数学学科为重点,研究基于 IMMEX-C 思维评价设计,开展学生评价数据分析和归因分析,深入 IMMEX 学科问题编制研究,关注学生思维特点和个性差异,改进和促进学科教学。

(2) 开展 IMMEX 思维课程设计,探索基于 IMMEX 评价促进学生思维发展的教学实施,强化学生问题解决的思维训练,促进学生思维发展,深化思维课程构建创新研究。

(二) 实践过程

1. 成立 IMMEX 研究小组,进行教师培训

学校成立以校长为核心的 IMMEX 学校课程领导共同体,组建以数学、物理、化学等学科的骨干教师为成员的研究团队。深入 IMMEX 教师培训,熟悉 IMMEX 工具使用,研发 IMMEX 学科问题集。

2. 确立 IMMEX 实验班级,开展课程设计

学校积极探索跨学科的 IMMEX 思维课程构建,并确立了高二(1)班、高一(5)班为 IMMEX 教学实验班,每周有固定课时开展 IMMEX 学习。

3. 开展 IMMEX 评价设计,深入评价分析

我校通过美国原题"有害物质"、"劫后余生"、"元素周期律"和学校研发的"有机燃料"、"废物变宝"共 5 个化学问题集,美国原题"飞跃火车"和学校研发的"跳水运动"2 个物理问题集,学校研发的"行船经商"1 个数学问题集,通过 IMMEX 思维课程教学,就在不同问题集中学生、班级间思维过程、策略表现来分析评价学生解决问题思维的差异性、发展性和稳定性,分析学生的学习表现和发现潜在的问题。

三、成果主要内容

(一) 思维评价设计和评价分析

1. 思维过程评价设计与分析

(1) 评价设计

解决问题的关键在于搜索问题空间,走出问题的迷津,找出问题的最佳通路,做出问题的选择路径。思维回路图,是利用图形化形式,通过描绘出学生在问题信息项之间"游走"的过程,来真实、直观地反映学生问题解决的思维过程图。其中并排的小圆圈代表问题中的各信息选项,选项之间的连线代表学生对信息项选取的路径,连线的高度代表选项的时序。

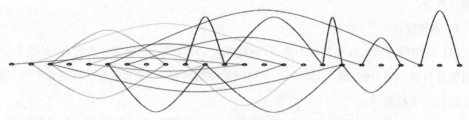

图 7-12　思维回路图

以思维回路图的"步长"和"回路"为变量具体计数,将学生思维过程分为四种状态,即思维混沌状态、思维谨慎状态、思维跳跃状态、思维敏捷状态,具体如下表。

表 7-4　学生问题解决的思维过程评价量表

思维过程状态	步长	回路数	思维过程特点
思维混沌状态	长	多	思维迷茫,没有头绪,思路不清,对信息项选择很多且盲目
思维谨慎状态	长	少	信息选项选择较多,生怕遗漏,基本按序选择,但信息筛选不足
思维跳跃状态	短	多	思维比较活跃,选项来回波动较大,关键信息容易遗漏
思维敏捷状态	短	少	思维简洁,选项较少,花费时间一般较短,大多数选择有针对性,但个别存在缺少思维过程现象

（2）评价分析

● 学生思维过程差异性分析

下图是四位同学在解决化学"有机燃料"问题中的思维回路图。我们可以从四种思维过程状态来评价学生解决问题的思维过程,分析、找出学生在解决问题的思维过程中存在的问题,把握学生思维过程的基本特点。

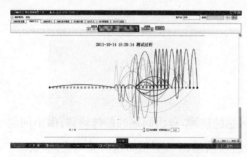

步长:68　回路:13.5　思维混沌状态

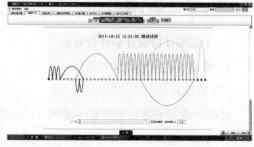

步长:31　回路:2.5　思维混沌状态

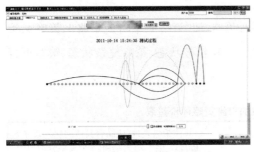

步长:14　回路:4.5　思维跳跃状态　　　　步长:6　回路:0.5　思维敏捷状态

图 7－13　四位学生在"有机燃料"问题中的思维回路图

● 学生思维过程发展性分析

IMMEX 问题集不同之处在于同一问题集中包含了多个同质异形的变式,变式的练习可以洞察学生在化学问题解决中的发展趋势,及时掌握和动态分析学生解决问题的思维变化。虽然这两位同学从第一个变式解决问题的结果都是"正确"的,但思维过程的发展表现是很不一样的。

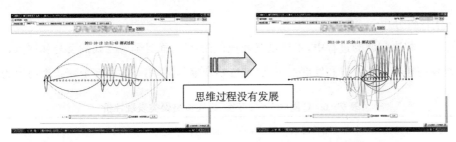

图 7－14　W 同学"有机燃料"第一个变式和最后一个变式思维回路图发展比较

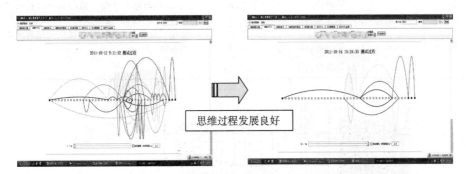

图 7－15　Y 同"有机燃料"第一个变式和最后一个变式思维回路图发展比较

2. 思维策略评价设计与分析

（1）评价设计

问题的有效解决与问题解决的策略密不可分,问题解决的策略选择是问题解决的关键所在。IMMEX 识别学生问题解决的信息,通过基于项目反应理论、利用计算机人工智能神经网络技术,对学生解决问题的策略进行聚类,分析评价学生解决问题的策略表现。结合具体问题，一般可以将学生 36 种聚类分为 5 种策略，即"策略 1、策略 2、策略 3、策略 4、策略 5"，再将 5 种具体问题策略从"策略缺失状态、策略依赖状态、策略复杂状态、策略可行状态"四种状态的一般策略进行评价。

表 7-5　学生问题解决的思维策略评价量表

策略状态	一般策略表现	具体策略表现(应结合具体问题集来分析)，以美国"有害物质"5 个策略分类为例
策略缺失状态	没有分析和排除干扰信息，选项过多或过少，有的是盲目选择，有的是没有思考过程的猜测	策略 1:可变的测试选项，很少用背景信息 策略 3:几乎所有选项都选
策略依赖状态	对图书信息资源有较多依赖，对实验测试等选择较少	策略 2:较多使用图书馆信息，较少使用沉淀反应
策略复杂状态	对图书资源依赖较少，但对实验测试、实验装置、实验数据等选择过多	策略 4:很多反应测试，几乎很少用图书馆信息
策略可行状态	正确筛选信息，排除干扰信息，发现规则和关系，有效解决问题	策略 5:较少选择，石蕊测试、焰色反应测试等一致

（2）评价分析

学生在解决问题的过程中，不仅策略表现存在差异，而且随着变式的反复和深入，学生的策略状态也在不断改进和发展。下面以"废物变宝"问题中一学生 5 个变式表现为例。

表 7-6　C 同学"废物变宝"思维策略聚类表现评价

变式	聚类数	策略状态数	策略状态表现	策略发展性评价
1	36	策略状态 3	策略缺失	从盲目选择、几乎每个选项都选择的策略缺失向有针对性地选择策略可行状态发展，策略稳定也很好，说明已掌握该问题解决的一般策略
2	35	策略状态 3	策略缺失	
3	20	策略状态 5	策略可行	
4	25	策略状态 5	策略可行	
5	19	策略状态 5	策略可行	

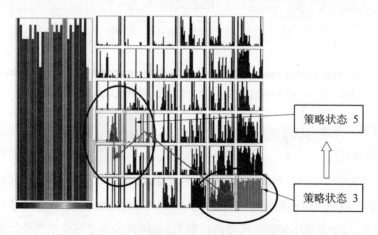

图 7-16　C 同学"废物变宝"思维策略聚类图

（二）IMMEX 思维课程设计和教学范式

1. IMMEX 思维课程设计

IMMEX 思维课程以促进学生思维能力发展为目标，结合高一、高二数、物、化、生、地等多学科、综合不同学科背景的问题集和学科综合的问题集学习。着眼广泛，采用源自自然、社会和生活的真实内容，具有跨学科、综合性强的特色。

表 7 - 7　IMMEX 思维课程设计

问题集		涉及学科	课时安排
问题集 1	飞跃火车	高中物理、数学	4 课时
问题集 2	交通事故	高中物理、化学	3 课时
问题集 3	有害物质	高中化学、数学	2 课时
问题集 4	劫后余生	高中化学、物理	3 课时
问题集 5	地震救援	高中物理、数学、地理	3 课时
问题集 6	高空蹦极	高中物理、数学	2 课时
问题集 7	法医破案	科学推理、综合	3 课时
问题集 8	有机燃料	高中化学	3 课时
问题集 9	元素周期律	高中化学	2 课时
问题集 10	废物变宝	高中化学	2 课时
问题集 11	跳水运动	高中物理、数学	2 课时
问题集 12	行船经商	高中数学	3 课时

2. IMMEX 教学范式

基于 IMMEX 课程学习改变传统学习方式，通过学生自主构建、探索解决问题的思路和策略。其课程教学范式如下：

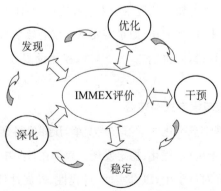

1. 创设情境
2. 激活思维
3. 评价分析

1. 自我反思
2. 发现问题
3. 尝试修订

1. 同伴合作
2. 教师教学
3. 个别辅导

1. 变式深化
2. 拓展学习
3. 方法总结

1. 变式训练
2. 结果评价
3. 修正完善

图 7 - 17　IMMEX 教学范式

- 发现

IMMEX 问题具有情境性、开放性、挑战性、综合性的特点。基于 IMMEX 评价的学习能给学生创设激励学习、激活思维的学习环境，教师能从中发现学生思维过程优势与不足。

- 优化

优化的过程可以让学生自由提出问题，自主分析解决问题的过程中可简化的步骤、需要的关键信息，理清解决问题的思路。也可以采取"异质分组＋自由组合"的方式，让学生分小组进行讨论、交流，寻求解决问题的最佳思维策略。

- 干预

教师也可以对 IMMEX 评价报告进行分析后，找出学生的个性和共性问题，就产生问题的原因进行分析、分类，制定集体教学计划或个别干预计划，开展针对性、个性化教学和辅导，提高教学有效性。

- 稳定

基于 IMMEX 评价的课程与教学优势是：客观记录、了解、辨别学生思维特点，分析、指导、改进学生思维过程，优化、完善、提高学生思维方法，促进学生形成可行、稳定的思维策略。

- 深化

教师也要引导学生转换思考角度、寻求多种方法，促进学生思维的灵活性。IMMEX 也可课内课外、校内校外联动学习，引导学生拓展学习。

四、实践成效

1. 学校课程领导力的提升

我校 IMMEX 工具的熟悉和文献的研究、教师的培训和团队的研究、评价的设计和数据的分析、教学的应用和问题的编制、课程的设计和实施的反馈等研究，特色鲜明，创新实践，坚持以 IMMEX 为载体进行校本化应用探索。我们认为，任何国外的先进工具和技术，都不应也不能只是直接拿来、简单应用，而是需要与学校的教学与评价整合，立足学校课程和教学实际，进行再加工、再设计、再创造，为学校课程建设服务，为学生全面发展服务，有力提升学校课程领导力。

2. 关注学生思维的教与学方式的转变

基于 IMMEX 教学、基于数字化的学习方式变革，让评价贯穿教学始终，引导教师在课堂教学中充分关注学生思维可行、优化、稳定发展。教师在教学中关注学生的思维过程、个性差异，学会以发展的眼光对待学生；以真实性、过程性、发展性评价促进学生素质全面发展；基于学生发展的思维进行课程设计与课程创新实践。

高三化学国艳萍老师深有感触地说："五个变式全部完成，摆在我面前的不再是每个学生的卷子,也不再是同学们的分数。而是每名同学解决问题时的思维过程。在高三紧张复习阶段,让学生活化思维、综合应用比提高学科成绩更有价值。同时,我对学生思维特点有了更深入的了解,也可以更有针对性地开展高三日常复习了。"

3. 以评价为导向促进学生思维发展

基于 IMMEX-C 的评价研究,不是仅仅设计一个评价标准,也不是仅仅诊断出学生问题解决的原因所在,其真正的意义是通过评价促进学生思维发展。高三(4)班 39 位学生参加 IMMEX"劫后余生"学习后的问卷调查显示,82.1%的学生认为 IMMEX 能帮助优化思维策略,71.5%的学生认为能提高信息筛选能力,79.2%的学生认为能提高解决问题能力。高二(1)实验班也在思维过程的敏捷性和思维策略的可行性上优于平行班级。IMMEX 学习促进了学生思维灵活性、敏捷性、广阔性、深刻性等思维品质的优化、稳定发展,也能帮助学生寻求更科学的思维策略,提升思维能力。

总之,基于 IMMEX 的学习与评价,可以在技术的支持下可视化地呈现学生解决问题的思维过程,清晰再现学生解决问题的思维路径,改变了以往凭经验、感性、主观的判断,以过程性的实证分析评价改变以标准答案式的终结性评价。IMMEX 评价设计与分析也使数据成为我们规划、设计和评估学习过程的重要部分,对检测学生的思维方式、行为模式,为学生创造更具互动性、更加个性化的学习体验起了重要作用。随着研究深入,我们将全面研发问题集,深入学习分析与学习指导,更好地发现、认识、读懂千差万别的学生,找到真正重要的教育影响因素,促进教育评价的深刻变革。

第八章

教师团队建设：
策略分析①

① 本章执笔人：陈飚，上海市教委教研室。

面向需求　特色发展

学校课程领导力不仅仅包括校长个人的课程领导力,也包括学校中教师的课程领导力,这是一种团队能力。一切课程问题的解决和课程建设都不能离开教师的主观能动性和教师团队集体智慧的发挥。因此,教研团队建设也是提升学校课程领导力的重要突破口之一,它对激发教师自主发展的动力,提高教师的课程领导力,促进教师的专业成长,有着十分重要的现实意义。

实践研究表明,教师团队建设面临着许多现实问题:

一是不同层次的学校在教研团队的建设上出现了新的个性化需求,如,高端学校关注如何打造高品质的团队,一般发展中学校关注普通教师的成长如何达标。如何满足不同的现实需求,探索分层的教研团队建设之道成为必要。

二是教研团队的建设有不同的载体,如何针对学校实际需要,寻找恰当的切入点,以此带动学校的整体建设和发展。

三是教研团队建设处于就事论事的现状,尤其是在队伍整体建设上缺少系统的思考,在机制建设上做法不够有效。

本章依据12所学校的课程领导力行动研究内容和成果,重点阐述学校对上述具体问题的解决策略。从中总结教师共同体培养的实践机制、教师团队校本研修的实践模式、特色教师团队运作模式。

一、反思性实践：教师团队建设与课程领导的基础

（一）教师团队的相关概念

"教师团队"并没有固定而又统一的概念，不同的教育主体提出的界定不一。如市北中学将"'教师专业团队'定义为有共同愿景和集体智慧，能不断反思、检验自己的经验，同时产生和分享新的知识，不断突破自己的能力上限，培养全新、前瞻而开阔的思考方式，使学校的教学和学校目标、发展思路、师生的学习生活、工作方式与研究息息相关，能持续适应不断变化的环境，有反思能力、研究能力和合作精神的教师组合。"娄山中学提出了人文化教研团队的概念："人文化教研团队，是指团队中的教师能够'以人为本'、注重生命价值的提升，目标一致、相互信任、相互支持、相互切磋，为完成共同的教育目标，形成共同合作的默契关系。"

打虎山路第一小学、一师附小和闵行四中则分别针对校内的某一群体进行了研究，分别是中高团队、自育型备课组和教研精品团队，这些团队的概念界定也各自体现了所在校的研究特色。

打虎山路第一小学：中高团队——由一位具有中学高级教师职称的教师领衔，由符合相应条件的教师作为成员的一个组织。学校希望通过这个团队的有效合作，把个体的单打独斗，转变成共同进步。

闵行四中：作为一个"自组织"，"自育型备课组"具有与学校文化相适应的备课组文化，包含外显的物质文化形态和内在的精神文化内涵。外显的文化包括：相匹配的教研新常规、体现价值追求的组风组训、课程教学资源集聚分享平台、基于组本的课题研究资料、组室成员成长档案等。内在的文化包括：以人为本、成事成人的教育境界；多元反馈、动态开放的学习系统；研究真问题、寻求有效性的教研氛围；善于反思、勇于探索的创新精神；团结合作、资源共享的和谐环境。

一师附小：教研精品团队——依据罗宾斯的定义，团队是指一种为了实现某一目标而由相互协作的个体组成的正式群体。它有如下特征：实现集体绩效的目标、积极的协同配合、个体或者共同的责任、相互补充的技能，其核心是团队精神。该课题期望达到的教研精品团队须具有如下特征：团队带头人凝聚力强、示范作用显著；团队成员结构合理，优势互补，教研质量高；团队教学改革力度大，人才培养成绩突出；团队建设有特色，有精品项目，在区域内有一定影响力。

（二）教师团队建设当前存在的若干问题与关注点

1. 教师团队建设存在的问题

（1）校情的变化与教师团队建设

随着城市化进程的加快和人民群众对于优质教育的需求日益增大，很多学校都遇到了学生人数激增而扩校的困难，随之增容的教师群体的培养成了学校首当其冲的挑战。

如闵行区实验小学就提到：2004年至2008年，学校因区域优质教育资源拓展的需要，短短几年间办学规模由一个校区拓展为三个校区，教师人数从88人激增到220多人。在大量新教师进入的背景下，各类问题在学校校本研修的过程中则更为凸显。

闵行四中的扩校也遇到了类似的问题：2002年，闵行四中与原闵行八中合并，这是具有30年校史的闵行四中遭遇的第二次合并。在带来新鲜活力、优化资源的同时，学校的生源环境日益复杂、优秀师资力量削弱、结构日益不平衡等问题也越来越凸显……

整体来看，此类学校领军型人物不多，且大部分骨干教师以教学经验见长，能真正结合科研开展教学的专家型骨干为数不多，很难形成有特色的教育教学风格，对其他教师的辐射、引领作用表现还不是很明显。大多数教师居于中游，部分教师甚至存在安于现状的思想。青年教师大多有发展的愿望和热情，但对自身专业成长还缺少理性规划，缺少优秀教师指导，尤其缺少促其快速成长的舞台搭建。从学校层面来说，促进教师发展的平台还不够广阔，尤其是组织建设对个体成长的作用还没有充分发挥。

（2）教师团队培养机制的缺失

在教师团队的培养上，很多学校都有具体的举措，但是还没有上升到机制的层面。有的学校更是因为教师团队变化，传统的教师培养机制没有及时更新而面临培养机制的缺失，使其在项目开展之前面临着巨大的挑战。

如娄山中学就指出：课程领导力的提升需要强有力的团队（创建人文化教研团队就是重要的举措之一），而人文化团队的建设又迫切需要一个科学的、合理的、系统的运行机制；但现状是学校人文化教研团队的机制研究比较罕见，也尚未形成系统，因而学校在尊重人、培养人、发展人的基础上，构建高效的人文化教研团队运行机制显得十分必要和十分重要。

市北中学也指出：学校在教学管理上一直以年级组为核心。年级组管理的合理性与有效性已为各校的教学实践所证明，但年级组管理的强化使得教研组活动与教科研被弱化并处于从属的地位，教研组没有发挥出应有的功能，教学研究没有成为教师提高教学能力的主要途径，教师在专业化发展上主要靠个人的追求和努力，没有形成集团冲锋的态势，教师对教学科研的热情不高，教师存在一定程度的职业倦怠。

此类学校力图解决以下几大问题：一是什么是人文化教研团队？人文化教研团队有什么特征？二是人文化教研团队的机制是什么？如何科学地设计与构建人文化教研团队的

系列机制？三是人文化教研团队建设运行机制是如何践行的？

（3）教师队伍的变化与教师队伍建设

师资队伍的更新换代对教师团队的建设带来了较大的不确定性，这也给学校的办学提出了更高的要求。

比乐中学：具有66年的办学历史，地理位置优越；但犹如"都市里的村庄"。学校占地面积5800平方米，建筑面积10917平方米，活动场地极为匮乏。全校一线教师85人中，35岁以下的青年教师39名，占教师总数的45.9%。

此类学校当务之急就是要以最短的时间提高青年教师的专业基本功，为学校的可持续发展提供动力。

2. 教师团队建设当前的关注点

依据学校的教育现实，从历史的脉络中挖掘出本校队伍建设的优良传统，或通过行政政令，或外部的因素诱发的教育革新来探索适合学校发展的教师队伍建设之路，是学校成长之中的不同选择。综合各种探索，不难发现，当前教师队伍建设的关注点主要有以下几个方面：

（1）教师的专业发展

普陀区朝春中心小学提出：在开发实施学校特色课程中，通过学校内部教师组成伙伴式团队、专业学术团队与学校形成伙伴团队等途径，实现学校教师、学校行政、专家多股力量的合作，提升教师的专业发展，提升学校整体课程开发实施能力。

打虎山路第一小学提出：促进教师专业发展的实践思路可能有这样几种：①形成共同的价值观念体系；②通过制度规范教师行为；③形成促使教师自我发展的习俗；④形成习俗、制度及价值观念。在新课程改革背景下，教师需要建构一种因共同志向与信念需要，教师间共同分享彼此价值观念为主的、同伴互助合作的现代教师文化。

（2）课程的特色开发

普陀区朝春中心小学：特色课程建设是学校创建办学特色的根基和主渠道。建设"重基础、多样化、有层次、综合性"的特色课程，创造性地实施国家课程，因地制宜地开发学校课程，是焕发办学活力、凸显办学特色的必经之路。

冰厂田幼儿园：成立了以园长和课程项目负责人为首，由各园区的保教主任、园内名师、部分骨干教师组合而成的课程编制小组。其中包括按教师各自教育专长纵向分成的生活、运动、学习、游戏等若干学科组，按幼儿年龄段横向分成的小、中、大年龄组。课程项目组的每位教师在学科组和年龄组中交错介入，形成课程编制的主要核心队伍。

（3）教研的校本探索

浦东新区昌邑小学：通过全体教师的共同研究，集教师团体之力，并在专家的引领和指导之下，充分利用教师的分布式专长，通过视域交叉、专长互补和协作行动，达到解决实践问题、探索实践创新、提高教学质量的目的，实现集体实践知识和个体实践知识的重构与创造。

闵行区实验小学:学校应如何在传承以往优秀校本研修文化的基础上,充分关注大量新教师进入以及复杂的个体差异问题,努力变革校本研修方式,从而有效引领不同梯队教师的主动参与和差异发展。

（4）机制的实践摸索

机制的探索成了很多学校研究的重中之重,基本上所有学校的研究都有所涉足,这说明学校的教师队伍建设更多地聚焦在体制机制的层面,从而为教师队伍建设提供源源不断的动力支撑。

市北中学提出:学校在建立类似的校本培养机制上进行探索研究,希望能调动教师的积极性,在一定程度上消除职业倦怠,使教师在专业发展上有所追求。

（三）教师团队建设与促进课程领导力提升的关系

学校的行动研究告诉我们,课程领导力和教师团队的建设之间存在着复杂的关系:

1. 教师团队建设是提升学校课程领导力的需求

从各校的实践研究得出:学校课程领导力提升的过程,也应是学校在正确的教育理念指导下进行课程决策和规划,影响和激励教师课程意识的觉醒,引导教师不断进行课程实践创新,最终达成提升课程品质,促进教师专业发展的过程。课程领导力是以校长为核心、教师为主体的课程领导共同体。一切课程问题的解决和课程建设都不能离开教师的主观能动性和教师团队集体智慧的发挥。因此,建设人文化教研团队也成了提升学校课程领导力的核心需求。项目研究以人文化教研团队的运行机制建设为抓手,从而提高教师团队的课程执行力,提升学校的课程领导力。

2. 教师团队建设是提升学校课程领导力的重要手段

唤醒课程领导力中教师的主体意识:教师课程领导是指超越"仅是一位教师"的定位而担任起领导者角色,在课程建设中发挥自身影响力,促使教师之间形成一个共同体,围绕课程与教学事务,分享成功与经验,引导其他教师致力于改善教与学,并对校内相关人员产生积极正面影响之历程。也就是说,给予教师充分的分享和交流平台,促发教师之间的学习共同体对教师课程领导的实现将带来重要的积极意义。

闵行四中:通过自育型备课组建设的实践与研究,形成成功范例,由下而上、由点到面全力推进学校各级"自育"型组织建设,促进学校自育文化建设,有效提升学校对课程的整体领导力。

冰厂田幼儿园:好的课程需要有好老师予以呈现,需要教师具备相应的能力。因此,本项目的研究力图梳理和提炼教师课程领导力发展的要领,使教师具有与课程方案相匹配的课程领导力。

解放路幼儿园:对教师发展规划进行整体设计,是幼儿园提升课程领导力的重要切入口;教师发展规划整体设计的过程就是提升课程领导力的过程。

3. 教师团队建设和提升学校课程领导力互相促进

通过课程计划研制的项目实践,学校懂得了怎样根据实际情况和办学特色,以内涵发展为目的,优化学校课程结构。学会了在课程校本化实施过程中,怎样规划与创设有效平台,提升教师的专业能力,怎样形成学校的校本研修的特色,提升校本研修的内涵发展水平。

提升了课程团队的组织协调能力:比乐中学从教学基本功标准的研制到研究方案的制定、调整与实施,课程意识明显提升,课程的组织能力与实施能力在不断加强,特别是在实施过程的控制与引导能力上明显提高。

提升了课程团队的重建创生能力:比乐中学在《青年教师教学基本功快速达标的实践研究》课题的研究过程中,遇到了许多无法预料的问题,例如"快速达标"中的"快速"如何界定?教学基本功包含的范畴,依照现在的割舍是否合理?现在的研究是否触及基本功的核心元素?教学基本功元素因学科产生的差异在研究中如何解决?教学基本功因教师产生的个别差异在研究中如何解决?教学基本功快速达标的培训与指导的方式是否合理有效?"快速达标"的培训与指导仅仅是青年教师专业能力提升的短期行为,怎样进行项目的后期跟进,促进教师专业的可持续发展?等等。这些问题迎面而来,都需要我们去反思去重建。

二、共同体培养:教师团队建设的管理机制

(一) 存在的问题分析

1. 教师处于被动发展地位

很多学校从研究的伊始,就在努力打破传统的上传下达、行政命令式的教师发展模式,试图找到更利于教师发扬个性、张扬生命活力的方法,以自下而上的方式来实现队伍建设路径和策略的革新。如闵行区实验小学教研方式变革的路径就体现了这一追求,他们从初始的行政驱动下的学科组"前移后续"逐步发展到非行政性组织的自主式"前移后续",从行政"压迫"到教师自发组织,走出了一条特色之路。

2. 教师自主发展欲望不高

教师专业化发展已经成了各方的共识,但教育管理者却发现,教师一方面有着强烈的诉求,一方面却也存在着因地位的被动,专业知识、能力、精神和素养的不足而导致的发展欲望不高。娄山中学在研究中指出:在当前的教育现实中,教师尚缺乏足够的自主发展的动力和能力。解放路幼儿园也指出:教师自我分析不够透彻,较注重专业技能,而对专业品质有所忽视;缺少规划文本到多样实践的系统思考研究,教师发展的主动性和创造性尚未得到充分激发。

3. 教师团队建设尚不成熟

由于教师发展中被动与保守的习惯，加上学校缺乏有效的管理体制，导致教师间的合作出现各种各样的问题，更有甚者，竞争代替了合作，团队间鸿沟不断扩大，这给学校的发展带来了很大的阻碍。

娄山中学在报告中提到：在学校的实际教学工作中，教师队伍青黄不接，青年教师不断增加，原有教师流动较大，资源分散，凝聚不够，团队意识相对薄弱，整体发展思考较少。闵行四中也提到：从学校层面来说，促进教师发展的平台还不够广阔，尤其是组织建设对个体成长的作用还没有充分发挥……市北中学也提出：年级组、备课组的功能和作用得到比较好的发挥，但教研组的功能还须适当强化，其作用有待进一步发挥……

目前，教师在专业发展上仍然是以个体行为为主，专业团队作用的发挥还是不很理想，因而在运行机制的建构上还有许多方面需要进一步完善，解决这一问题可能需要一定的周期。

（二）实践策略与机制

1. 人本化管理的相关策略

优化教师团队的合作环境，培育教师团队之间的合作文化，是当前很多学校进行课题研究的出发点，尤其是以人本化管理最为突出。娄山中学的《学校人文化教研团队建设运行机制的实践研究》和一师附小《以人为本打造教研精品团队的实践研究》是其中的代表，他们提出的人本化教师团队培养策略值得我们重视。

娄山中学的人文化教研团队建设提出要把握好三个核心要素：

（1）共同的意愿——目标。目标基于某种价值观或者某种愿景，具有重要的意义和价值。人文化教研团队能将大家的发展目标确立为共同的愿景，以形成价值认同，使团队成员把个人目标升华到群体的目标之中，清楚地知道他要做什么和怎样与其他成员共同工作，这为人文化团队的形成打下了重要的基础。

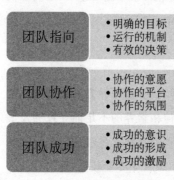

图8-1 协作在教研团队建设中的作用显示图

（2）成功的条件——协作。完成目标的重要基础在于团队的协作，这就要求团队具有共同目标下的良好关系、共同目的下的互助合作，团队成员对于每一个目标的完成，都应该对团队的集体成功有着明确的意识和积极行动，而成功的获得将成为激励团队继续努力的动力。

（3）有效的推进——机制。人文化教研团队的建构机制、运作机制、保障机制、评价机制是建设团队的推动力和保障力。①尊重人：确立以教师发展为本。以教师原有基础为起点，进行分层的针对性的培育。

如每位教师填写"教师发展需求表"，包括基本概况、现状分析、研究状况、发展方向、需求条件五个方面。教研组长根据教师的发展需求表进行解读，并形成组长解读报告。②培育人：激发教师内驱动力。如何激发教师对课程发展的内驱动力，把"要我教"变成"我要教"，"要我执行课改精神"变为"我要执行课改精神"？这就需要我们团队创设教师发展条件、树立教师发展信心、拓展教师发展前景。③发展人：提升教师的专业能力。应从提高教师反思能力、提高教师教学能力、提高教师科研能力着手。在运行机制的作用下，人文化教研团队充分发挥了优势，有效地提高了学校的课程执行力。

2. 以项目研究为载体塑造新型教师团队

一师附小的研究走出了另外一条特色之路：第一，打造中层，践行以人为本理念。项目组立足"以人为本"核心理念，将行政能力的提升着眼于引领、激励与服务。

第二，打造组长，夯实组本管理基石。在打造教研精品团队的过程中，教研组的教研空气是否浓厚，教研活动是否扎实，教研特色是否鲜明，教研组长起着至关重要的作用。采用"循环培训、权力赋予、课题引领、项目承包"四种策略来逐步提升组长的领导力。

第三，打造教师，形成教研精品团队。打造教研精品团队，其实质就是培育与发挥第一线教师的教育教学能力，从而能高效地实现以学生发展为本的目标。

3. 以人为本管理策略的制度保障

以人为本的管理策略需要强有力的制度保障，这方面娄山中学和一师附小都进行了强有力的探索。

（1）完善管理制度。制度是保障。娄山中学的研究，完善并探索了以下制度：①常规教研制度。形成了教研组长备课组长例会制、先进教研组评选制度、教学工作管理条例、教学工作规范化细则、新教师教育教学工作考评制度、青年教师教学工作规范、带教制度、探究型课程的实施制度、教学管理流程等。②分层次、多元化培训制度。学校以建设人文化教研团队为依托，对教师进行有计划、有目标的分层培训。分别运用师徒制、专题讲座制、同伴合作学习制、专家引领制、专题研讨制等多种多样的培养形式，取得了良好实效。③课程开发与实施的制度。建立自主拓展课与探究课的课程申报制与研讨制。定期举行两类课程的研讨会。

（2）规范运作流程。人文化教研团队不仅需要相应的管理制度，更需要一种柔性管理，要尊重人的主体地位和个性差异，要调动人的积极性，这就需要一种人文的、自觉的、规范的运作流程。学校在实践中总结、制定了遵循科学规律的人文关怀流程图，这是管理的有效保证。

一师附小的精品教研团队建设也配置了相应的制度：

（1）围绕"教研精品团队"的"精"字，结合不同层面教师的侧重点，提出各自的发展目标，并确立与之相匹配的运作策略。

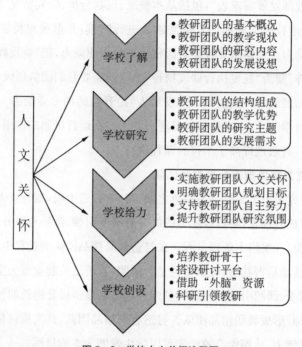

人文关怀

学校了解
- 教研团队的基本概况
- 教研团队的教学现状
- 教研团队的研究内容
- 教研团队的发展设想

学校研究
- 教研团队的结构组成
- 教研团队的教学优势
- 教研团队的研究主题
- 教研团队的发展需求

学校给力
- 实施教研团队人文关怀
- 明确教研团队规划目标
- 支持教研团队自主努力
- 提升教研团队研究氛围

学校创设
- 培养教研骨干
- 搭设研讨平台
- 借助"外脑"资源
- 科研引领教研

图 8－2　学校人文关怀流程图

（2）通过研究与实践，项目组确立并完善了一系列相匹配的运作机制：①学校精品教研的"五个一"制度；②基于教师层次化发展需求与团队成员整体提高诉求匹配的三级结对带教制度；③凸显团队凝聚力、竞争力、研究力、学习力等综合实力的学校星级教研组评比制度。

三、校本化研修：教师团队建设的实践策略

（一）存在的问题分析

1. 教师的差异过大

学校应如何在传承以往优秀校本研修文化的基础上，充分关注大量新教师进入以及复杂的个体差异问题，努力变革校本研修方式，从而有效引领不同梯队教师的主动参与和差异发展，成为了摆在学校领导管理者面前的重大课题。这一课题也是目前所有学校所遇见的普遍问题，于是学校都期望通过具有成效的校本研修来解决教师队伍发展的差异问题。

闵行区实验小学在其报告中详细地点出了教师发展的症结：根据学校以往的实践体会与研究分析发现，很多时候他们的校本研修会因时间的局限而无法对聚焦的内容展开深度的研究，也会因过程中缺乏对教师个性化的关注而无法满足不同梯队教师的差异性发展。

在办学规模拓展的初期，这一研修情况在各个学科都有存在，因为很多新进教师前期的学习、实践与研究经历各不相同，同时与学校教师之间也在理念与实践层面存在着很大的差异，因此当他们作为一个团队而开展校本研修时，必然在思想理念、思维方式、话语系统以及实践感悟等方面呈现出巨大差异，也必然使各学科校本研修的策划与开展面临较大的挑战。

2. 当前校本教研方式的若干问题

当前的校本教研，因其传统的局限和革新的力度不足而呈现出各种问题。浦东新区昌邑小学就在他们的研究中指出：现有的教师专业发展途径较多关注理论和政策学习，对学科教学实践的探索相对不足。这些问题制约着其发挥促进教师专业发展的功能。经过文献研究和对自身实践的反思，将这些问题归结为以下方面：

（1）现有的校本教研围绕单独的课为对象来研究，较多关注实践中的具体教学案例和具体事务，对学科整体的关照不多，就事论事的较多，对于普遍问题的深入研讨较少，从而使得教师难以从中获得可以广泛迁移的概括性理论与实践知识。

（2）教研活动比较零散，缺乏一以贯之的关注点，学校的校本教研常常没有长期的、整体的规划，不成系统，对于学校发展进程中的问题关注不足，校本教研的实际效果取决于教师本人的意愿和努力，具有很大的偶然性和随机性。

（3）校本教研的形式相对单一，主要采取集体备课、集体听课、集体讨论反思的形式，有时会出现活动单调、内容枯燥的情况，缺乏创新性、想象力和吸引力，甚至某些校本教研活动流于形式，为活动而活动。

（4）校本教研活动的学科针对性不足，集体教研活动关注的往往是教学活动中的具体事务和教师的教学处理，较少从学科整体特点出发探讨实践现场的教学问题。

（5）校本教研活动较多从教师教法的角度去研究，对于学生学习的分析不足，在很大程度上削弱了对于以关注学习为导向的课程改革的支持力度。

研究如何使校本教研活动更具问题指向、主题指向，更具深入性、系统性，更具学科特点，更符合学校发展的需要，更适应课程改革的要求，从而更有效地提升教师专业能力，具有鲜明的实践意义。

（二）实践策略与机制

1. 对校本研修的再认识

对上述问题的解决，首要的是各个学校对于校本研修的再认识。从梳理的概念与认识中可见学校的新思考，如闵行区实验小学关于校本特色研修的概念界定，"前移后续"校本研修方式中的"前移"是指正式研究之前进行的相关性、预备性、铺垫性研究，"后续"是指正式研究之后进行的延伸性、拓展性和提升性研究。其在研修的具体内容与时间安排上，既有"前移"，又有"后续"，构成一个螺旋向上的回路，形成一种连续性的事件以保证教师专业知识扩充和专业能力提升，以及专业情感的培养与陶冶。

从闵行区实验小学的概念中可以看出，其研究聚焦在"研"与"修"的相互作用上，其研究过程是一种循环向上的运动。首先在确立研究总体目标的基础上，从实践中产生的问题情境入手，制定具体的解决方案与计划，然后付诸行动实施，行动中注重监控、观察、反思与修正，然后针对前一研修所产生的新问题，展开下一轮的行动研究。这样一个过程是螺旋向上、循环往前的。

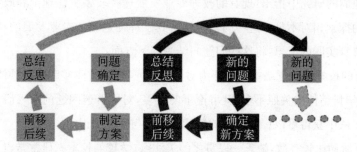

图8-3 "前移后续"校本研修方式的研究路线

浦东新区昌邑小学也提出了对研修的新思考：首先是思考层面的转变——从对于具体的关照到自整体到主题的思考。在前期研究中发现教师对于学科课程和教学的整体关注不够。基于此，学校加强了学科课程层面的教研，更多地组织学习课程理论和各学科的课程标准，鼓励教师从课程系统进行上位思考，从整个课程目标和学生发展角度界定各学科教研的核心主题。其次是关注目标的转变：从关注"教法"到"以学定教"的思考。研究过程中的另一个转变是从对于目标的关注、对于"教"的关注到对于"学"的关注和"以学定教"的探索。

冰厂田幼儿园的研究设想在原有的年级教研与部门教研的基础上，增加"分层教研"的形式，通过优化教研模式，使园本教研真正成为教师课程领导力提升的主阵地。

2. 特色校本研修的探索与确立

特色校本研修的探索是很多学校教研方式革新的重中之重，他们通过不断的实践摸索，在教研中不断反思，不断重建，并对经验加以梳理整理，最终形成了具有学校特色的校本研修制度，如闵行区实验小学的"前移后续"、冰厂田幼儿园的"分层教研"、昌邑小学以学科主题为核心的校本教研模式。

闵行区实验小学的"前移后续"：

（1）行政驱动下的学科组"前移后续"。主要包含四个环节：确定主题——前移研究——正式研讨——后续拓展。使得在一校三区整体层面，所有学科的校本研修呈现出了更为规范、有序和有效的状态，也使得各学科在过程中能充分关注到不同梯队的教师。

（2）专题引领下的长程式"前移后续"。其主要特征：一是前次研修产生的问题和生成的资源成为下次研修的新主题；二是后一学期的研修专题是前一学期研究专题的后续；三是学年之间的研究专题形成序列化、系统化。

（3）非行政性组织的自主式"前移后续"。一是学校原有几个非行政性组织对"前移后续"校本研修进行了主动运用。二是"前移后续"校本研修的方式与实践成效影响和吸引了一批教师，促成了多个非行政性团队的诞生。

冰厂田幼儿园的"分层教研"：

（1）对新型"分层教研"的实践与研究。①从"模糊"到"清晰"——分层教研团队分层的依据。确立了以教师工作经验（教龄年限）为主要依据，以教师专业能力评价为调整依据，形成了五个不同专业发展阶段的分层教研组。②从"偏学科教学"到"重一日生活"——分层教研研究定位的变化。将分层教研研究定位在把握课程整体性，即引导教师把握"课"与"课程"的关系，将教师的问题转化为对课程领导力项目的思考，注重教师整个课程意识的培养。

（2）对三组教研关系的实践与研究。①从"零散"到"系统"——教研组织架构的优化。利用不同教研组同质教研的资源差异进行有效统整，共同促进教师的专业发展。②从"命题"到"问题"——教研目标内容的变化。教研组长们一改命题式的教研计划制定，开始尝试在学期结束时征求教师对下次教研的期望和思考。③从"独立"到"联动"——"同异质互动"教研模式的研究。利用年级教研、部门教研和分层教研的人力资源、研究经验、共性需求、观摩机会等开展多种教研联动形式。④从"无"到"有"——园本教研机制的调整。

昌邑小学的"以学科主题为核心的校本教研模式"：

确立学科教研主题。针对学校现状和校本教研所面临的问题，学校以学科为单位要求各教研组深入研究课程改革的理论基础及政策导向、分析学科课程标准，在此基础上对本校实践进行诊断，提出亟待解决的问题，同时预设目标。在这些自我诊断的基础上，学校与市、区项目组专家进行梳理和筛选，进一步聚焦突出问题。各学科组最终确定教研主题，并分年级细化需要解决的系列问题。

3. 运行机制与策略的形成与完善

各类研究的可贵之处不仅在于提出了新式的研修方案，更重要的是他们都建立并完善了自身的研修机制和策略。

闵行区实验小学的"前移后续"运行机制与策略：

首先是研修机制："前移后续"的校本研修方式是在实践中探索出的，从点到面，再形成制度，从而摸索出一套自身运行的机制。在实践中，"前移后续"形成了"全员参与、多点关注、责任分层、差异发展"的"前移后续"校本研修工作制度，保障了"前移后续"校本研修活动的有效进行。"前移后续"校本研修方式的运行流程包括四个环节，四个环节形成了循环机制。

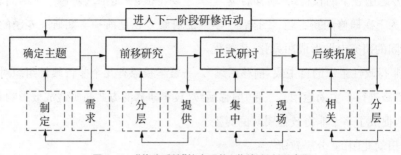

图 8-4 "前移后续"校本研修（学科）机制示意图

其次是研修策略："前移后续"校本研修方式在一校三区的推进中，形成了具备学校特色的专题式推进策略、整体性渗透策略、无痕化研修策略。使"前移后续"这样一种研修方式和思维路径逐渐成为教师日常工作与生存状态的有机组成。

冰厂田幼儿园的从"无"到"有"——园本教研机制的调整：

教研机制的建立和教研制度的建设是有序开展园本教研的基础。第一，在管理机制上，明确了园长领衔的课程领导小组、课程建设项目组和师资发展项目组的管理团队和主要职责，并通过网络图呈现管理路径。第二，在活动机制上，罗列每学期教研阶段重点，统整了三组的活动频率、活动流程和责任管理。第三，在评价机制上，对评价主体、内容、途径、激励上有相应的表格。第四，在教研制度上，修改和完善了课程领导力小组例会制度、网络教研制度、听评活动制度、交流展示制度和经费保障制度。

昌邑小学教研主题的选择和细化策略：

通过摸索，采用了六种策略来推进教研活动的深度展开。

（1）典型课例推动主题研讨策略：将确定的教研主题通过对于研究课的合作设计、实施与观摩、反思与精制的过程而得以深入研究。

（2）设计与行动指向策略：学科教研突破了常见的上课、说课、评课方式，而将重点放在选定与研讨主题相关内容的教学设计上，这样避免了评课型教研的零碎性和偶然性。

（3）学科教学设计的模式化策略：通过聚焦主题的学科教研，各学科逐步形成了针对所涉问题的教学模式或者模式化的设计方案。

（4）多样化教研活动策略：研究形成了四种基本的教研活动形式。一是集体备课；二是案例教研；三是跨学科教研；四是组建研究共同体。

（5）整体推进策略：采取点线结合、上下联动、多向互动、分层研讨的策略，使教师跳出自己教学内容和知识经验的视界，打开思路，博采众长，从学科课程整体、学生发展整体、学校发展整体上思考问题、研究问题。

（6）资源开发与支持策略：充分利用教师自身经验和专长、校内外人力和物力资源等，从教育理念、研究方法、活动策略、技术手段等不同的角度进行相互点拨、指导。

四、特色化培养：教师团队建设的运作模式

（一）存在的问题分析

1. 教师发展平台较为薄弱

教师能不能得到发展，很重要的一点是学校有没有创设合适的平台。通过这个平台，教师可以通过合作方式在专业能力等方面得到提升。目前，各个学校为教师开设的平台并不是很多，从闵行四中的问题陈述中可以看出：学校教师梯队的状况还是不容乐观，整体来看，领军型人物不多，且大部分骨干教师以教学经验见长，能真正结合科研开展教学的专家型骨干为数不多，很难形成有特色的教育教学风格，对其他教师的辐射、引领作用还不是很明显。

2. 团队建设运作模式单一

教师团队建设的运作模式有很多，但很多学校在发展中却出现路越走越窄的情况。如闵行四中为改变学校上下因结构重组而产生的自卑退让、消极应对等精神面貌，实行了一名教师带领一名学生的"领育制"，取得了一定实效后又发现，这种方式还不能从根本上改变师生心中日益弥散的自卑感与被动状态……这种简单的师徒带教模式已经不能适应新时期特色教师团队建设的需求，应寻找更好的模式。教师团队建设的模式主要有教师集体备课团队模式、教师校本教研团队模式、教师同伴互助团队模式、教师协同教学团队模式、教师专题工作团队模式、教师师徒教育团队模式、教师听说评课团队模式等。这些模式不应当是孤立的，应根据学校实际选择一种或多种模式。

3. 制度与机制保障不到位

有了特色的团队建设模式，不代表就有了一套固定而又优异的系统，这套系统还需要相应的制度保障和建设。如打虎山路第一小学在"中高合作团队"探索中就提出：假设满足某一条件的教师业已形成为一个团队，同时这个团队按照某种机制与要求开展了一些活动，那么在更高一个层面上，在这些团队中倡导一种怎样的教研文化以便更好地促进团队成员的发展，或者让其他各个层面的教研团队得以借鉴？市北中学在报告中也指出：我校在教学管理上一直以年级组为核心……学校原有的制度需要补充、完善甚至重建才能跟上新的形势，而如何保证制度的落实呢？……需要对各学校各级各部门的关系进行梳理重组，明确功能定位，建立良性的运行机制。

（二）实践策略与机制

1. 学校整体发展背景下的新思考

首先，建立新型的教师团队运作模式需要反思教育理念，针对学校发展的整体背景进

行深入的思考,我们看到了学校在这方面的进步。

闵行四中:回到教育原点,以学生学习需求为基础架构备课组。传统的备课组组织构成主要由学校行政部门自上而下规定,其成员往往是按照学科与年段划分,组织成员一旦确定便是固定僵化,教师在组织活动过程中眼光也往往只局限于本学科本年段的一己之地,各自为事。这种组织结构、运营方式与培养全面健康发展的人这一教育理想相悖。在自育型备课组建设过程中,打破了这种僵化保守的备课组构建模式,回到了教育的原点即依据学生成长的需求,结合研究需要和教师自身需求,创造性地开展灵活多变的备课组组建方式和活动模式。

朝春中心小学:伙伴式团队——教师成长的全新加油站。以伙伴团队为纽带,把教师专业发展与学校特色课程建设整合起来,充分发挥团队中行政、专家、骨干、教师的作用,促进项目组成员知识结构、教学方法、课程实施能力的提升,为不同层次的教师提供发展的机会,是教师专业成长的全新加油站。

普陀区大风车幼儿园:从三方面培育教师的专业素养。第一,在尝试捕捉"关键教育事件"中,教师"练就三项功力"、"学做三种人";第二,在学会捕捉发生在自己身边的"关键教育事件"素材中,教师养成"讲述身边教学小故事"的反思习惯;第三,在优化教师教育教学行为中形成一支有影响力的骨干教师团队,并在客观分析每位教师的知识结构、经验背景、兴趣爱好、专业能力等基本情况后,推出了"专业发展序列评估方案",形成了"教师专业发展五大序列"以及与之相匹配的"教师成长手册"。

解放路幼儿园:教师发展规划整体设计是提升课程领导力的重要切入口。其内涵包括对教师在课程开发和实践过程中问题的正视、分析并与之共同解决,也包括对教师在课程开发与实践时潜能的发现与推进。在这样的过程中,引发了每一个教师内在的发展动机,进而组织合作教师团队,整体促进教师的专业发展;使教师发展规划整体设计的过程成为提升课程领导力的过程。

打虎山路第一小学:国家课程的校本化实施——"基准教学"研究。复制骨干教师的有效教学经验,总结、提高、推广骨干教师教学经验,让更多老师得到借鉴,解决低效高耗的教学顽症,把有效教学真正落到实处。成立了"基准教学"课题组。其运作模式是:每个基准备课组由一位骨干教师领衔,备课组的教师分头备课,然后骨干教师根据自己的教学经验与方法,依据"课程标准"和"学科教学要求"对各自分头备课形成的教案进行修改,负责教案质量把关,再经过备课组集体研讨,最终确定教案。

2. 特色学校教师团队运作模式的探索

在特色学校教师团队运作模式的探索中,很多学校的独特创造,其立意之高,突破点之准,策略之实,机制之新,使我们看到了教师团队建设的新希望。这里主要描述各个学校教师团队运作模式的探索过程。

朝春中心小学:基于学校特色课程开发实施的伙伴式团队建设

案例:从难点到课程——同一学科教师组成伙伴团队,开发实施课程。做大事——开发课程:开发一门课程,我们不会去想也不敢去想。"教师不仅是课程的实施者,也应该是课程的开发者。英语广场活动实施多年,完全能成为我校的特色课程。"我们想干一件大事——创编校本特色课程"快乐英语主题活动",探索自主式、开放式、活动式英语学习模式。我们相信,只要努力,只要学校支持,我们行!

构建共同愿景:共同的愿景是伙伴团队建设的基石。我们决定成立开发实施"快乐英语主题活动"课程的伙伴团队。我们的团队应该是与众不同的。我们给自己的团队取了个响亮的名称——ALL FOR ONE。它包含有两层意思:第一层意思,all是指朝春英语教研组团队的全体成员,one指大家团结互助成为一个整体。第二层意思就是,all代表了作为老师这个角色所做的一切,都是为了one这一个目标,那就是学生的发展。

共研——改变从备课开始。我们采用大小组结合的办法,按年级设立小组长,本年级的老师有开课任务,由小组长带领老师研究讨论,定出大致的备课方案。师徒结对,给两位一至两年教龄的青年教师配备了资深教师带教。同事间有的比较谈得来,鼓励大家相互帮助,自由结合组成小小团队。在听课时,分配任务,促使每位老师从不同的角度来观课、思考。

打虎山路第一小学:指向教师课程执行力的"中高合作团队"

(1) 双向选择,聚焦"每月一课"。"中高团队"合作研究探索初期,期望通过团队的有效合作,实现共同发展。由个体的单打独斗,转变成合作共同体,努力形成一种积极进取的氛围。①组织形式:双向选择。对于中高团队的人员构成,学校最初提出"双向选择"的原则。团队成员所属学科相同,但任教年级不同,组员少则两人,多则五人。②每月一课。要求中高团队每个月至少安排一支团队开展公开教学展示活动,显示自身的能力。全校老师自主选择、自由参加听课评课活动。每次中高团队展示活动,大家共同磨课研课,由一位中高教师和本团队教师"同台展示"。

(2) 提高团队准入门槛,关注问题研究。2009学年第一学期,在前期研究的基础上,中高团队的定位开始转型。①首先是提高了中高团队准入门槛,以提高中高团队的实效;其次,就每月一次的展示课而言,必须关注实践问题,围绕某一个研究主题。②团队定位上的转型:关注实践问题。关于中高团队"研究主题"的确定,学校做到"管方式不管内容"。具体就是要求每个团队一定要有"研究主题",研究的具体内容由各团队负责老师确定,研究质量自己负责。

(3) 不断趋于成熟的"中高团队"。项目在中期评估后,着手开始了第三阶段的实践探索。①团队定位:组织者、传递者、分享者。以往教师团队建设的组织形式基本都是一对一的,而中高团队则是伙伴式的方式。在这样一个"三角形"架构下,中高教师的角色定位不仅仅是关注实践问题的研究者，还是团队活动的组织者、传递者、分享者。②组建方式的优化。在第三阶段，探索最优化的中高团队组建方式，调整加入团队的基本条件，新增一条：满两年教龄、具有研究生学历的教师可以报名参加团队。③运作形式上的突破。为更有效地开展中高团队活动，完善了"打虎山路第一小学'中高团队'合作活动章程"。

大风车幼儿园：关键教育事件对优化教师教育教学行为的案例研究

（1）以关键教育事件优化教师教育教学行为的两种途径。针对不同层次的教师，从两条途径优化教师教育教学行为的行动研究。途径一：解读关键教育事件，帮助教师反思并优化教育教学行为。途径二：引导关键教育事件，帮助教师迁移并优化教育教学行为。

（2）以关键教育事件优化教师教育教学行为的三种策略。①反思策略：包括个体反思和团队反思两种方式。②结对策略：包括专项结对和差异互补结对两种方式。③验证迁移策略：包括复制迁移、理解迁移和创新迁移这三种方式。

（3）以关键教育事件优化教师教育教学行为的教研机制。建立相应的园本研修模式，并制定相应的教研机制。①解读关键教育事件优化教师教育教学行为的教研机制。从图8-5中可以看出：个体反思过程中，教师个人通过对教育事件的筛选，形成"关键教育事件"，以叙述的方式反思关键教育事件对自己教育教学行为的触动，包括教育事件为何关键、可聚焦的教育教学行为、教育教学行为的不足及可优化之处等等。②引导关键教育事件优化教师教育教学行为的教研机制。其运行如图8-6所示：

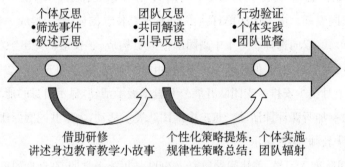

图8-5 "关键教育事件"的研究路线

在教研机制建立过程中，通过确立教研理念、利用教研制度、发挥教研组及教研组长的作用等方式，在整个项目开展的过程中，着力形成良好的园内教研氛围，帮助每一位教师自觉、主动地去利用关键教育事件，并通过解读、引导等途径促使教师对教育教学行为进行优化。

（4）以关键教育事件优化教师教育教学行为的教研制度。结合研究目标与要求，对已有的相匹配的教研制度进行调整和完善，并补充实施了对优化教师教育教学行为具有促进作用的制度。主要包括教师教育教学行为调研制度、反思制度等制度性文本内容。

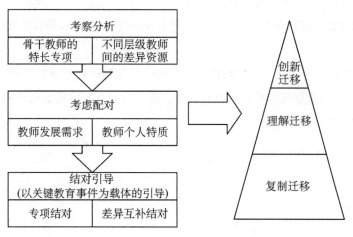

图 8-6 "关键教育事件"教研运行图

解放路幼儿园：教师发展规划整体设计及有效管理的实践研究

教师专业发展规划的制定过程：

（1）修正认识——厘清教师专业发展规划的内涵及特征。厘清教师专业发展规划的认识，认识到"教师个人发展规划就是教师个体根据其专业发展需要，拟定目标，设计目标达成的活动和措施，并引导教师个体进行学习实践等活动，最终达成既定目标的过程"。

（2）寻找起点与方向——如何进行现状分析和目标制定。现状分析评估是教师专业发展规划的设计起点，是发展目标制定的基础。在明确要谁来分析、分析什么、如何分析这样三个关键要素的基础上开展实践探索，从青年教师、成熟教师中选取三名教师，开展现状分析研究，总结梳理在现状分析中的经验，编制教师现状分析的操作要点（如表 8-1），以指导更多的教师开展专业发展的现状分析。

表 8-1 现状分析要素及操作要点

要 素	操作要点
谁来分析	◇组建现状分析的团队（园长、同伴教师、教研组长、专家、家人、家长等）
分析什么	◇确定分析的纬度（内容） ◇选择评估标准参照 ◇个人成果（计划、课程方案、活动设计、案例分析、反思总结、课题研究等） ◇现场活动（教研现场、保教活动现场等）
怎么分析	自我全程参与： ◇对照指引的全面自查法 ◇同伴教师的自由谈论法 ⟶ 多方聚焦法 ◇日常工作的专项比较法 ◇现场活动的集体会诊法

通过现状分析教师明确了自身发展的优势与不足，在此基础上来确定教师专业发展目标。教师发展目标依据现状分析的角度可以分为补短性发展目标、扬长性发展目标和基础性发展目标。

（3）创意设计教师专业发展规划样式。在吸收上几轮教师专业发展规划经验的基础上，开展了教师个人发展规划样式的创意设计。基于不同发展阶段教师的特点，设计了三种样式：表格版、方案版和手册版。

【实践案例】

"前移后续"校本研修方式实践研究[1]

一、背景

2004 年至 2008 年,我校因区域优质教育资源拓展的需要,短短几年间办学规模由一个校区拓展为三个校区,教师人数从 88 人激增到 220 多人。学校应如何在传承以往优秀校本研修文化的基础上,充分关注大量新教师进入以及复杂的个体差异问题,努力变革校本研修方式,从而有效引领不同梯队教师的主动参与和差异发展,成为了摆在我校领导管理者面前的重大课题。

(一) 理论依据与实践背景

校本研修是一种多主体参与并指向复杂任务的协同与交往的活动,其内在机理可用协同理论加以解释,其实践逻辑也可用模型的方式加以描述,进而加以拓展式应用。

协同理论认为,千差万别的系统,尽管其属性不同,但在整个环境中,各个系统间存在着相互影响而又相互合作的关系。

(二) 核心概念界定与研究思路

1. 概念界定

"前移后续"校本研修方式中的"前移"是指正式研究之前进行的相关性、预备性、铺垫性研究,"后续"是指正式研究之后进行的延伸性、拓展性和提升性研究。其在研修的具体内容与时间安排上,既有"前移",又有"后续",构成一个螺旋向上的回路,形成一种连续性的事件以保证教师专业知识扩充和专业能力提升,以及专业情感的培养与陶冶。

这种研修方式以学校教育和教师工作中存在的实际问题为切入口,以促进教师专业发展为根本目的,以学校自身力量和资源优势为主要依托,分阶段、有层次地推进。

2. 研究思路

在确立研究目标的基础上,从问题情境入手,制定解决方案与计划,付诸行动实施,行动中注重监控、观察、反思与修正,然后针对前一研修所产生的新问题,展开下一轮的行动研究(见图 8-7)。

---

[1] 本文执笔人:何学锋,上海市闵行区实验小学。项目组成员:康旻、瞿莉蓉、张军、张卫红、范向华、张玉蓉。

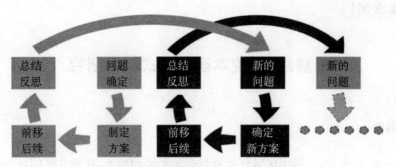

图8-7 "前移后续"校本研修方式的研究路线

二、探索

(一) 行政驱动下的学科组"前移后续"

以《闵行区实验小学"前移后续"校本研修工作制度》保证研修活动有效开展。包含确定主题——前移研究——正式研讨——后续拓展四个环节。

确定主题：研修的主题一般来源于学科组日常研究中比较聚焦的问题。

前移研究：围绕主题，根据不同教师的需求、基础，查阅资料，解读教材和学生状态，尝试教学设计等。

正式研讨：在固定时间、规定地点、全员参与、集中进行，以研讨课、专题论坛、专题报告、头脑风暴等方式进行。

后续拓展：根据前移研究和正式研讨形成的资源，组员各自开展教学重建、随笔撰写、网上论坛、成果梳理等。

以行政力量驱动为主的"前移后续"校本研修实践，使校本研修规范、有序、有效，也能充分关注到不同梯队的教师，尤其是加快了新进教师的融入与提升。

(二) 专题引领下的长程式"前移后续"

长程式"前移后续"主要特征：一是前次研修产生的问题和生成的资源成为下次研修的新主题；二是后一学期的研修专题是前一学期研究专题的后续；三是学年之间的研究专题形成序列化、系统化。专题引领下的长程式"前移后续"校本研修，使各学科对研究专题的关注更为整体与系统，也引领教师对教材有了更为深度与系统的研究，也提升了管理层对学科研究的整体把握与系统策划能力，实现"人"和"事"两个维度的关注。

(三) 非行政性组织的自主式"前移后续"

这种研修方式组织策划的思维路径也普遍为教师所接受、认可。

一是学校原有几个非行政性组织对"前移后续"校本研修进行了主动运用，主要形式为名师工作室。

二是"前移后续"校本研修的方式与实践成效影响和吸引了一批教师，促成了多个非行政性团队的诞生，主要包括"磨课俱乐部"、"青年教师沙龙"和"师生学科工作室"。

三、成效

(一) 形成了特征鲜明的"前移后续"校本研修方式

"前移后续"的研修特征，与传统的研修方式有着很大的区别，见表8-2。

表8-2 "前移后续"研修与普通教研的比较

	普通教研	"前移后续"研修
研修目的	关注技术 重研轻修	以研促修 培育研究生态
组织方式	自上而下 按部就班	重心下移 策划引领
研修内容	研究教材、教法	全面研究学生、教师行为
参与主体	个体	群体 全员
参与方式	单向 同质	多向 互动
研修过程	点状 片段	长程 连续
研修资源	固化 单薄	滚动生成 丰富多层
研修成效	传递经验 成就明星	研修自觉 群体成长 更新理念 再造文化

(二) 建立了"前移后续"校本研修运行机制

"前移后续"校本研修方式的运行流程包括四个环节，四个环节形成了循环机制（详见图8-8）。

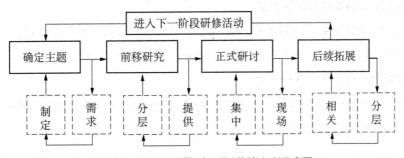

图8-8 "前移后续"校本研修(学科)机制示意图

(三) 形成了"前移后续"校本研修的有效实施策略

"前移后续"在一校三校区的推进中，形成了具备学校特色的实施策略。

1. 专题式推进策略。确立研修专题，围绕不同专题展开纵向、横向研究，在系统化基础上不断递进、生成新的专题；由单回环向多回环、长程式推进。

2. 整体性渗透策略。面向校内各梯队（新手教师、合格教师、精熟教师、专家型教师、外校新进入教师)教师的成长与发展;实施的范畴,包括所有学科、领导管理等领域。

3. 无痕化研修策略。全员参与、自由研讨、即时互动,使"前移后续"研修方式和思维路径逐渐成为教师日常工作状态。

(四) 提升了领导团队成员的课程领导力

由校长领衔的核心领导团队在管理中,发挥了学校领导在教研团队建设方面的引领和指导作用。

(五) 促进了教师在合作中自主而有差异的发展

学校开展教研组、学科组和跨校区单学科、跨校区全学科等四个层面的"前移后续"校本研修,使不同梯队教师的研究意识和教学能力都在得到有效的提升。

(六) 创生了多元的研修组织

形成了多个具有非行政性组织特征的研究团队,活动的形式相对多样与松散,研究与讨论的内容大多围绕日常实践中生成的话题。

(七) 形成了"研究融入工作"的研修文化

充分利用多校区资源,开展多种形式的研修活动。将一次性活动变成连续性活动,将点状研究更多地融入日常教学实践之中,将研究贯穿在教学之中,将工作、学习和日常生活融为一体,使"研究着工作"成为具有学校特色的研修文化。

四、创新价值

1. 更新了校本研修的价值取向

"成事"与"成人"有机融合,逐步实现"在成事中成人,以成人促成事"的价值取向。

2. 创生了一种校本研修的范式

形成了以"确立主题—前移研究—正式研讨—后续拓展"四大环节为核心的机制,把一次性活动变为连续性活动,将点状研究更多地融入日常的教学实践中。

3. 营造了一种校本研修的生态

"前移后续"校本研修将少数人的研究任务变为更多人的自觉行为;让更多旁观者变为亲历者,提升了团队资源共享效应。

五、后续

备课组、教研组、学科组和跨校区四个层面的"前移后续"校本研修过程中,在教研组层面教师展现出来的状态最佳,参与度、个性展示、反思频率、重建次数都好于其他三个层面,而在跨校区层面则相对较弱。因为备课组、教研组、学科组有相应的制度和机制保证各类活动开展及效果,而在跨校区层面则因为"一校三区"办学体制尚在完善中而存在一些问题。如何做到三校区统筹协调发展,是后续研究的重点之一。

另外,如何在进一步提升不同梯队教师的自主参与意识、自主研究水平和自主反思重建能力的过程中,不断减少团队性"前移"和"后续"的频度,进而在保证和提升研修水平和效益的前提下,不断减轻领导管理者和一线教师的工作负荷与工作压力。这也应成为后续研究的一个重点。

【实践案例】

青年教师教学基本功快速达标的实践研究①

（一）研究背景与意义

上海市比乐中学犹如"都市里的村庄"，活动场地极为匮乏，办学条件相对薄弱。在全校一线教师 85 人当中，35 岁以下的青年教师就有 39 名，占教师总数的 45.9%。

如何把青年教师队伍建设好，切实提高青年教师的专业素养和教学水平，促进青年教师教学基本功的达标，能让他们更好地担当学校教育教学的重任？当务之急就是要以最短的时间提高专业基本功。

本课题价值所在：1. 教学基本功是教师实践性知识的基础；2. 教学基本功的基本性显现其永恒的生命价值；3. 教学基本功是教育智慧金字塔的基石。教师队伍的专业发展能为学校的可持续发展提供不竭的动力。

（二）项目确立的过程

1. 认识从模糊到逐渐清晰

课题研究的初期，整个课题组有些纠结，积极性高涨的成员企图把教学基本功所涉及的方方面面都作为研究对象，但却受限于时间和能力的不足。在学校青年教师教学基本功现状的基础上，参考学校的学情和校情，结合教学环节中的备课、上课、作业环节中相关的问题对青年教师基本功开展研究，并从关注提高青年教师教学基本功的必要性着手，增强研究青年教师基本功的意识和主动性，阶段的行动方案也随之形成并予以实施。

2. 操作从顾全到逐渐分层

达标标准的确立和对青年教师达标评价方面更需个性操作，主题为"层次性设计标准、差异性实现达标"的后续研究操作方案随之出台。研究目标确立为：（1）明晰"青年教师教学基本功"的可操作的达标标准和实施的有效策略。（2）建立引领青年教师达到"教学基本功"标准的要求。（3）形成一套具有比乐特色的青年教师教学基本功快速达标方法，为学校教师专业发展起推动作用。（4）形成学校内部教师团队的培养机制。（5）进一步提升课程领导力。

3. 课题关键词的界定

（1）"青年教师"为年龄三十五岁以下的教师。

（2）对"教学基本功"的认识：

---

① 本文执笔人：冯燕飞，上海市比乐中学。

面对新课程,教师需要重新思考,自己所拥有的知识和能力结构,包括所练就的教学基本功是否能够适应新课程的需要。

①"教学设计"——教师在传统备书本之外,更需要备学生。教学设计应该在强调知识与技能的教学目标之外,重视学生的一般性的发展目标。

②"课堂教学"——课堂教学在原先"导入、讲授、提问"环节的基础上,尝试如探究教学、合作学习等各种新的教学方法,为学生提供信息资源及其他条件的支持,引导学生提出假设并得出结论,组织学生报告并研讨结果等。

③"作业环节"——精选习题,并能根据学生的不同情况设计分层作业。

本课题研究主要围绕上述三方面的基本功,适当兼顾其他环节。

(3)"快速"是就"自然成熟"而言相对快速。

(4)"达标"是指达成"比乐中学青年教师教学基本功的标准"。

(三) 项目推进的过程

1. 比乐中学青年教师教学基本功现状的调查

(1) 集思广益——编制调查问卷

调查问卷的内容为教师的基本情况和教学基本功情况。教学基本功情况包括:对备课的认识和基本情况、教学设计情况、课堂教学情况、布置作业和作业批改情况、个别辅导情况、测验和考试的命题情况。

(2) 有理有据——撰写调查报告

调查发现,青年教师教学基本功标准可以分解为三个层次:A 级为成熟型青年教师,B级为过渡型青年教师,C 级为职初型青年教师。三个层次分别对应三个教龄年限:A 级,8年教龄以上;B 级,4~7 年教龄;C 级,1~3 年教龄。

教学基本功水平既受教龄的影响,也因个人特点而异。青年教师的教学基本功可以从教学的五个环节来考察。

2. 比乐中学青年教师教学基本功标准的初步建立

(1) 精心研磨——制订基本功标准

从教学的五个基本环节中选择其中三个更为重要的环节,作为教学基本功达标项目,即教学设计基本功(教学目标、教学内容、教学过程、教学方法、重点难点、资源利用、文本表述),课堂实践基本功(课堂导入、课堂教授、课堂提问、教学演示、教学板书、课堂结束),作业环节基本功(作业设计、作业批改、作业讲评)。

(2) 自我诊断——设计达标方案

青年教师依据标准,通过个体的自我诊断,制定切合自身发展的达标方案。

(3) 统一思想——制订行动方案

把"教学设计环节"中教学目标的设定与教学流程的设计,"课堂教学"中教学方法、教学组织形式的运用，"作业环节"中的设计与讲评等方面作为教师基本功达标研究的重点。

3. 通过中期评估，进一步明晰和把握后续研究的方向

中期评估后，课题组确立了后续研究的主要目标：

(1) 明晰"青年教师教学基本功"的可操作的达标标准和实施的有效策略；

(2) 建立比乐青年教师基本功"达标观察标准"；

(3) 确定每位青年教师教学基本功"个性化达标细目"。

4. 确立比乐中学"青年教师教学基本功快速达标"课题后续研究的技术路径

课题组确立"层次性设计，差异性实施"的研究策略，并设计了四步达标路径："明确要求——促进行为——快速达标——形成功力"。

(1)《比乐中学青年教师基本功达标观察标准》的建立

这一观察标准是《比乐中学青年教师教学基本功标准》研究的延伸，关注"达标观察"，关注基本功达标的操作方式。

(2) 进行分层设计，结合三个维度，确定每位青年教师教学基本功个性化达标细目

维度一：教龄维度，第一层次设定 0～3 年，这三年的标准与评价可能就要更多地关注"求生存"的特点；第二层次设定 4～5 年，这个阶段的标准与评价除了第一阶段的一般规范要求外，可能就要较多地关注教学情景的表现水平；第三层次设定 6 年以上，那么，标准与评价可能就要在第二阶段水平的基础上，强化对学生的关注水平。

维度二：板块维度——教学设计基本功，课堂实践基本功，作业环节基本功。

维度三：项目维度——每项基本功都设有细分的达标项目。

(3) 应用各种达标载体与观察手段进行差异性实施

"突出一个重点"——紧紧围绕课堂教学。

"通过六个载体"——个性指导、案例剖析、微格分析、专题研讨、自我评价、自我修正。

"兼顾两个环节"——教学设计、作业环节的针对培训。

(四) 项目推进的成果

1. 实施了比乐中学青年教师教学基本功标准的研究

(1) 确立了《比乐中学青年教师教学基本功标准》；

(2) 建立了《比乐中学青年教师教学基本功达标观察标准》；

(3) 设计并实施了个性化达标评估的方法。

2. 形成了提升比乐中学青年教师教学基本功达标的有效实施策略与方法

实施"点面调查、定位标准、分层设计、差异实施、个性达标"的研究策略。

体现在：(1)明确要求——关注差异，体现个性；(2)促进行为——确立目标，突出重点；(3)快速达标——多元载体，差异实施；(4)形成功力——关注后续，纳入常态的达标路径。

3. 创设多元平台,为青年教师实施个性培养产生了促进作用

(1) 设计个人规划,提升青年教师自我认识和对专业素养的需求;

(2) 本体性知识测试,助推青年教师研究并理解课程标准;

(3) 学校导师团的"专业引领",有效提高青年教师教学基本功水平;

(4) 教研组内"同伴互助",提高青年教师的教学基本功;

(5) 青年教师沙龙活动,帮助青年教师"答疑解惑";

(6) 教研团队群体合作、倡导青年教师自主发展。

4. 初步形成学校内部教师团队的培养机制

具体措施:骨干教师——制定档案袋评价手册;职初教师——建立发展跟踪评价;全体教师——构建"合作中竞争"的教研文化。

5. 行动研究对提升学校课程团队领导力所产生的作用

(1) 提升了课程团队的引领规划能力

学校进行了系统思考和规划,制定了有效的研究计划,取得了阶段性的成果。在课程校本化实施过程中,规划与创设了有效平台,提升了教师的专业能力,形成了校本研修的特色,提升了校本研修的内涵发展水平。

(2) 提升了课程团队的组织协调能力

从教学基本功标准的研制到研究方案的制定、调整与实施,课程团队的课程意识明显提升,课程的组织能力与实施能力在不断加强,特别是在实施过程的控制与引导能力明显提高。

(3) 提升了课程团队的重建创生能力

面对问题,深入分析,摸索出"层次性设计,差异性实施"的研究策略,问题渐渐迎刃而解,我们课程团队的重建与创生能力因此得以提升。

(4) 有力助推了学校的内涵发展

通过"项目建设"强化了问题的解决与目标的达成;通过"课题研究"强化了实施过程与研究品质;通过"实践操作"强化了操作能力的习得与提升。

(五) 后续行动的思考

1. 对实施青年教师个性化达标后的评估与跟进,是课题后续要突破的方面

研究以设计、培训为主,对教师通过系列载体实施后的评价相对薄弱,计划采取自评、他评(学生评、教研组评)的方式来作为青年教师个性达标后的评估。

2. 对教师学习共同体建设的思考

本着"边培训,边研究,边探索,边总结,边提高"的原则,将教研、科研工作贯穿于教师培训的始终,不断创新培训模式,增强校本培训工作的实效,有力推动教师的专业成长。

附 录

【拓展资料】

上海市教育委员会文件

沪教委基〔2010〕33 号

上海市教育委员会关于印发《上海市提升中小学（幼儿园）课程领导力三年行动计划（2010～2012 年）》的通知

各区县教育局：

为进一步贯彻落实教育部《基础教育课程改革纲要（试行）》的精神，深入实施素质教育，深化本市中小学（幼儿园）二期课改，全面提升中小学（幼儿园）课程领导力，推进基础教育内涵发展，我委制定了《上海市提升中小学（幼儿园）课程领导力三年行动计划》（见附件），现印发给你们，请结合本地区、本单位实际，指导所辖教育机构按照执行。执行中有何问题，请及时与我委基础教育处联系（联系人：李如海，联系电话：23116838）。

附件：上海市提升中小学（幼儿园）课程领导力三年行动计划（2010～2012 年）

上海市教育委员会

二〇一〇年四月八日

主题词：教育　课程　计划　印发　通知

抄送：市教委教研室

上海市教育委员会办公室　2010 年 4 月 8 日印发

（共印 60 份）

附件：

上海市提升中小学(幼儿园)课程领导力三年行动计划

(2010～2012 年)

为进一步贯彻落实教育部《基础教育课程改革纲要(试行)》的精神,推进《上海市普通中小学课程方案》、《上海市学前教育课程指南》以及《上海市教育委员会关于深化中小学课程改革加强教学工作的若干意见》(沪教委基〔2007〕46 号)的落实,深化本市中小学(幼儿园)课程改革,全面提升中小学(幼儿园)课程领导力,特制订本计划。

一、意义

课程领导力是以校(园)长为核心的课程团队为提升学校课程品质,在课程实践过程中所体现出来的规划、执行、建设和评价的能力。教育行政部门、教研部门和教育科研等部门以及本市中小学(幼儿园)要充分认识提升课程领导力的重要性和紧迫性,增强责任感和使命感,深入推进课程改革。

1. 提升中小学(幼儿园)课程领导力是深化课程改革的必然要求。本市课程改革的深入推进,迫切需要学校创造性地落实课程改革的系列要求,把握好课程计划的要求与课程校本化实施之间的关系,在减轻学生课业负担的同时,提高教学质量,科学评价课程及其实施成效等。因此,作为课程改革的重要推进者,中小学(幼儿园)必须提升课程领导力。

2. 提升中小学(幼儿园)课程领导力是学校内涵发展的客观需要。课程是学校内涵发展的核心领域。学校要通过课程建设与特色培育、队伍建设、文化建设等的有机融合,加强学校内涵建设,体现"以人为本"的教育思想。

3. 提升中小学(幼儿园)课程领导力是促进教师及管理者专业发展的现实需求。校(园)长、教师和教研员是课程改革的主要力量。在加强中小学(幼儿园)课程领导、深化课程改革的实践过程中,提升校(园)长驾驭课程改革的能力、教师把握教学实践的能力和教研员指导课程实施的能力,优化课程与教学专业人员的工作机制,不断提高专业水平,是持续推进课程改革的重要保证。

二、主要任务

1. 准确理解课程方案,提升学校课程规划的能力。学校要透彻理解课程方案,严格执行课程政策,有效落实知识与技能、过程与方法、情感态度与价值观等课程目标。要根据本校的办学实际和培养目标,加强课程整体规划,正确处理基础型课程、拓展型课程与研究型(探究型)课程的关系,优化课程结构,增强学校课程的适应性,满足学生多样化发展的需求。

2. 统筹利用课程资源,提升创造性落实课程方案的能力。学校要根据课程方案的要求,广泛利用本校、家长、社区以及课外教育基地、高校和教科研机构等相关资源,根据学生的发展需求构建校本课程,创造性地落实课程方案;要加强教学管理,合理运用现代教育技术,灵活采用多样的教学方法和手段,提高教学的有效性,全面提高教育教学质量。

3. 有效进行课程评价,提升课程更新与评估的能力。学校要制定综合性的课程评价方案,科学、及时、有效地评价教师教学质量、学生学习状况、校本课程建设等。要充分利用评价结果,及时调整和改进学校课程计划、课程实施、课外活动安排等,促进学生全面发展。

三、主要目标

以"实践导向、互动生成、关注特色、促进提升"为工作目标,提升中小学(幼儿园)课程领导力。

1. 在市、区(县)、校等多个层面,采取多种形式,对本市所有中小学(幼儿园)校(园)长、教导主任进行提升课程领导力专题培训,推动本市中小学(幼儿园)进一步加强课程领导,深化课程与教学改革。

2. 建立一批"课程领导力试点学校(幼儿园)",通过对试点学校课程领导力的诊断评估和专业支持,通过试点学校的研究和实践,探索提升课程领导力的有效做法,培育一批有推广价值的典型经验。

3. 优化工作运行机制,市区教育行政部门要整合教研、科研、培训、督导等专业机构和校长、教师的力量,在指导和提升学校课程领导力的实践过程中,提高自身的专业水平和工作能力。

四、重点工作

1. 学校课程计划的研制与校本化实施。学校要按照课程方案和课程标准的要求,开齐课程,开足课时。任何学校不得随意提高课程难度,杜绝随意增减课程或周课时总量、随意提前上学时间和延后放学时间的现象。学校要根据实际情况和办学特色,以内涵发展为目的,制定学校课程计划,优化学校课程结构,设计适合学生发展的课程体系,增强学校课程的适应性和创造性。在课程校本化实施过程中,形成学校特色,提升内涵发展水平。市和区县督导部门,要研究学校课程领导力和课程实施状况的评估指标,进行专项督导评估。

2. 大力推进特色学科建设与特色活动开展。学校要在充分挖掘自身优势的基础上,以提高课堂教学效能为主线,以提升教师课程实施能力为核心,以加强教学基本功训练为突破口,抓好学科队伍建设,抓实学科教研活动,严格学科教学常规管理,从研究学生开始,关注学生的身心发展。努力通过特色学科建设和特色活动的开展,提升教师的教学能力、学科组的教研合力和学校的综合实力。

3. 完善课程资源建设与共享机制。学校要充分发挥本市资源优势,建立社会教育资源与学校课程资源的整合机制,开发、建设、利用和共享动态、开放、易用的网络学习资源和社会教育资源。变革教与学的方式,注重学习情景的创设,增强学生学习的实践性、体验性、互动性和社会责任感。

4. 加强学校课程领导团队建设。课程实施是团队行为,校(园)长是学校课程团队的核心,要采取切实有效的做法,加强学校课程领导团队的建设。要进一步加强"以校为本教学研修",围绕课程目标和教学要求,引领教师落实教学基本规范,把握教学基本要求,改革课堂教学,创新教学方式。校长和教师要敏锐地捕捉课程实施中的问题,通过加强教研组、备课组建设和活动,引导教师共同反思和研究,寻找对策,破解难题。通过制订和实施学校、部门和教师个人的发展规划,实现个人与团队的共同成长,不断提升教师课程研究和实施能力。

5. 建立和完善科学有效的教育评价体系。教育评价改革是课程改革的重要内容和新的生长点,是教育行政部门专业能力建设的重要内容,是学校提高教学成效的内在要求。区县教育行政部门和学校要树立全面、正确的教育质量观,在学业质量评价的同时,更要注重学生的内在需求、学习兴趣、身心健康状况、社会责任感以及师生关系和社会满意度等方面的评价。区县、学校、教师要研究和掌握科学的评价手段,从日常教学过程中的评价上进行改革,使教育评价回归到教育教学过程之中,利用评价结果改进课程设计、建设和实施,提高课程的针对性和实效性,促进学生综合素质的发展。

6. 建立健全提升学校课程领导力专业支持体系。建立健全以科研为引领、以教研为主力、以督导为保障的提升中小学(幼儿园)课程领导力的专业支持体系。当前特别要加强教研室建设,充分发挥教研在提升学校课程领导力的作用,要将教研室建设成为探索课程与教学理论与实践的研究机构,提供课程与教学专业指导的服务机构,评价和改进基础教育质量的指导机构。

五、实施策略和保障

1. 提高认识,加强领导。教育行政部门与中小学(幼儿园)要充分认识提升课程领导力的重要性、紧迫性和艰巨性,加强领导,明确分工,落实责任,把提升中小学(幼儿园)课程领导力作为课程改革向纵深推进的重点。各区县教育局要成立提升课程领导力领导小组,统筹协调各部门的工作,做好相关资源保障。中小学(幼儿园)要按照本行动计划的要求,因校制宜,制定具体实施方案,确保提升中小学(幼儿园)课程领导力工作有序推进。

2. 加强宣传,正确引导。提升中小学(幼儿园)课程领导力的工作,需要教育行政、教研、科研、督导等多个部门和广大校长、教师形成合力,共同研究和推进。因此,要坚持正确的教育观和质量观,树立积极的舆论导向,广泛宣传本行动计划的重要意义和主要措施,并使广大教育工作者理解和认识本项工作的意义和措施,为提升学校课程领导力营造良好的舆论环境。

3. 突出重点,分步实施。提升中小学(幼儿园)课程领导力,是一项专业性强、涉及面广、周期较长的工作,要加强研究和试点,工作重点既要强调规范课程与教学,又要突出特色和创新。各区县和学校要制订本区域和学校提升课程领导力的具体实施方案,将长远目标和近期任务相结合,细化实施步骤,可以从制订学校课程计划、变革教与学的方式、改革课程评价等多点切入,逐步实现全面提升学校课程领导力、提高教育质量的目标。

上海市提升中小学(幼儿园)课程领导力行动研究

项 目 指 南

项目负责人：徐淀芳

"上海市提升中小学(幼儿园)课程领导力行动研究"项目组

二○一○年四月

(本项目指南可从上海市教委教研室网站下载电子版，网址：http://www.shkegai.net)

根据 2010 年上海市课程与教学工作会议精神和《上海市提升中小学(幼儿园)课程领导力三年行动计划(2010～2012 年)》的要求,为了有效推进"上海市提升中小学(幼儿园)课程领导力行动研究"项目的实施,切实提高学校课程领导力,特制定《上海市提升中小学(幼儿园)课程领导力行动研究项目指南》。本指南包括以下几方面内容:项目背景、项目简介、项目申报、项目管理与工作要求及附件。

一、项目背景

当前,上海基础教育改革进入到内涵发展阶段,进一步深化课程教学改革是上海基础教育全面推进素质教育、全面提升教育质量的关键所在,而提高学校课程领导力是其最有力的抓手。

上海市提升课程领导力的研究具有很强的时代性和现实意义,可以概括为三个需要:

1. 深化课程改革的需要:上海市全面推进二期课程改革工作已经取得了阶段性成效,但随着课程改革的深入推进,一些瓶颈问题也日益凸显出来。如学校课程计划编制不够科学、课程建设与实施不够有效、课程评价不够规范、课程管理不够到位等。如果不能有效解决这些问题,课程改革工作将难以持续深入发展,而要解决这些问题,亟须提升课程领导力。

2. 学校内涵发展的需要:课程是学校内涵发展的核心领域,课程领导力的强弱决定着学校是否能够规范化、高质量、有特色地持续发展。而学校需要具备怎样的课程领导力,如何进行课程领导,这是当前学校内涵发展过程中普遍面临的新课题。

3. 提升课程建设者和实施者专业发展的需要:校长、教师、教研员是课程建设和实施的核心主体,其专业素养的高低直接决定了学校教育教学的质量和水平。从现状而言,目前大多数学校对课程领导的认识不够清晰,课程领导的意识和能力有待提升。

基于以上认识,在上海市教育委员会副主任尹后庆的领导下,教育部中学校长培训中心、上海市教育委员会基础教育处、上海市教育委员会教学研究室、上海市教育科学研究院普教所的有关领导进行多次研讨,一致认为:上海市凝聚教育行政部门、教育研究机构、区(县)和学校的力量,形成研究、实践、推广、评估督导的合力,以项目推进方式来切实提升学校课程领导力是非常有价值的。

"上海市提升中小学(幼儿园)课程领导力行动研究"经上海市教育科学规划领导小组办公室审批通过,为上海市重点课题。

二、项目简介

(一) 研究目标

本项目研究以"实践导向、互动生成、模式多样;促进提升、关注特色"为指导思想,在实践与研究中采用"研究—开发—试点—推广"的工作模式,拟达成如下研究目标:

探明学校课程领导力的核心要素及其具体内容,设计、实施、完善校(园)长课程领导力评估方案;探索提升学校课程领导力的策略、方法、手段及运行机制,完成提升学校课程领导力咨询报告；切实提升学校课程领导的意识、能力和专业水平，实现课程领导从"应知"、"应为"到"愿为"、"能为"的转变，进一步推进课程改革，促进学校内涵发展和学生更好成长。

（二）研究内容

本项目力图通过"理论探索"（主要由教育部中学校长培训中心领衔）和"实践探索"（主要由市教委教研室领衔）来提升上海市中小学（幼儿园）的课程领导力。

"实践探索"将从实践提升的角度，采取任务驱动的方式，重点研究以下几个问题：

1. 如何以学校课程计划的编制与完善为抓手，提升学校课程领导力？

2. 如何以学科课程建设为抓手，提升学校课程领导力？

3. 如何以提高教学有效性为抓手，提升学校课程领导力？

4. 如何以教研团队建设为抓手，提升学校课程领导力？

5. 如何以课程资源开发与利用为抓手，提升学校课程领导力？

6. 如何以课程评价为抓手，提升学校课程领导力？

7. 如何以课程管理制度建设为抓手，提升学校课程领导力？

（三）研究方法与策略

本项目主要采用比较研究法、调查研究法、行动研究法和案例研究法，其中行动研究法为本项目所采用的主要研究方法。

本项目重点采用的"边学习、边研究、边实践，以研究引领实践，在实践中完善提升"的行动研究方法，不仅是提升学校课程领导力的有效方法，还是促进校长、教师、教研员专业发展的根本途径。

为了更好地推进本项目的实施，达到项目预期的目标，具体采取如下策略：

1. 聚焦问题。对上海市中小学（幼儿园）校长（园长）、教师进行问卷调查、座谈、访谈等，了解和分析学校课程领导力现状及问题，确定本项目重点研究的内容。

2. 理论指导。对国内外有关学校课程领导力的研究进行分析梳理，为本项目在现有研究成果基础上进行研究提供理论基础及研究方法论支持。

3. 点面结合。以自愿参加本项目研究的若干上海市中小学（幼儿园）课程改革研究基地学校为点深入开展案例研究，以全部基地学校为面全面开展行动研究，点面结合，相互支撑。

4. 纵贯横通。分高中、初中、小学和幼儿园四个学段投入到总项目研究，这是本项目研究的纵向衔接；每个学段根据学科设立子项目，这是本项目研究的横向纽带，研究过程中加强学段之间的纵向互动和子项目之间的横向联系。

5. 专家指导。为有效推进本项目研究，建立"上海市提升中小学（幼儿园）学校课程领导力行动研究专家指导团"，专家指导团由高校教育专家、本市资深中小学校长、教科研人员及督导人员等组成，为项目研究提供理论指导和行动咨询服务。

6. 强化过程。规范项目管理，注重研究过程的质量，通过互动强化研究成果的总结和分享。

（四）项目领导小组

顾　　问：朱慕菊、尹后庆、张民生

项目组长：徐淀芳

主要成员：倪闽景、杨国顺、徐淀芳、傅禄建、颜慧芬、李如海、沈玉顺

成员单位：上海市教育委员会基础教育处；上海市教育委员会督导办公室；上海市教育委员会教学研究室；上海市教育科学研究院普教所；上海市课程改革研究基地学校（幼儿园）等单位。

三、项目申报

为了帮助区（县）和学校整体了解项目推进，开展子项目的申报、立项和研究，经反复研究和多方征求意见，制订项目内容分解说明、项目内容框架、项目申报说明。

（一）项目内容分解说明

经过前期的文献研究和讨论，项目组对"学校课程领导力"形成了如下基本共识：①学校课程领导力的主体是课程领导共同体：学校课程领导力不仅仅包括校长个人的课程领导力，也包括学校中其他成员的课程领导力，是一种团队能力。校长是学校课程领导力主体的核心，学校中层、教师都是学校课程领导力主体的组成部分。学校课程领导力主体之间互相作用、互相影响。②学校课程领导力的呈现载体是课程：学校课程领导力主要通过学校课程计划、学校课程实施、学校课程评价、学校课程组织管理及制度等载体来呈现出来。③学校课程领导力的要素是能力：思想力，包括正确的教育思想、教育哲学等；设计能力，包括把教育思想转化为课程计划等的能力；执行力，包括组织实施能力、协调能力、指导能力等；评价力，包括完善、改进与评价等能力。④学校课程领导力的价值取向是科学发展：促进学生的发展、教师的发展、课程的发展、学校文化的发展。

本项目以学校课程领导力的价值取向为宗旨，以学校课程领导力的呈现载体为抓手，发挥学校课程领导力主体的团队作用，提升学校课程领导力。

本项目研究的中小学段以学校课程计划、学科建设、课程评价和课程管理等四个方面为主要研究对象，分解为以下9个子项目进行研究，具体为：①关于学校课程计划编制的研究；②关于学校课程计划评价与完善的研究；③关于学科课程建设的研究；④关于学科教学有效性的研究；⑤关于教研团队建设的研究；⑥关于课程资源开发与利用的研究；⑦关于课堂教学评价的研究；⑧关于作业设计与评价的研究；⑨关于课程组织管理与制度建设的研究。

本项目研究的幼儿园段以课程实施方案、课程实施、课程评价和课程管理等方面为主要研究对象，具体开展6个子项目的研究：①关于幼儿园课程实施方案编制与完善的研究；②关于课程实施有效性的研究；③关于幼儿园课程质量自评机制的研究；④关于课程管理的组织与制度建设的研究；⑤关于课程资源的开发、利用与管理的研究；⑥关于幼儿园教研

团队建设与教师专业发展的研究。

以上子项目既相互独立，又相互关联，形成一个有机的整体，推进总项目的研究工作。

（二）项目研究内容框架

本研究框架列出了各子项目的研究目的、研究内容、研究要求及成果形式[详见附件1.上海市提升中小学（幼儿园）课程领导力行动研究子项目表（中小学部分）；附件2.上海市提升中小学（幼儿园）课程领导力行动研究子项目表（幼儿园部分）]，以便学校更有效地了解和选择，进行项目申报和研究。中小学的"学校课程计划编制研究、完善与评价研究"和幼儿园的"关于幼儿园课程实施方案编制与完善的研究"是课改研究基地学校的必选项目，要求所有课改研究基地（179所）必须参加；其他项目为自主选报项目。

（三）项目进程

第一阶段：项目准备阶段（2009年6月至2010年3月）（目前已完成此项工作）

（1）主要编制总项目方案、实施方案、子项目指南、项目指导专家工作方案；

（2）组建项目组专家指导团队；

（3）召开项目设计论证会，完成课题立项。

第二阶段：项目启动阶段（2010年4月至2010年5月）

（1）召开项目启动大会；

（2）完成项目启动培训；

（3）完成学校项目申报和审核，确定研究学校名单；

（4）成立子项目组，下达子项目任务书，酌情下拨自主选报项目研究经费；

（5）完成各子项目具体实施方案和工作进程表。

第三阶段：项目研究阶段（2010年6月至2012年5月）

（1）各子项目完成项目实施前期调研，收集基础数据；

（2）各子项目根据子项目实施方案开展行动研究；

（3）完成子项目培训、展示交流活动与论坛；

（4）完成子项目中期验收，形成阶段性成果，经论证后，下拨自主选报项目奖励经费；

（5）根据子项目具体研究情况，也可酌情考虑新的项目学校介入，进行试点与完善。

第四阶段：项目结题阶段（2012年6月至2012年12月）

（1）完成子项目结题报告和预期各项任务；

（2）完成总项目结题报告和配套成果；

（3）召开项目总结大会，并奖励优秀子项目研究。

（四）项目申报说明

1. 必选项目申报

所有课改研究基地学校（含幼儿园）（共179所），参加以下必选项目：

中小学段：“学校课程计划编制研究”（子项目1）或“学校课程计划评价与完善研究”（子项目2）。

幼儿园段：“关于幼儿园课程实施方案编制与完善的研究”。

所有课改研究基地学校（含幼儿园）均需填写项目申请书（附件3），于2010年4月30日前，寄给项目组联络人（邮编：200041　陕西北路500号，市教委教研室综合研究部　陈飚收），并将电子文稿发至kcldlxm@163.com备案。

2. 自选项目申报

（1）申报资格

二期课改研究基地学校：二期课改研究基地学校中有意参加本项目研究，并能够投入必要的人力和物力开展项目研究工作的学校，可以申报。

其他学校：具有强烈的研究兴趣、较好的研究基础和研究能力，有意参加本项目研究，并能够投入必要的人力和物力开展项目研究工作的学校。

（2）申报程序

① 申报截止日期：2010年5月10日。

② 申报内容与要求：

● 项目申报单位可从附件1（中小学段）或附件2（幼儿园）中选取子项目“研究内容”中的一项或多项内容进行申报，也可以根据学校自身实际自主确定与子项目“研究目的”要求相匹配的相关内容进行申报。

● 填写项目申请书（附件4），明确申报者承担子项目的名称、学校课题名称、项目设计论证、可行性分析等。申请书须经项目负责人所在单位审核，签署明确意见，承担信誉保证并加盖公章后方可上报。

● 各区（县）对学校课题申报表进行审核，签署明确意见，承担信誉保证，加盖区（县）教育部门公章［申报表原件（一式三份）及复印件（五份）］，在项目申报截止日期内，寄给项目组联络人（邮编：200041　陕西北路500号，市教委教研室综合研究部　陈飚收），并将电子文稿发至kcldlxm@163.com。

③ 项目审核：项目组成立专家小组，对子项目申报表进行审核，并提出审核结果及指导性意见。

④ 项目批复：项目组在2010年5月底前，对子项目申请进行复核和批复，并下达项目任务书。

四、项目管理与工作要求

为了顺利推进“上海市提升中小学（幼儿园）课程领导力行动研究”项目工作，根据《上海市提升中小学（幼儿园）课程领导力三年行动计划》的要求，各级教育行政部门要努力做好资金、人员、材料等资源调配工作，为中小学（幼儿园）提升课程领导力提供保障。市级成

立项目领导小组,区(县)、学校要分别成立项目组,具体工作要求如下:

(一) 市级项目组工作要求

1. 为项目的推进提供行政支持,并视项目完成质量情况提供奖励经费。为项目成果的展示提供平台,为普及和推广创设条件。

2. 市项目领导小组下设项目办公室,负责项目的日常管理。完成项目开题报告、实施方案、项目指南、子项目学校立项审核,组建专家指导团队,成立子项目组。

3. 组织专家队伍深入子项目组进行项目的研究、实践、指导、服务等工作;对子项目组的研究过程和研究成果进行过程监控及评估;对子项目组的研究成果进行进一步的总结、提炼、推广、普及工作。

4. 组织子项目组进行展示、交流、研讨活动。

5. 完成总项目结题,子项目成果评审及评奖等工作。

(二) 区(县)级项目组工作要求

1. 在区(县)提升课程领导力小组的领导下,成立区(县)级项目组,由专人负责项目管理。

2. 为参与子项目研究的学校提供行政支持、专业支持和配套经费。

3. 组织区(县)教研、科研部门和高校适时提供指导,及时发现问题,并提供有效解决问题的意见。

4. 区(县)教育局和教研室要做好项目宣传、培训、引导与展示,采取多种形式支持项目推进,发现典型经验,积极引导,适时展示。

(三) 学校项目组工作要求

1. 学校要成立项目组,由校长担任第一责任人。

2. 因校制宜,制定具体实施方案,组织子项目的开题活动。定期召开项目工作讨论会。

3. 组建专家队伍,对项目给予指导。

4. 认真进行过程研究,作好研究过程的记录,资料搜集,并及时向区(县)级项目组和子项目组汇报研究进度。

5. 学校要提供配套研究经费,保证子项目研究活动的开展,积极参加总项目组织的各项研究活动。

6. 子项目研究工作完成后,要准备好有关材料,如,研究报告、工作报告、研究成果等,组织结题评审和展示活动。

附件1:上海市提升中小学(幼儿园)课程领导力行动研究子项目表(中小学)

附件2:上海市提升中小学(幼儿园)课程领导力行动研究子项目表(幼儿园)

附件3:必选项目申报表(略)

附件4:自选项目申报表(略)

附件 1　上海市提升中小学(幼儿园)课程领导力行动研究子项目表(中小学)

(仅供参考,也可根据学校实际确定相关研究内容)

序号	子项目名称	研究目的	研究内容	研究要求	成果形式
1	关于学校课程计划编制研究	提升学校整体设计课程计划的意识和能力	1. 学校课程计划的基本要素与内容研究 2. 学校课程计划的编制方法研究 3. 市教委课程计划的校本化策略研究	1. 学校课程计划体现依法办学的思想,凸现以学生发展为本的理念,体现课程设计理念。梳理学校课程计划中存在的主要问题,编制符合本校实际的系统、有效、可操作的学校课程计划。	1. 相关项目研究报告及学校课程计划案例 2. 出版学校课程计划案例选编* 3. 学校课程计划编制指南(手册)*
2	关于学校课程计划评价与完善研究	提升学校依据课程计划自我完善能力	1. 学校课程计划的评价指标体系研究 2. 学校课程计划的实施与成效评价研究 3. 学校课程计划的信息收集、分析和反馈机制研究	1. 要基于信息化平台,做好学校课程计划的信息收集、分析和对应观测点,研究搜集各种指标证据的方法,问卷表、数据分析与解释的方法等。 2. 要针对评价结果,寻找不断完善学校课程计划的策略与途径。 3. 研制学校课程计划自我评价运行的有效机制。	1. 相关项目研究报告 2. 学校课程计划评价指标体系* 3. 配套问卷、量表 4. 学校课程计划自我完善相关案例
3	关于学科课程建设研究	提升学校依据课程标准设计学科课程系统的意识和能力	1. 学科课程标准的细化策略研究 2. 学科课程标准、教材及课时的匹配性研究 3. 基础型、拓展型、研究型课程的整合研究 4. 学习领域同、学科课程间的统整研究 5. 学科课程群建设研究 6. 特色学科课程建设研究	1. 依据学科课程标准,制定教学目标、内容组织及重点难点的分配。 2. 根据课程标准要求、教材和学生实际,研究形成校本化学科课程。 3. 根据三类课程之间以及学习领域之间、学科内容之间的联系,进行学科统整,构建学科群。	1. 相关项目研究报告 2. 学科课程建设指南 3. 部分分学科课程标准细化方案的案例*

续表

序号	子项目名称	研究目的	研究内容	研究要求	成果形式
4	关于学科教学有效性研究	提高学科教学有效性，实现增效减负	1. 教学目标、教学过程与教学效果的相关性研究 2. 学生课前预习、课堂学习与课后复习的协调性研究 3. 教师备课、教学、作业及个别辅导的衔接研究 4. 教学设计和实施中对优生与学困生等对象同题的研究 5. 分层作业设计对课堂教学影响的研究 6. 课堂教学环节优化研究 7. 个别辅导与课堂教学有效性的相关性研究 8. 不同课型教学的有效性研究 9. 传统教学方法与现代教学技术的整合研究	1. 一致性：研究中关注目标、过程载体和效果是否一致。 2. 差异性与多样性：研究内容、教学方法中要尊重学生、教学形式多样性。 3. 系统性：研究中要注意将相关因素系统考虑，如预习与复习、教学与课外、课内与课外、教学生成、课内与课外、教学个别辅导等。	1. 相关项目研究报告及案例 2. 有效教学案例选编 *
5	关于教研团队建设研究	提高教师专业发展水平，建设高水平教师团队	1. 青年教师教学基本功速达标的实践研究 2. 高级职称教师后续发展的实践研究 3. 教师专业团队建设的运行机制研究 4. 以校本教研与集体备课推进学科建设的策略研究 5. 学科教师结构与学科建设模式的实践研究	1. 教师专业发展，要关注每一个教师的发展，搭建合适的发展平台。 2. 学校要关注教师团队的建设，关注教师队伍形成合力。在校本教研及备课活动的推进中，研究如何打造教师学习、工作的共同体，建设一支具有共同教育理念和上向上目标的、奋发向上的教师团队。	1. 相关项目研究报告及典型案例 2. 学校教师专业团队建设的基本运行方式 3. 教师成长成果案例选编 *

序号	子项目名称	研究目的	研究内容	研究要求	成果形式
6	关于课程资源开发与利用研究	提高综合开发与利用课程资源的意识和能力	1. 课本、教学参考资料、练习册及网络资源的有效利用研究 2. 学生资源（作业、课堂表现、考试）的有效开发与利用的研究 3. 教研组、备课组资源的共建、共享研究 4. 校内资源有效利用的运行机制、策略与途径研究 5. 社区、家长、高校资源的开发及利用的研究 6. 科普教育基地等社会资源的有效利用的研究	1. 资源的开发要关注资源共建、共享，生成性。资源的利用要关注校本化。 2. 校内资源要注重师资源、场地、设施、设备资源、网络资源等的有效利用，不断提高服务教学校课程建设和课堂教学的科学性和实效性。 3. 校外优质教育资源的开发与利用，注意结合学校课程的实施、落实好结合课程育人实践场所。	1. 相关项目研究报告 2. 教案、课堂实录等 3. 学校课程资源开发利用指南 *
7	关于课堂教学评价研究	以课堂教学评价引导和促进课堂教学改革	1. 课堂教学评价的评价指标研究 2. 课堂教学评价工具的开发研究 3. 好课堂的要素分析研究 4. 常态课展示研讨课评价的比较研究 5. 课堂教学满意度的测评机制研究	1. 课堂教学评价指标体系要体现学科特点、学段特点、内容特点。 2. 评价指标要科学合理、能激发师教师的有效性的积极性和提高教学的有效性，并具有可操作性。	1. 相关项目研究报告及典型案例 2. 调查问卷 3. 课堂教学评价手册 *
8	关于作业设计与评价研究	以评价促进作业布置的规范性、科学性、合理性	1. 作业设计有效性指标研究 2. 作业批改与反馈有效性研究 3. 作业时间与学习成绩相关研究 4. 作业类型研究 5. 作业案例研究	1. 根据课程标准、学业水平考试和中考、高考要求等，构建适合本校学生的的《校本作业体系》。 2. 作业设计要体现"减负"精神，追求与课程标准要求的匹配性、容量的合适性、效果的明显性。 3. 作业设计要考虑与课堂教学的衔接性、探索分层作业，积累相关案例，教学、预设达成度，实际达成度与测评之间的相关分析。	1. 相关项目研究报告及典型案例 2. 作业设计、批改与反馈评价表

续 表

序号	子项目名称	研究目的	研究内容	研究要求	成果形式
9	关于课程组织管理与制度建设研究	提升学校的课程设计、组织实施与完善的能力	1. 学校课程管理的组织系统与运行机制研究 2. 学校课程管理制度和制度执行的流程研究 3. 提升学校课程管理者专业素质的策略与途径的研究 4. 学校课程管理制度建设的规范化研究 5. 管理制度执行相关因素的实践研究 6. 学校管理与信息科技的整合研究	1. 以执行市颁教学法规为基点,分析学校现有课程管理的基本状况、系统思考学校课程管理的组织、制度、工作策略与运行机制等,注重其有效性和可行性。 2. 发动教师广泛参与,并注重制度的合理性、激励性和可操作性、减小制度执行的落差。 3. 学校课程(内部)管理体制与运行机制,要体现民主、集中与高效,构建符合科学发展观的学校课程教学管理与质量控制体系。 4. 关注管理的科学化、人本化、制度化、规范化、流程化。	1. 相关项目研究报告及典型案例 2. 学校课程管理制度编制指南* 3. 学校课程管理制度案例选编*

注:"成果形式"中打*号的内容是各子项目组研究的基础上子项目组与总项目组共同完成的内容。

附件 2 上海市提升中小学(幼儿园)课程领导力行动研究子项目表(幼儿园)

(仅供参考,也可根据学校实际确定相关研究内容)

序号	子项目	研究目的	研究内容	研究要求	成果形式
1	关于幼儿园课程实施方案编制与完善研究	提升幼儿园整体课程设计与实施能力,提升课程实施方案编制的意识和能力	1. 幼儿园课程实施方案要素与编制研究 2. 本市学前教育课程指南、教材园本化策略研究 3. 幼儿园课程实施方案的实施与成效评价研究 4. 幼儿园课程实施方案的信息收集、分析和反馈机制研究	1. 要分析、研究幼儿园课程实施方案编制的基本内容与要求,梳理存在的主要问题,研究编制符合本园实际的有完整结构体系的幼儿园课程实施方案。 2. 要研究四大类活动课程整合性,体现课程整合性,均衡性。 3. 有特色课程的幼儿园研究理清共同性课程与特色课程的关系与操作办法。 4. 基于信息化平台,做好幼儿园课程实施方案评价指标的提案和证明资料的搜集工作,并进行指标达成分析。 5. 针对评价结果,寻找不断完善幼儿园课程实施方案的策略与途径。	1. 课程实施方案研制的研究报告 2. 幼儿园课程实施方案研制的案例(整体、部分) 3. 幼儿园课程实施方案编制指南(手册) 4. 幼儿园课程实施方案评价与完善研究报告 5. 幼儿园课程实施方案自我完善相关案例
2	关于课程实施有效性研究	增强幼儿园课程整合实施意识与能力,提升幼儿园各类活动实施的有效性	1. 幼儿园四类活动的整合研究 2. 共同性课程与选择性课程的整合研究 3. 教师教育计划实施、评价与调整的衔接性研究 4. 现代教学技术作为课程支持手段的研究 5. 特色课程(活动)的研究 6. 一日活动中保教结合操作手册与实施有效性研究 7. 一日活动中个别化师生互动有效性研究 8. 幼儿园各类游戏、运动的组织与支持研究 9. 运动空间、物质空间、物质环境的保障研究 10. 环境创设与教学活动关系、个别教学和集体教学有效性的相关研究 11. 探索幼儿园集体教学的有效性、教学目标、实施载体与效果的相关性研究 12. 集体教学评价以及诊断性评价方案的研究	1. 根据课程指南要求和幼儿园实际,研究形成整合性的活动方案。 2. 根据四类活动、领域之间以及各活动的联系,进行活动统整,把握各活动的特殊性与整合性的关系,提升教师系统设计活动的意识与能力。 3. 要根据不同类别活动对活动幼儿发展对幼儿发展的特殊性和幼儿的年龄特点,统筹各项活动内容,保证各类活动的有效开展。 4. 活动设计与实施研究中,要充分把握教学目标和内容与幼儿发展可能性的关系,关注每一活动的连续性,保证每一个教学目标和价值。 5. 结合课程目标与内容提炼生活环节中的教育元素,探索能够促进教师生活工作中的保育渗透和保育员工作中的教育意识的一套规范和制度。 6. 强调幼儿园活动与中小学教学研讨的区别,通过备课研讨教学反思,积累有益经验。	1. 相关项目研究报告 2. 幼儿园典型案例选编 3. 有效活动的经验与案例

序号	子项目	研究目的	研究内容	研究要求	成果形式
3	关于幼儿园课程质量自评机制研究	以质量评价引导课程实施的规范性、科学性、有效性、平衡性	1. 上海市幼儿园教保质量评价指标体系细化研究 2. 幼儿园课程质量自我评价行的研究 3. 教师保教质量自我监控的研究 4. 幼儿园课程实施质量反馈机制的信息收集、分析和反馈机制的研究	1. 幼儿园要强化课程质量评价的意识。质量评价运行要科学合理，能激发教职工的积极性和提高教育教学的有效性，并具有可操作性。 2. 质量评价研究要体现幼儿园保教特点，建立具有本园自身管理特点、细化的评价指标体系和评价运行的有效机制。	1. 相关项目研究报告及典型案例 2. 调查问卷、访谈提纲、质量分析与反馈等设计 3. 质量评价操作手册 4. 幼儿园课程实施方案评价指标体系（含配套问卷、量表等）
4	关于课程管理组织与制度建设研究	提升幼儿园课程组织与实施的能力	1. 具有本特色的幼儿园课程管理的组织系统与运行机制 2. 具有本特色的幼儿园课程管理的工作流程研究 3. 提升幼儿园课程管理者专业素质的策略与途径 4. 幼儿园课程管理与信息科技的整合研究	1. 分析幼儿园现有课程管理的基本状况，系统思考幼儿园课程管理的组织、制度、工作策略与运行机制等，注重其有效性和可行性。 2. 发动教师广泛参与制度建设，并注重制度合理性、激励性和可操作性，减小制度执行度的偏差。 3. 幼儿园课程内部管理体制与运行机制，实现幼儿园课程的民主、集中、高效的"分权管理"，构建符合科学发展观的质量控制体系。	1. 相关研究报告及典型案例 2. 幼儿园组织机构的基本模式与管理流程 3. 幼儿园课程管理制度手册及案例选编
5	关于课程资源开发、利用与管理研究	提高综合课程资源利用的意识和能力	1. 园内资源有效利用的运行机制、策略与途径研究 2. 幼儿园资源（日常表现、作品、作业等）的有效开发与利用的研究 3. 探索家长支持新课程实施的联动策略 4. 幼儿园、家长、社区互动开发实施教育资源与有效利用	1. 园内资源的有效利用，要注重师资源、自然环境、家长资源、空间与设备资源、网络资源等的有效利用，不断提高其服务于幼儿园课程建设的科学性和实效性。 2. 园外资源的有效利用，要注重研究家委会、家长志愿者、家园合作以及社区内的科普基地、文化体育机构、爱国主义教育基地、商店、学校、敬老院等场所的利用。	1. 相关项目研究报告 2. 园内各种资源（使用和利用和效记录 3. 家长参与课程分析报告 4. 园外资源利用的制度 5. 幼儿园课程资源开发利用指南

序号	子项目	研究目的	研究内容	研究要求	成果形式
6	关于幼儿园教研团队建设与教师专业发展研究	提高每个教师的专业发展水平,建设高水平教师团队	1. 研究制定幼儿园教师专业发展规划 2. 研究构建教研制度建设机制 3. 园本教研制度建设 4. 以园本教研与集体备课推进课程建设的策略研究 5. 新课程背景下教研组和年级组的功能定位与作用发挥的研究 6. 教师个性化研习方式过程控制与成效的研究	1. 针对幼儿园课程建设与保教工作的实施,结合本园发展规划,制定园内教师专业发展规划和保育员提高计划。 2. 在园本教研的推进中,研究如何打造教师学习工作、教研、实践的共同体,建设一支具有共同教育理念和目标的、备发向上的教师团队,并研究其实运行的基本方式。 3. 在日常教研中形成有效的教研制度、体现正确的立足点、方式、途径、操作的关键点与针对性,能帮助教师通过解决专业问题而提高专业素养。	1. 相关项目研究报告及典型案例 2. 幼儿园教师专业发展规划 3. 幼儿园教师专业团队建设的基本运行方式 4. 教研制度和教研案例 5. 教师成长案例选编

【拓展资料】

上海市提升课程领导力掠影

2007 年，上海在"推进课程改革　加强教学工作会议"上首次鲜明地提出提升"课程领导力"。要求全市提高校长为核心的课程领导力，形成课程领导团队，切实增强对课程与教学的领导力。

2009 年，上海基础教育改革已进入到内涵发展阶段，进一步深化课程教学改革是上海基础教育全面推进素质教育、全面提升教育质量的关键所在，而提高学校课程领导力是其最有力的抓手。

2010 年，上海市教委颁布了《上海市提升中小学、幼儿园课程领导力三年行动计划（2010—2012 年）》文件，推动各区县全面落实。同年 4 月正式启动了"上海市提升中小学（幼儿园）课程领导力行动研究项目"，这是一次大规模行动研究，触及课改推进中的核心问题，从课程角度来突破。

2012 年，"上海市提升中小学（幼儿园）课程领导力行动研究项目"历经近三年的行动研究，51 个子项目学校和 1 个整体试验区正紧锣密鼓进行梳理、总结和提炼。同时，面上各区县的提升课程领导力的行动推进也在如火如荼开展。

2013 年，课程领导力总项目系统梳理和总结，形成《基于问题解决——提升课程领导力行动》系列丛书 42 本。

五年课改之路，提升课程领导力始终是上海课改的主旋律，并呈现渐进性和持久性的特征，既有自上而下的推动，也有自下而上的创造。这与上海立足当前，谋划长远，一旦找准着力点，就坚持狠抓落实的务实作风是分不开的。

【拓展资料】

"上海市提升中小学(幼儿园)课程领导力行动研究项目"

出版成果

总项目成果

- 《基于问题解决:提升课程领导力的行动》　　华东师范大学出版社　　2014 年 11 月
- 《我们的课程领导故事》　　华东师范大学出版社　　2013 年 6 月
- 《学校课程计划编制实践研究》　　华东师范大学出版社　　2013 年 6 月
- 《幼儿园课程图景:课程实施方案编制指南》华东师范大学出版社　　2013 年 6 月
- 《小学快乐活动日方案的编制与实施》　　华东师范大学出版社　　2014 年 1 月
- 《为了学校的可持续发展:普通高中　　华东师范大学出版社　　2013 年 10 月
  提升课程领导力的探索》

区域成果

- 《特色课程 8 问》　　华东师范大学出版社　　2013 年 4 月
- 《特色课程:机制与方略》　　华东师范大学出版社　　2013 年 4 月
- 《特色课程设计的七项核心技术》　　华东师范大学出版社　　2013 年 4 月
- 《特色课程:成长为自己》　　华东师范大学出版社　　2013 年 4 月

学校成果·幼儿园

- 《让评价成为一种专业行为　教师在课程　上海教育出版社　　芷江中路幼儿园
  实施中质量监察与管理的研究》
- 《基于"思优"价值的保教质量评价机制有　华东师范大学出版社　　思南路幼儿园
  效运作的实践研究》
- 《理想课程的执着追求　游戏课程自我完　上海教育出版社　　南西幼儿园
  善的研究》
- 《幼儿园一日活动的探索与实践保教结合　上海科学技术出版社　　城市花园幼儿园
  操作手册》
- 《幼儿园课程资源环境创建、优化与利用》　上海社会科学院出版社　　青浦佳佳幼儿园
- 《教师发展规划整体设计及有效管理》　　上海教育出版社　　奉贤区解放路幼

		儿园
●《关键教育事件与幼儿园教师的反思有效性》	上海教育出版社	普陀区大风车幼儿园
●《优化教研模式,促进幼儿教师专业发展的实践研究》	内部出版	冰厂田幼儿园
●《走"近"评价——幼儿发展评价机制与运行的实践研究》	内部出版	东风幼儿园
●《美好生活从这里起步 社会教育资源在幼儿园课程开发和有效利用的研究》	内部出版	南东幼儿园

学校成果·小学段

●《让选择成就学习的快乐——拓展型课程可持续发展的实践研究》	上海教育出版社	一师附小
●《让孩子在书香中成长》	上海教育出版社	中山北路小学
●《精彩的课程 成长的教师——讲述一个学校教师团队开发实施特色课程的研究历程》	辽宁教育出版社	朝春中心小学
●《拥有时间是幸福的——小学生在校可支配时间开发与利用的校本研究》	上海教育出版社	武宁路小学
●《专业成长之路——上海市昌邑小学构建具有学科特点的校本教研策略研究》	上海教育出版社	昌邑小学
●《研修与成长》	华东师范大学出版社	闵行实验小学
●《静悄悄的改变》	内部	上海实验小学
●《与儿童一起探究》	内部	平凉路第三小学
●《我们要培养这样的学生——指向学生核心素养的课程规划与实施》	上海教育出版社	黄浦区师专附小

学校成果·初中段

●《人文给力 团队成长——人文化教研团队建设的思考与践行》	华东师范大学出版社	娄山中学
●《尚文中学社会教育基地学习实践项目指导手册》	上海教育出版社	尚文中学
●《课堂教学评价标准的创新实践研究》	上海教育出版社	新黄浦实验学校

- 《营建"生态课程"》　　　　　　　同济大学出版社　　　同济二附中
- 《走向高效的课堂教学》　　　　　上海教育出版社　　　青云中学
- 《数字化学习成就精彩课堂》　　　上海教育出版社　　　洛川学校
- 《起航》　　　　　　　　　　　　上海教育出版社　　　育秀实验学校
- 《走向个性化　拓宽育才路——提升　上海教育出版社　　　育才初级中学
  学校课程领导力行动研究》
- 《基础型、拓展型、研究型课程整合研究》　内部出版　　　崇明实验中学
  （数学、物理和德育）
- 《向日园劳动教育》和《绿色润泽生命》　内部出版　　　白鹤中学

学校成果·高中段

- 《培育学友文化，锻造专业团队：市北　复旦大学出版社　　市北中学
  中学课程领导力研究案例》
- 《课程教学资源共建共享——深化"选　内部出版　　　晋元中学
  择教育"理念的教学改革》
- 《探寻适合每位学生的课程——大同中学　上海古籍出版社　　大同中学
  课程统整实践研究》

主要文章发表

- 《基于问题解决——上海市提升课程领导力三年行动研究回顾》　徐淀芳　基础教育课
  程　2013 年第 7～8 期
- 《推进大型项目研究的三种实践模型——以上海市提升课程领导力行动研究项目为例》
  韩艳梅　基础教育课程　2013 年第 7～8 期
- 《如何使学校课程从局部零敲碎打转向整体系统设计——学校课程计划的框架及实践
  分析》　韩艳梅　基础教育课程　2013 年第 10 期
- 《寻找系统思考的支点》　韩艳梅　基础教育课程　2013 年第 11 期
- 《基于课程哲学分析的学校课程计划编制》　堵琳琳　基础教育课程　2013 年第 11 期
- 《构建与"三自"培养目标相一致的学校课程结构》　陈安妮　基础教育课程　2013 年第
  11 期
- 《从一组"调研数据"到"书香课程"的诞生——上海市黄浦区北京东路小学基于学情调研
  的课程改进》　王燕萍　基础教育课程　2013 年第 11 期
- 《基于学科课程建设　提升学校课程领导力》　金京泽　基础教育课程　2013 年第
  12 期

- 《探寻适合学生发展的课程——上海市大同中学学校课程统整的实践》 郭金华 基础教育课程 2013 年第 12 期
- 《细化课程标准建设优质学科课程》 汪秀红 基础教育课程 2013 年第 12 期
- 《基于"地球学"的生态课程校本化实施研究》 刘友霞 基础教育课程 2013 年第 12 期
- 《基于课程资源开发与利用提升学校课程领导力的行动研究》 李召存 周洪飞 基础教育课程 2014 年第 1 期
- 《整合校内外资源 推进学校课程建设》 朱晓薇 基础教育课程 2014 年第 1 期
- 《选择教育背景下的数字化课程资源共建共享》 王丽萍 邵 荣 基础教育课程 2014 年第 1 期
- 《基于"学生学习"建设让学生满意的课程》 马园根 基础教育课程 2014 年第 2 期
- 《区域推进特色课程共享的实践与探索》 韩立芬 基础教育课程 2014 年第 2 期

视频链接

- http://v.youku.com/v_show/id_XNjkxODI2NTY0.html

媒体报道

- 《夯实课程领导力 把握教育主动权——实施〈上海市中小学(幼儿园)课程领导力三年行动计划〉的报告(概览篇)》 文汇报 2012 年 12 月 17 日
- 《夯实课程领导力 把握教育主动权——实施〈上海市中小学(幼儿园)课程领导力三年行动计划〉的报告(幼儿园篇)》 文汇报 2012 年 12 月 18 日
- 《夯实课程领导力 把握教育主动权——实施〈上海市中小学(幼儿园)课程领导力三年行动计划〉的报告(小学篇)》 文汇报 2012 年 12 月 19 日
- 《夯实课程领导力 把握教育主动权——实施〈上海市中小学(幼儿园)课程领导力三年行动计划〉的报告(初中篇)》 文汇报 2012 年 12 月 20 日
- 《夯实课程领导力 把握教育主动权——实施〈上海市中小学(幼儿园)课程领导力三年行动计划〉的报告(高中篇)》 文汇报 2012 年 12 月 21 日

项目大事记

2010 年

4 月　　市教委发布"上海市教育委员会关于印发《上海市提升中小学（幼儿园）课程领
导力三年行动计划（2010—2012 年）》的通知"

　　　　制定《上海市提升中小学（幼儿园）课程领导力行动研究项目指南》

　　　　组建专家指导团队

　　　　项目启动暨培训大会

5～7 月　子项目申报、评审

　　　　立项会议暨开题培训

9～10 月　子项目开题论证会

　　　　项目专家培训

11 月　　总项目组与项目学校签约仪式

　　　　必选项目研讨会

　　　　上海世界外国语中学"学科课程的建设与实践"展示活动

　　　　青浦实验中学"丰富学生学习经历的探索"展示活动

12 月　　"学校课程计划编制与完善"子项目研讨会

　　　　"课程资源开发与利用研究"子项目研讨会

2011 年

1～2 月　专家组会议

3 月　　"学科课程建设研究"子项目研讨会

4 月　　"教学有效性的研究"子项目研讨会

　　　　总项目组跨学段调研

5 月　　"教研团队建设研究"子项目研讨会

　　　　上海市大同中学举行项目展示、研讨活动

　　　　"幼儿园保教质量评价与监测"项目展示、研讨

6 月　　必选项目专题交流暨专家点评

　　　　中期评估准备会

8 月　　指导专家阶段总结交流会

9 月　　　子项目中期评估

10～12 月　评估专家会议

中期评估结果反馈会议

"基础型课程校本化实施"项目学校展示、研讨

小学段项目组走访研究方案调整较大的学校

"创设温馨课堂　焕发学生主动发展潜能"项目学校展示、研讨

"初中学校课程计划研制交流暨培训活动"（卢教院附属中山学校）

2012 年

2 月　　　"快乐 300 分，让孩子慧动起来——上海市小学快乐活动日"展示

3 月　　　子项目研究进展交流与研讨

《我的课程领导故事》案例撰写培训

4 月　　　"教研团队"子项目研讨会

"作业与评价"子项目研讨会

育才初级中学"聚焦作业设计，提升课程领导力"展示交流活动

幼儿园项目学校外出学习考察

5 月　　　大境中学"基于 IMMEX 优化学生思维的教学与评价"展示活动

虹口三中心幼儿园"基于《课程指南》的园本化实施"展示研讨

6 月　　　尚文中学"丰富学校课程资源　拓展学生学习时空"研讨活动

项目学校校长在"上海市小学课程与教学工作会议"上作专题发言

"幼儿园游戏与学习有效融合的实践研究"展示、交流

9 月　　　课程领导力必选项目专题总结反馈

10 月　　　《快乐活动》一书正式出版

子项目结题评估

项目结题

11 月　　　"快乐灵动飞越彩虹——上海市小学快乐活动日"展示暨颁奖活动

12 月　　　晋元高级中学"基于信息技术平台的高中课程教学资源共建共享研究"展示

活动

结题评估情况反馈交流活动

《文汇报》专栏系列报道上海市提升课程领导力行动研究项目

芷江中路幼儿园"课程实施中质量监察与管理的研究"展示活动

2013 年

3 月   高中项目学校校长结题情况专题交流

4 月   教育部课程与教材中心考察课程领导力项目

佳佳幼儿园"幼儿园资源活动室创建与利用的实践研究"展示交流活动

风华初级中学"年级适配　自主选择——探索学生学习规划的实践"展示活动

6 月   《幼儿园课程图景:课程实施方案编制指南》、《学校课程计划编制实践研究》、

《我们的课程领导故事》三本书正式出版

"幼儿园课程实施方案研制"交流暨幼儿园学段总结大会

课程领导力行动研究项目结题鉴定会

7 月   "世界学前教育 OMEP"会议上举行"我的课程领导故事"专场交流

10 月   华师大附小"基于习得　为了更好的习得"——小学学段项目成果展示交流

《为了学校的可持续发展:普通高中提升课程领导力的探索》一书正式出版

12 月   上海市普通高中学生创新素养培育实验项目展示活动

"曹王幼儿园"我行,我能行——幼儿园快乐生活活动"交流研讨活动

2014

1 月   《小学快乐活动日方案的编制与实施》一书正式出版

3 月   "上海市提升中小学(幼儿园)课程领导力项目"获上海市基础教育教学成果特

等奖

8 月   "上海市提升中小学(幼儿园)课程领导力项目"获基础教育国家级教学成果一

等奖

11 月   《基于问题解决:提升课程领导力的行动》一书正式出版

后　记

　　本书共 8 章,全景式扫描了上海市提升中小学(幼儿园)课程领导力行动研究项目的实践探索历程,梳理和提炼了主要研究成果。其中,第一～二章为总项目研究成果,包括总项目报告、四个学段报告;第三～八章为子项目研究成果,由子项目报告和学校实践案例两部分组成,包括学校课程计划、学科课程建设、教学实施、课程资源建设、课程管理和评价;教师团队建设等子项目研究成果。全书共收录 16 个实践案例,由于篇幅所限,更多学校的精彩案例未能收录,实为遗憾,敬祈见谅。书的附录为本项目的相关拓展性资料。

　　本书的撰写与成稿由上海市教育委员会教学研究室直接领导,本册编委会具体策划、组织撰写。其中,韩艳梅参与撰写了第一章、第二章第二节、第三章、第五章;金京泽参与撰写了第一章、第二章第一节、第四章、第七章;周洪飞撰写了第二章第四节、第六章;陈飚撰写了第二章第三节、第八章。16 个实践案例由相关学校负责撰写,署名见案例页下注。全书由纪明泽、韩艳梅负责统稿。

　　撰写与成稿的过程中得到各方领导、专家、校长和教师的大力支持,在此深表感谢:

　　感谢上海市教委教研室徐淀芳主任、陆伯鸿和纪明泽副主任对本书编写的悉心指导和关怀;

　　感谢吴端辉、柳叶青为全书的成稿、审校付出的诸多心血;

　　感谢华东师范大学出版社教育心理分社的彭呈军社长对整套丛书出版付出的智慧与热情;

　　感谢上海市提升中小学(幼儿园)课程领导力行动研究项目 51 所学校(幼儿园)及黄浦整体实验区对本书编写的全力支持;

　　感谢上海市课改研究基地 179 所学校(幼儿园)长期以来在二期课改推进中的积极探索与坚持不懈的努力!

　　对课程领导力的追寻是一个永恒的主题,没有终点,没有最好,让我们在课改的路上继续砥砺前行……

本书编委会

2014 年 11 月